幼儿园音乐教育

程英 编著

海峡出版发行集团
THE STRAITS PUBLISHING & DISTRIBUTING GROUP
福建人民出版社

目　录

第一章　音乐与幼儿园音乐教育

作为艺术花园中最美丽的一朵奇葩，音乐是人类完全摆脱了生存目的而进行的一种基本和经常的高尚的精神活动。任何摆脱功利纠缠的审美性的音乐艺术，都有一种美好的意味与境界，使人忘情于它的旋律与境界中，从而想象、情感和思想似乎插上翅膀，不断向人生新的高度腾越。在美好音乐的感召下，人们不仅更容易发现自然万物中蕴含的美，而且更容易发现自己心灵世界的美，从而肯定自身的人格价值，成为具有更高文化品味的人。日本一幅获得国际大奖的音乐演出广告中的广告词这样写着："没有音乐，人类就会干出战争这样愚蠢的事情。"为了保护人类的精神家园，人类开始空前地保护艺术、重视艺术教育。美国1994年制订的《艺术教育国家标准·绪论》中写道："全世界各个民族都有一种追求意义的永恒需要——追求空间与时间、经验与事件、身体与灵魂和智慧之间的联系。一个没有艺术的社会和民族是不可想象的，正如没有空气便没有呼吸，没有艺术的社会和民族无法生存。"这一标准明确规定了每一个美国年轻人最起码应该掌握的艺术知识和创造力，它的制订标志着世界艺术教育进入一个新的时代。《艺术教育国家标准》还确定了今后的艺术教育绝不是像过去那样，仅仅是学习画画和唱歌的技能，还应包括从文化、美学、历史的角度分析、欣赏、评价作品的能力和智慧。全球教育日益重视艺术课程的建设，形成了"没有艺术教育就是不完整的教育"的普遍共识。

第一节　音乐的本质与特征

音乐是以声音作为物质材料，在时间中组织、展现，用以表达人们思想感情、反映社会现实生活的一门艺术。

作为人类历史上最古老的艺术种类之一，在人类社会发展的历史上，音乐是怎样产生与发展的？

一、音乐的起源与发展

今天，音乐已经成为人类精神生活中最为重要的组成部分，而对音乐的起源这一问题，古今中外的哲学家、美学家、艺术理论家们进行了大量的探求，其中影响较大的有以下几种观点。

一是模拟自然说。该学说认为音乐产生于远古时期人类对大自然的模仿。这也许可以算是最古老的一种说法。早在两千多年前，古希腊哲学家德谟克利特就认为艺术是对自然的模仿。亚里士多德认为，所有的艺术都是模仿，模仿是人的本能，音乐是以声音来模仿的艺术形式。美国音乐出版家罗威斯特认为，自然界有许多声音，如虫叫声、鸟鸣声、风声、水流声等，人类对这些自然声响进行模仿并从中得到灵感而创造了人类的音乐。我国古代也曾有此观点，如《吕氏春秋·古乐》载“伶伦……听凤凰之鸣，以别十二律”及“质乃效山林溪谷之音以歌”。

二是情感表达说。该学说认为音乐的产生与人类的情感表达密不可分。以“进化论”而闻名于世的英国生物学家达尔文认为音乐起源于人类的异性求爱。我国春秋战国时期公孙尼子所著的音乐美学论著《乐记》，认为音乐是在人的心灵中产生的，音乐歌舞产生本源在于人的心灵受到外界事物的影响，在于情感的表达。

三是巫术起源说。该学说认为音乐产生于人类早期原始文化的图腾歌舞以及原始民族的巫术、祭神礼仪等。出土于青海孙家寨遗址的彩陶盆的内周，绘制着五人一组的集体舞蹈图，富有动感的舞姿表明了他们是在同一节奏下舞蹈。舞者头上和身后都有一小节下垂的饰物，看上去像是在装扮成鸟兽舞蹈。《吕氏春秋·古乐》中有段记载，描述的是一个叫葛天氏的远古氏族，操着牛尾，踏着脚步，他们所唱的八首歌曲分别为歌颂负载人民的地面、作为图腾标志的黑色大鸟、祝福草木顺利生长、祝福五谷繁盛、表达尊重自然规律的心愿、述说发挥天帝功能、依照地面气候变化情况而劳作的愿望、要使鸟兽繁殖达到最高限度。这些事例表明了在远古时期，人们创造音乐舞蹈和诗歌结合的形式，是带有原始宗教和巫术性质的乐舞，其意义在于祈祷天地自然和图腾护佑，获得理想的收成。

四是劳动起源说。该学说认为音乐产生于人类的劳动，而劳动促进人的肢体、器官和大脑的进化，为音乐的产生创造了必需的客观条件，同时劳动实践本身给予音乐以内容。如劳动的动作和呼声，给予音乐以节奏和音调，集体劳动中人们相互鼓舞、相互协调的需要产生了音乐。联邦德国经济学者布赫在其著作《劳动与节奏》中，有系统地收集了希腊从古至今的歌谣及南洋原始民族的各种劳动歌曲 287 首，用来研究劳动与节奏的关系，从而将音乐起源归结于原始社会的集体劳动中为了求得统一所产生的节奏。

五是游戏说。该学说认为，艺术活动与审美活动起源于人类所具有的游戏本能，人的游戏本能与冲动就是艺术创作的动机。18 世纪的德国哲学家席勒和 19 世纪的英国哲学家斯宾塞就是这一观点的倡导者。他们认为，在这种无功利、无目的、自由的音乐活动中，人的过剩精力得到宣泄，同时也获得愉快的美的享受。

此外，对音乐的起源还有生性本能说、语言抑扬说、信息传递说等。在我国古代，有人还把音乐起源归结于一种超自然的力量——“太一”。

应当承认，上述各种说法都从某一角度、某一侧面探讨了音乐的产生，具有一定的合理性，有助于揭示音乐起源的奥秘，对当代音乐教育也有一定的启示与借鉴意义。但是他们将音乐的起源简单归结为巫术、表现、狭义的劳动等某一因素，却忽略了音乐产生的最根本的原因。音乐产生的根本原因归根结底离不开人类社会的实践活动，人类在自身的社会实践中发展了自己，也发展了人类的文化。人类的社会实践本身就是一个不断发展、不断分化、不断融合的统一体，音乐是人类文化发展进程中的必然产物，其起源必然是一个多元多因、不断分化融合的漫长的历史发展过程。

音乐的起源过程本身就是一个发展的过程，该过程经历了一个由实用到审美、以社会劳动为前提的漫长发展过程。从总的规律来说，这一发展过程是一个不断分化、不断融合，不断从一种状态向另一种状态运动变化的过程。原始时期的音乐是从人类社会生活的各个非审美领域中萌发并逐步分化、再综合起来，是一种集歌、舞、乐三位一体的“乐舞”综合音乐形式；古代的音乐则在原始“乐舞”中逐步分化出了歌曲、器乐音乐、舞蹈以及最初的戏剧和诗歌；近代音乐在上述音乐形式高度分化、发展的基础上，诞生了一些如歌剧、芭蕾舞剧、音乐剧等更复杂的综合音乐形式，同时出现了古典乐派、浪漫乐派、民族乐派等各具特色的音乐流派。现代音乐的发展既遵循着不断分化、不断融合的规律，同时音乐艺术不断汲取外部新的生命动力，展现出更为广泛的发展天地，出现了印象派音乐、新古典主义音乐、表现派音乐等更繁多复杂的音乐流派以及爵士乐、摇滚乐、电子音乐等综合性的音乐艺术，推动了音乐艺术与音乐文化的进一步发展与繁荣。

二、音乐的本质与特征

马克思主义的艺术理论认为，艺术是人类社会生活在人脑中主观反映的结果，因此，音乐也只能是人类对现实存在的一种特殊形式的主观反映。音乐作为人类特有的文化现象与艺术形式，是人类在社会实践中自身不断发展的产物。音乐反映社会生活，但不是对社会生活的直接描绘，而是音乐家把个人对社会生活的理想、态度、体验等高度概括后再运用有组织、有意识的具体音响形式表现出来的结果。因此，从本质上讲，音乐是一种社会生活审美性的主观反映。即使是幼儿对现实生活的游戏性的模仿，也充满了他们对该模仿事物独特的认识与情感。

与文学、绘画、雕塑等其他艺术形式相比，音乐是由声音的运动与静止共同构建而成的艺术。作为一门独立的艺术，音乐具有以下几方面的特征。

（一）音乐是声音的艺术

音乐是通过有机组合的声音材料塑造艺术形象、反映现实生活、表达人们思想感情的艺术。声音具有高低、长短、强弱、音色四个特点，高低、长短、强弱、音色不同的声音构成音乐的节奏、旋律、速度、力度、音色、和声、调式、曲式等音乐表现手段（也称音乐语言）。音乐不是杂乱无章地将各种声音进行堆砌，而是人们根据自己的审美情感、审美理想、审美需要等，创造性地选择、组合各种声音，以最终达到恰当地、富有美感地表现特定内容的艺术。因为音乐艺术具有不确定性的特点，所以对听觉有一定的要求，敏锐的音乐听觉的获得既需要先天的条件，又需要后天的训练，而语言教育是培养音乐听觉的最佳途径。

（二）音乐是听觉的艺术

音乐是以音响为物质手段的艺术，而音响的感知只能诉诸于听觉，因此，音乐是以听觉感知为主要感知手段的听觉艺术。感受音乐就是要通过听辨出声音的高低、长短、强弱、音色的不同所构成的音乐表现手段，借助于这些表现手段，体会音乐所表达的思想与情感。车尔尼雪夫斯基说过："美感和听觉、视觉不可分离地结合在一起，离开听觉、视觉，是不能设想的。"音乐只能通过声音形象引起听者的主观联想和想象，但是倾听音乐的听觉刺激却能唤起欣赏者多方面的兴奋，如肌肉的运动，思维、想象、联想的产生，以及各种相应的情绪、情感的体验等。

（三）音乐是时间的艺术

音乐形象是以流动的音响展现在一定的时间之中的。因此，与视觉艺术相区别，音乐作为听觉的艺术具有需要在时间的流动过程中展开和完成其艺术形象塑造、完善其组织结构的特征。音乐能够使欣赏者的某种情感体验在时间流动中不断得到积累和强化，使其能够长久沉浸在审美享受的状态中。

（四）音乐是情感的艺术

音乐不可能像造型艺术那样，塑造出具体的生活图景或故事情节。音乐这种流动的音响，最擅长的是通过情感的直接抒发和体验来达到审美活动的目的，具有以情动人、以情感人的艺术魅力，因此被公认为情感的艺术。正如俄国作曲家斯特拉文斯基所说的："音乐就是情感，没有情感就没有音乐。"由于情感本身具有微妙性、模糊性与不可描述性，所以音乐能给欣赏者获得比其他艺术欣赏者更多而且更加自由地利用个人体验的机会。

（五）音乐是表演的艺术

文学、绘画等艺术只要一经作者创作完成，就可供欣赏者直接欣赏。音乐虽然是人类社会生活的反映，但这种反映不是再现性的，而是表现性的。由于音乐所用的材料和结构具有非语义性，只有通过表演这一中间环节才能把作品的意象、意境表达出来，使欣赏者感受其审美价值。所以，音乐是需要通过表演进一步再创造的艺术。无论是哪位音乐家、剧作家写下的曲谱、剧本等，只有通过表演这个途径才能展现其艺术美、才能为听众与观众所感受。

三、音乐的审美特性

音乐世界是一个审美的世界，是一种超越个人功利与社会化价值的艺术境界。音乐的审美特性主要指的是音乐艺术美中符合美的规律、能引起主体审美反映或美感体验的那些形象化的特征，主要体现在音乐形式美和音乐内涵美两个方面。

（一）音乐的形式美

音乐的形式美指的是音乐中声音的高低、力度的强弱、节奏的快慢、旋律的张弛等要素所表现的音响美，以及曲式结构的重复、变化所造成的矛盾、冲突和有机统一的美等方面。

音乐的形式要素很多，例如音色、调式、调性、和声、力度、速度、旋律、曲式、织体等。这些形式要素都具有表情性能，作曲家按照形式美的法则把它们做不同的组合，可以产生形态各异、丰富多彩的音乐艺术形象，创造出美不胜收的音乐世界。其中，与音乐的审美特征联系最为密切的有节奏、旋律、音色、力度等几个基本的音乐要素。

1. 节奏。音乐节奏是指音乐中声音强弱长短的配合、对比、反衬、连续等千变万化而有序的组织形式。节奏包括节拍、速度等要素，因此，强弱、快慢、松紧是节奏的决定因素。音乐的节奏时值可反映出人们的情感差异，通常快的节奏比较令人激动、兴奋，慢的节奏则使人情绪稳定。如表现紧张、激动的心情，音符的时值就要短，音与音之间的连接就要紧凑；而表现沉思、抒情、忧伤等情绪时，音符的时值就要长些，音与音之间的连接就要更加松弛。人对节奏的感受具有对称感，既把节奏信号归纳为对称的模式，在时程分割上是均匀对称的，如人行走时双脚交替落地以及呼吸时发出“强——弱”交替的响声，这种听觉中枢的节奏对称感属于下意识的行为。在音乐中，人们有时觉得二拍子的进行曲“一强一弱”有规律地推动前进，三拍子的圆舞曲“一强两弱”有种悠扬摇荡的感觉等。

2. 旋律。旋律又被称为曲调，是建立在调式和节拍的基础上，由高低、长短、强弱不同的乐音，按一定的序列组织起来的单声部进行的线条。在音乐作品中，旋律具有表情性，是表情达意的主要手段。

旋律线可以较好地表达音乐的情感，影响欣赏者在音乐体验中的情绪状态。如上升式进行的旋律线暗示着紧张、激动，下行的旋律线则暗示着松弛，如果旋律线趋于平缓，则会产生宁静的气氛。观察旋律线，一要注意从整体出发，二要结合其他音乐要素如音程、节奏等因素综合考虑。

3. 音色。音色是指嗓音或乐器的音质。音色因能激发听众的联想而具有表情功能，是音乐形态直接作用于人类器官的最为感性的要素。人声的音色往往有嘹亮高亢、柔美甜润、浑厚庄重、清脆悦耳等区分。乐器的音色则更为丰富，小提琴的抒情歌唱，大提琴的深沉醇厚，小号的高昂嘹亮，长笛的柔和流畅等。每件乐器都有自己独特的、丰富的音色，其演奏常常使听者与某种感情信号相联系。作曲家常常通过音色的对比塑造鲜明、生动的艺术形象。在交响童话《彼得与狼》中，作者运用各种乐器的特殊音色和性格化旋律的对比，成功地塑造出小鸟、小鸭、猫、大灰狼、老爷爷、彼得等艺术形象，使幼儿易于感知。从心理学的角度讲，音色与颜色都是可感的，与人们的明朗、鲜明、温暖、暗淡等感觉是沟通的，但这只能是一种大体、近似的感觉，任何音色作用于不同人时所引起的感觉不尽相同，即使是同一个人，感觉也常常带有模糊性、游移性。

4. 力度。力度是指音乐的强弱程度。力度的变化对音乐形象的塑造起着十分重要的作用。一般来说，力度强的音乐往往反映情绪的高涨、激动，容易使人兴奋、愉悦，弱的力度往往刻画情绪的低沉、深沉，力度轻柔的则易让人安静，而渐强、渐弱、突强、突弱等力度变化，不仅容易引人注意，更能表现音乐中的形象变化。如力度渐强，造成距离越来越近的空间感；力度渐弱，则意味着距离越来越远，有一种距离感。挪威作曲家格里格的管弦乐组曲中的第四乐章《培尔·金特》的《在山魔的宫中》，运用了鲜明的力度变化，起初音乐的力度很弱，逐渐加强，直至非常响亮，从而成功地描绘了山魔的宫中越来越多的妖怪以及越来越疯狂的舞蹈，给欣赏者十分直观、生动的感觉体验。

（二）音乐的内涵美

音乐的内涵美主要体现在音乐作品中内在蕴含的真、善、美的意蕴和思想情感。不同年龄人群适合的音乐作品中所蕴含的审美内涵各有特色，如学前幼儿音乐语言的内涵美更多体现在直观、稚拙、幻想等特性。

音乐的审美是形式美和内涵美的高度统一。音乐的结构美、音色美等形式美，只有与适当的情感内容结合起来，也就是与内涵美结合起来，才能形成一种风格美和意境美。没有内涵的音响形式是没有生命的，即使有一些形式美（如和谐、悦耳），那也只是单调机械的东西。只有充溢着内涵美的音乐，才能像盛放的花朵那样生机盎然。

第二节　幼儿园音乐教育的意义与特点

人类是为了自身的生活与发展，不断创造、发展音乐；个体也是为了提升自己的生活质量与生命品质，为了更健康幸福地生活而学习、创造音乐。对于人类而言，音乐始终是人类表达感情与交流思想的重要工具。

一、音乐对于幼儿生活与成长的意义

音乐，原本是幼儿离开母体最早表现出来的“本能的缪斯”。音乐对幼儿，就是天性的表现与本能的歌唱，热爱音乐是幼儿的天性。挪威奥斯陆大学著名音乐学家让·罗尔·布约克沃尔德教授认为，“本能的缪斯”是人类每一个成员与生俱来的一种以韵律、节奏和运动为表征的生存性力量和创造性力量。幼儿生下来的第一声啼哭，就表现出强烈的缪斯式的冲动，也就是音乐的冲动。

音乐是幼儿最喜爱的活动。音乐和游戏一样，对幼儿有着无穷的诱惑，成为幼儿生活中不可缺少的组成部分。因此，对于幼儿的生活与成长而言，音乐是他们幸福生活的精神食粮，是他们表达思想、交流情感与共同交往的工具，是激发他们生命与智慧活力的甘泉。音乐对幼儿的情感、身体、认知、社会性等各方面全面和谐的成长都有着极其重要的意义。

（一）音乐能丰富幼儿的心灵，为幼儿的幸福生活提供宝贵的精神食粮

音乐以活生生的感性形态存在于时空之中，以能激发人们的情感、情绪为最大特色，这与幼儿的认知特点与情绪特征完全吻合。幼儿对音乐具有一种本能的反应，丰富的音响、鲜明的节奏、动听的曲调会使他们情绪激动、身心愉快。幼儿在与音乐一起玩的过程中，始终自主、自由、开心、愉快，不断获得快乐的体验，不断迸发出创造性表现的灵感。幼儿常常通过富有创造性的声音、姿势、动作等音乐语言表征他们对外部世界的感知、理解、建构，以及内心的情绪与情感波动。

音乐教育用音响的魅力给幼儿以丰富多样的审美感受。音乐的旋律在

起伏变幻、抑扬顿挫、迂回曲折中，在动和静、高和低、快和慢、紧和松的对比组合运动中，展现其特有的艺术魅力并激起幼儿感情的波澜。音乐既可以使幼儿兴奋，也可以使幼儿镇静，消除紧张情绪，获得丰富的情感体验。

此外，在健康向上的音乐活动过程中，幼儿广泛接触表现不同民族、风格、情感、内容的音乐作品，他们的心灵世界将逐渐变得更丰富、充实与和谐，并潜移默化地懂得世界的多样性与文化的多元性，逐步形成爱美、求真、向善等积极向上的良好品质。

小　资　料

某园大班幼儿在欣赏《走进非洲》的视频时，对非洲土著人穿着草裙，带着羽毛，脸上画着各种图案等内容，感到非常好奇。尤其当他们看到非洲土著人拿着大鼓以及很多生活中的简易乐器纵情歌舞时，更是无比兴奋。视频引发了幼儿对非洲服饰、舞蹈、音乐、民俗等的浓厚兴趣，他们生成了“非洲音乐”这一教育主题。幼儿在教师和家长的帮助下，找到了很多关于非洲土著人生活方式、音乐题材等资料，并相互交流。在学习与交流中，幼儿了解了很多非洲特有的文化知识，对非洲土著人热爱音乐、将音乐作为他们的生活方式的文化习俗十分感兴趣。他们把班级布置成非洲部落的样子，自制了草裙、羽毛帽子，把自己装扮成非洲土著人。不少幼儿从家里带来或在幼儿园找来饼干罐头盒子、竹竿、小矿泉水桶等生活物品以及大鼓等乐器，在教师的引导下，随着《狂野非洲》的音乐大胆舞蹈、演奏乐器，享受音乐带来的乐趣。此后，该班的音乐区中经常有幼儿即兴演奏乐器与即兴歌舞。

因此，音乐教育是一种有强烈艺术感染力的审美教育，能以幼儿喜闻乐见的感性形式，将音乐作品中蕴藏的形式美、内涵美潜移默化地滋润幼儿心灵，陶冶幼儿情操，丰富幼儿生活，提高幼儿素质，为幼儿一生的幸福生活提供宝贵的精神食粮。

（二）音乐能促进幼儿身体与认知能力的发展，激发其生命与智慧活力

边唱边跳是幼儿音乐活动的重要特征。音乐活动为幼儿提供了大量身体

运动的机会，能有效地锻炼幼儿的身体，发展幼儿的大小肌肉动作，促进其动作的协调发展。

音乐是一门听觉艺术。音乐活动主要是借助听觉器官来进行的，但不仅涉及听觉感知、听觉辨别、听觉注意力、听觉记忆力等各方面能力，还需要审美想象与思维能力的进一步参与。在幼儿喜爱的音乐活动中，他们能集中注意力认真地倾听、歌唱与演奏，细致分辨旋律乐句的细微变化，陶醉在自己对音乐的想象之中，积极探索各种创造性的音乐表现方式，他们的智慧在音乐活动中得到了极大的激发。

小 资 料

某园大班幼儿在倾听挪威作曲家格里格的管弦乐组曲《培尔·金特》组曲中《在山魔的宫中》的乐曲时，十分认真地感知出音乐的力度由弱逐渐加强直至非常强的力度变化，同时在想象中用语言描绘着想象中的山洞：在一个无人的荒岛上，有一个很深很深的山洞，山洞中有许多妖怪，它们穿着奇怪的服装，围着一盆篝火跳着怪模怪样的舞蹈动作。幼儿把自己打扮成各种各样的小妖怪，有的幼儿披上披风、戴上王冠，装扮成国王。他们随着音乐的变化大胆想象童话的情节并自由表演。一些幼儿还根据自己对音乐的想象画出了奇妙、荒诞的想象画。

（三）音乐能有效促进幼儿习惯、个性与社会性的健康发展

幼儿天性喜爱音乐，他们在音乐活动中总是乐此不疲。音乐活动有助于幼儿积极主动、自信、自尊等良好个性的形成。同时，音乐活动大多是集体性的活动，在合唱、合奏、集体舞等需要集体协作的音乐活动中，幼儿只有相互协作、密切配合，才能演唱或演奏出动听、和谐的音乐，才会逐步懂得理解、倾听、接纳与欣赏他人，促进其自我意识的健康发展；在合作创编与共同游戏过程中，幼儿养成了分工合作、遵守规则的习惯；在收放乐器、和指挥进行交流与配合的过程中，幼儿感受到规则、自制以及自我管理的重要性，逐步形成自律、责任感等社会意识。也正是在这些活动中，幼儿体验到集体表演与创造的快乐，学习与他人非言语的交流、默契合作，学会理解、接纳、欣赏他人。

小 资 料

某园中班不少幼儿的音乐技能较好，但幼儿之间的合作常不和谐。教师在歌唱与集体舞蹈活动时特别注重引导幼儿运用眼神、体态、表情与其他幼儿交流。如在歌唱活动“拍手唱歌笑呵呵”时，教师注重引导幼儿在理解为什么唱“你的眼睛有个我”时要看着同伴眼睛歌唱的前提下，鼓励幼儿看着同伴眼睛歌唱；在引导幼儿跳集体舞“大家一起来跳舞”时，引导并鼓励幼儿看着舞伴的眼睛与舞伴微笑握手、敬礼……经过一段时间的培养，该班幼儿的人际关系明显好转，幼儿的合作意识显著增强。

二、幼儿园音乐教育的主要特点

（一）幼儿园音乐教育是源于审美的情感教育

幼儿心中潜存着一些人类永恒的情感，如感激、同情、关爱、友谊、亲情、爱恋等，这些情感尤其需要充满情感特质的音乐教育去开发、唤醒与提升。

幼儿园音乐教育的过程首先是一种审美感染的过程，在教育过程中充分挖掘音乐中的审美因素与美的力量，将幼儿音乐审美情感与能力的培养作为音乐教育的核心，引导幼儿对音乐进行审美式的体验、探究、表现和创造。而幼儿园音乐教育的认知与教育功能，则是在审美功能的基础上获得发展。

幼儿天性喜爱音乐，丰富多样的音乐活动对幼儿有着天然的亲和力，是幼儿满足情感需要、自由表达真实情感的最佳方式。因此，幼儿园音乐教育要选择美好的音乐，用美好的音乐去感染幼儿，使幼儿体验到人类蕴含于音乐中丰富多彩的情感体验。同时，幼儿园音乐教育要善于运用多种音乐与非音乐的形式，感染与打动幼儿的情感，满足幼儿情感交流与沟通的需要，丰富与陶冶幼儿的情感世界，满足幼儿审美的情感需求，帮助幼儿获得高级的审美快乐享受。

在把握音乐教育这一特点时，尤其关键的是要正确处理音乐教育中审美能力的培养与知识技能教育之间的关系。教师既要在音乐教育中克服“过分强调技能技巧和标准化要求”的偏向，摒弃单一的灌输式的教学方式，同时也不要片面排斥音乐知识技能的学习。幼儿教师应善于激发幼儿感受美、表现美的情趣，丰富他们的审美经验，使之体验自由表达和创造的快乐，在幼儿大胆表现的过程中逐渐发展幼儿音乐活动的能力。在此基础上，根据幼儿的发展状况和需要，对其音乐表现方式和技能技巧给予适时、适当的指导。

观察与思考：怎样发挥音乐的情感教育功能，使幼儿的情感与心灵世界受到音乐情感力量的感染和熏陶?

目前许多教师在开展音乐活动时，较偏重引导幼儿对音乐的节奏、速度、力度、曲式结构等音乐表现手段这类认知性审美因素的感知与表现，一定程度上忽视了音乐审美情感的感受与体验，使音乐活动像科学活动那样冷静、理性，幼儿在教师的引导下，感知与探索音乐的节奏、速度、力度、曲式结构等表现手段，冷静地思考采取各种策略记忆歌词的内容与顺序，探索节奏与乐器的演奏方案……在一首充满情感魅力的音乐面前，幼儿更多地进行着客观冷静的分析、思考与学习，缺乏应有的情感共鸣甚至起码的审美感动。

（二）幼儿园音乐教育是以游戏为主要方式进行的愉快教育

心理学研究表明，人有一种先天性的行为趋避倾向——趋向积极的情感体验而回避消极的情感体验。幼儿尤其如此，对于能带给他们快感并使之获得成功体验的活动，幼儿总是乐此不疲，并能表现出不凡的创造性。因此，音乐活动应始终让幼儿感到轻松、快乐。快乐的音乐活动是幼儿音乐兴趣培养的基础，是音乐的审美功能以及认知、教育功能发生作用的前提。

游戏是幼儿活动的重要方式，是幼儿把握世界的主要手段。苏霍姆林斯基曾经说过："幼儿们只有生活在游戏、童话、音乐、幻想、创作的世界中时，他的精神生活才有充分价值。没有了这些，它就是一朵枯萎的花朵。"游戏既是幼儿园音乐教育的重要内容，同时也是开展音乐教育的重要手段和形式。幼儿园音乐教育是通过游戏实现愉快教育的，这包含着两层意思：一是将音乐教育活动与游戏的方式紧密相连，音乐教育活动在教师有组织的游戏中愉快进行；二是在音乐教育活动中渗透游戏精神。游戏精神是一种自由、愉悦、超功利、创造、平等的精神。幼儿进行音乐艺术活动时，其精神状态应是自由自主、无拘无束的，是愉悦并且充满审美的幻想与创造的，这种本真的精神状态其实就是游戏的内在品质、游戏精神的彰显。

幼儿园音乐教育活动应是轻松愉快的，是幼儿人人愿意参与的，是幼儿在快乐的游戏与轻松愉快的活动中不知不觉地感受音乐的美、享受大胆参与和自由表现的乐趣，并学习一些粗浅的音乐知识和技能技巧。正如著名日本音乐教育家铃木先生在《爱的才能启发》一书中说的，“以游戏般的快乐心情开始，再以游戏般的快乐心情引导到正确的方向”。的确，幼儿还不能把音乐活动当作一种有意识、有目的的审美创造活动，他们只是为了满足活动的需要、因为自己喜欢才去从事音乐活动。幼儿热衷于追求游戏过程中的快乐，以游戏为手段的幼儿园音乐教育才能真正满足幼儿的心灵需要。

观察与思考：是否有情节、角色、玩法、规则的音乐游戏就值得提倡？什么样的游戏才能真正发挥其教育功效？

在欣赏中国名曲《化蝶》片段时，不少教师喜欢开展“蝴蝶找花”的游戏，以帮助幼儿感受音乐的情绪与乐句。该游戏常见的玩法是：少数幼儿扮演花，蹲在地上做花开的动作，其余大多数幼儿扮演蝴蝶，听音乐在花丛中飞来飞去，在每一乐句结束的最后一个音时，蝴蝶就停在一朵花上做一造型。从整个设计来看，该游戏情节、角色、玩法、规则等诸要素兼备，无疑是十分合乎游戏的基本要求。但在实际进行过程中，幼儿们并无游戏的那种快乐，尤其是蹲在地上扮演花的幼儿，一直单调地蹲在地上，双手作开花状。一个游戏下来，再也没有幼儿愿意扮演这一角色。因此，这种游戏徒具游戏的形式却毫无趣味性可言的。

（三）幼儿园音乐教育是以幼儿为主体的创造教育

幼儿园音乐教育强调幼儿在音乐活动中的主体性，反对那种偏重音乐知识技能学习与训练的“标准化”教育，要求在教育过程中充分尊重、发挥与完善幼儿的主体性，着力发展幼儿在音乐活动过程中的创造性。

音乐家舒曼曾将音乐称为“一种最崇高的心灵语言”。幼儿园音乐教育就是要努力创造一个发展幼儿“心灵语言”的音乐情境，创设让幼儿敢唱、想唱、有机会唱并积极应答的音乐环境，让幼儿在音乐活动中自由表现、相互交流，大胆抒发自己的心声，提高音乐活动的兴趣与能力。因此，在幼儿园音乐教育过程中，教师应努力成为幼儿音乐活动的支持者、合作者与引导者，尊重幼儿的个人经验与音乐偏好，尊重他们对音乐的独特理解与创造性的表现，努力创设各种条件，引导幼儿自主探索并运用自己喜爱的方式大胆地表达自己的情感、理解和想象，肯定和接纳他们个性化的审美感受和表现方式，分享他们创造的快乐。

观察与思考1：请你跟我这样做，我跟老师这样做。

幼儿园音乐教育中常常有“请你跟我这样做，我跟老师这样做”这类的音乐活动，教师做一律动动作或者拍击一组节奏，幼儿则原样模仿。这种教学方式在培养幼儿的注意力、记忆力以及动作的准确性等方面有其独到的作用。但倘若幼儿音乐活动都是以此模式学习，幼儿的主动性、创造性则难以得到应有的发展。

思考：幼儿园音乐教育过程中还常出现这样的现象，小兔跳、小鸭子走路、小鱼游、花开……几乎所有幼儿在表现这些动作时都是千篇一律、如出一辙。你是怎样看待这一现象？

观察与思考2：片面强调幼儿的主体性是否意味着弱化教师的主导地位？

随着对幼儿主体地位认识的不断重视，音乐教育中也出现了另一极端表现，教师不敢言“教”，任凭幼儿自由发展。教师仅是提供音乐，设置情境，幼儿在活动中所有自由的想象与表现，教师都予以肯定。结果，听着《狮王进行曲》，有的幼儿说是小兔出来了，有的说是小鸟、蝴蝶飞来了；活动中幼儿随心所欲，过度兴奋，教师也常不加以制止；不少幼儿歌唱时没有学习正确发声、呼吸等方面的基本技能，动作表现能力与水平并未随着年龄的增长而有所提高……为了片面强调幼儿的主体性，教师主动弱化自己的主导地位。

（四）幼儿园音乐教育是丰富幼儿心灵的生活化教育

幼儿园音乐教育不是为了培养未来的专门音乐人才，也不在于教幼儿一些简单的歌曲舞蹈或者乐器演奏，而是为了让幼儿在音乐教育中受到美的熏陶，在音乐活动中满足幼儿活动与交往的心理需求和情感需要，美化和丰富幼儿的心灵，让音乐真正走进幼儿的生活，让幼儿的生活充满音乐，使音乐成为幼儿生活中不可缺少的一部分和终身需要，最终使幼儿全面健康、和谐快乐地成长。

如果学习音乐艺术的纯正动机被无数非艺术的野心所笼罩着，“用音乐的大锤砸扁孩子”的音乐教育使得音乐艺术成为某些成人手中对幼儿压迫的“工具”，成为强加在幼儿身上的软“枷锁”。为此，让音乐成为幼儿的一种生活方式将是幼儿园音乐教育努力实现的理想与目标。

观察与思考：对当前“艺术考级热”的冷思考。

上世纪八十年代以来，中国各地掀起了“艺术教育先行”的“素质教育热潮”。走在大街小巷上，不时能看到了众多的琴童、歌童与望子成龙且身背乐器重负的家长，奔波在繁忙的学艺途上，各类艺术培训学校以及各种艺术考级机构如雨后春笋般纷纷成立。一些教育者常带着成人的急功近利，忘记幼儿的真实生活，片面地用成人迷恋并津津乐道的音乐技艺、等级证书或所谓“高雅”“文明”的世界名曲，来支撑幼儿诗意栖居、童趣盎然的生活世界，诱惑甚至强迫幼儿早早地、不合时宜地运用成人的、专业化的训练方式，进行强制性的“艺术素质教育”。很多幼儿会弹不少高难度的乐曲，拥有各种等级证书，但对所演奏的作品却一无所知，艺术修养未能得到相应的提升，并为此牺牲了众多游戏与交往的机会与自由。对于强加于他们的不断训练的乐器、音乐没有感情，甚至充满恐惧与排斥。这种不明智的艺术教育，以成人的意志控制着幼儿的生活，制造着幼儿不自然、不自由和不自主的认识，也造成幼儿对艺术教育的逆反、厌恶甚至敌意的情绪，音乐成了幼儿异己的生活。

因此，在音乐教育中一味追求技能是盲目的。音乐是一种生活化、情感化的东西。它所表现的是幼儿经常接触到的生活，所要表达的是人的思想与情感，而并不是单纯的机械化的技能技巧。音乐教育的根本任务，正在于使更多的人“拥有打开好音乐的钥匙，并且同时有对抗坏音乐的护身符”（柯达伊语）。同时，在美好与快乐的音乐教育过程中，幼儿将获得心灵的丰富与充实，激起对美好生活的热爱。

第三节　幼儿园音乐教育的目标

这是一个发展的时代，也是一个充满危机的时代。科技进步与经济发展在给人类带来伟大成就的同时，伴随而生的不仅是环境危机，还有强烈的精神危机。作为艺术花园中最美丽的一朵奇葩，音乐是人类完全摆脱生存目的而进行的一种基本和高尚的精神活动，是人类幸福生活的精神家园。为了守护与捍卫这一精神家园，音乐教育应从学前阶段开始，摆脱各种非审美的功利目的，坚持正确的教育理想与目标，真正激发幼儿的音乐兴趣与音乐灵性，培养幼儿健康快乐、全面和谐地发展。

我国高度重视幼儿园艺术教育。1996年颁布的《幼儿园工作规程》（以下简称《规程》）从体、智、德、美四个方面制定了幼儿保育与教育目标，其中美育方面的教育目标是：培养幼儿初步的感受美与表现美的情趣与能力。2001年颁布的《幼儿园教育指导纲要（试行）》（以下简称《纲要》）是《规程》的下位文件，它体现了《规程》的基本思想，是对《规程》倡导的教育理念的具体化和延伸。2012年颁布实施的《3－6岁儿童学习与发展指南》（以下简称《指南》）则是进一步细化、深化了《纲要》的要求，对幼儿园艺术教育中各年龄阶段所应达到的要求进行了一些规定。

一、《纲要》中艺术领域教育的精神

《纲要》中艺术领域部分内容与要求如下。

（一）目标

1. 能初步感受并喜爱环境、生活和艺术中的美；

2. 喜欢参加艺术活动，并能大胆地表现自己的情感和体验；

3. 能用自己喜欢的方式进行艺术表现活动。

（二）内容与要求

1. 引导幼儿接触周围环境和生活中美好的人、事、物，丰富他们的感性经验和审美情趣，激发他们表现美、创造美的情趣。

2. 在艺术活动中面向全体幼儿，要针对他们的不同特点和需要，让每个幼儿都得到美的熏陶和培养。对有艺术天赋的幼儿要注意发展他们的艺术潜能。

3. 提供自由表现的机会，鼓励幼儿用不同艺术形式大胆地表达自己的情感、理解和想象，尊重每个幼儿的想法和创造，肯定和接纳他们独特的审美感受和表现方式，分享他们创造的快乐。

4. 在支持、鼓励幼儿积极参加各种艺术活动并大胆表现的同时，帮助他们提高表现的技能和能力。

5. 指导幼儿利用身边的物品或废旧材料制作玩具、手工艺品等来美化自己的生活或开展其他活动。

6. 为幼儿创设展示自己作品的条件，引导幼儿相互交流、相互欣赏、共同提高。

（三）指导要点

1. 艺术是实施美育的主要途径，应充分发挥艺术的情感教育功能，促进幼儿健全人格的形成。要避免仅仅重视表现技能或艺术活动的结果，而忽视幼儿在活动过程中的情感体验和态度的倾向。

2. 幼儿的创作过程和作品是他们表达自己的认识和情感的重要方式，应支持幼儿富有个性和创造性的表达，克服过分强调技能技巧和标准化要求的偏向。

3. 幼儿艺术活动的能力是在大胆表现的过程中逐渐发展起来的，教师的作用应主要在于激发幼儿感受美、表现美的情趣，丰富他们的审美经验，使之体验自由表达和创造的快乐。在此基础上，根据幼儿的发展状况和需要，对表现方式和技能技巧给予适时、适当的指导。

从上述表述可以清晰地看出，《纲要》从幼儿园艺术教育的目标、内容与要求、指导要点三方面，宏观地提出了幼儿园艺术教育领域的要求与基本原则，给教师指导幼儿艺术教育活动提供了方向性的指导。

依据《纲要》的精神，艺术不再是一种文明的摆设，更不是单纯的技艺。艺术就像内装生命之泉的杯子，富有生命活力的艺术甘泉从中倒出，供幼儿品尝。因此，艺术教育是一种真正塑造人的教育，幼儿艺术教育把塑造幼儿和谐完美人格作为教育的终极目标。

《纲要》在强调幼儿艺术教育的幼儿化、整体化、生活化的同时，敏锐地抓住了艺术的审美与独创等特点，提出了“审美感受与快乐表现”并重的幼儿艺术教育观；强调幼儿艺术教育要给予幼儿审美的享受，要把尊重幼儿的情感、个性放在首位；强调幼儿在艺术活动中获得愉悦与满足的同时，培养其对艺术美的独特感受与创造性表现能力。所以，《纲要》既充分考虑了幼儿现实的年龄特点，又考虑了幼儿将来的可持续发展；既将艺术教育放置于幼儿教育这一宏观的背景下，又充分考虑了艺术以及艺术教育本身的特点，呈现出一种正确的幼儿艺术教育的价值导向。

二、《指南》中艺术领域的目标与建议

艺术是人类感受美、表现美和创造美的重要形式，也是表达自己对周围

世界的认识和情绪态度的独特方式。

每个幼儿心里都有一颗美的种子。幼儿艺术领域学习的关键在于充分创造条件和机会，在大自然和社会文化生活中萌发幼儿对美的感受和体验，丰富其想象力和创造力，引导幼儿学会用心灵去感受和发现美，用自己的方式去表现和创造美。

幼儿对事物的感受和理解不同于成人，他们表达自己认识和情感的方式也有别于成人。幼儿独特的笔触、动作和语言往往蕴含着丰富的想象和情感，成人应对幼儿的艺术表现给予充分的理解和尊重，不能用自己的审美标准去评判幼儿，更不能为追求结果的“完美”而对幼儿进行千篇一律的训练，以免扼杀其想象与创造的萌芽。

（一）感受与欣赏

目标1　喜欢自然界与生活中美的事物

3～4岁	4～5岁	5～6岁
1. 喜欢观看花草树木、日月星空等大自然中美的事物。 2. 容易被自然界中的鸟鸣、风声、雨声等好听的声音所吸引。	1. 在欣赏自然界和生活环境中美的事物时，关注其色彩、形态等特征。 2. 喜欢倾听各种好听的声音，感知声音的高低、长短、强弱等变化。	1. 乐于收集美的物品或向别人介绍所发现的美的事物。 2. 乐于模仿自然界和生活环境中有特点的声音，并产生相应的联想。

教育建议：

1. 和幼儿一起感受、发现和欣赏自然环境和人文景观中美的事物。如：

· 让幼儿多接触大自然，感受和欣赏美丽的景色和好听的声音。

· 经常带幼儿参观园林、名胜古迹等人文景观，讲讲有关的历史故事、传说，与幼儿一起讨论和交流对美的感受。

2. 和幼儿一起发现美的事物的特征，感受和欣赏美。如：

· 让幼儿观察常见动植物以及其它物体，引导幼儿用自己的语言、动作等描述它们美的方面，如颜色、形状、形态等。

· 让幼儿倾听和分辨各种声响，引导幼儿用自己的方式来表达他对音色、强弱、快慢的感受。

· 支持幼儿收集喜欢的物品并和他一起欣赏。

目标 2 喜欢欣赏多种多样的艺术形式和作品

3～4 岁	4～5 岁	5～6 岁
1. 喜欢听音乐或观看舞蹈、戏剧等表演。 2. 乐于观看绘画、泥塑或其它艺术形式的作品。	1. 能够专心地观看自己喜欢的文艺演出或艺术品，有模仿和参与的愿望。 2. 欣赏艺术作品时会产生相应的联想和情绪反应。	1. 艺术欣赏时常常用表情、动作、语言等方式表达自己的理解。 2. 愿意和别人分享、交流自己喜爱的艺术作品和美感体验。

教育建议：

1. 创造条件让幼儿接触多种艺术形式和作品。如：

· 经常让幼儿接触适宜的、各种形式的音乐作品，丰富幼儿对音乐的感受和体验。

· 和幼儿一起用图画、手工制品等装饰和美化环境。

· 带幼儿观看或共同参与传统民间艺术和地方民俗文化活动，如皮影戏、剪纸和捏面人等。

· 有条件的情况下，带幼儿去剧院、美术馆、博物馆等欣赏文艺表演和艺术作品。

2. 尊重幼儿的兴趣和独特感受，理解他们欣赏时的行为。如：

· 理解和尊重幼儿在欣赏艺术作品时的手舞足蹈、即兴模仿等行为。

· 当幼儿主动介绍自己喜爱的舞蹈、戏曲、绘画或工艺品时，要耐心倾听并给予积极回应和鼓励。

（二）表现与创造

目标 1 喜欢进行艺术活动并大胆表现

3～4 岁	4～5 岁	5～6 岁
1. 经常自哼自唱或模仿有趣的动作、表情和声调。 2. 经常涂涂画画、粘粘贴贴并乐在其中。	1. 经常唱唱跳跳，愿意参加歌唱、律动、舞蹈、表演等活动。 2. 经常用绘画、捏泥、手工制作等多种方式表现自己的所见所想。	1. 积极参与艺术活动，有自己比较喜欢的活动形式。 2. 能用多种工具、材料或不同的表现手法表达自己的感受和想象。 3. 艺术活动中能与他人相互配合，也能独立表现。

教育建议：

1. 创造机会和条件，支持幼儿自发的艺术表现和创造。

·提供丰富的便于幼儿取放的材料、工具或物品，支持幼儿进行自主绘画、手工、歌唱、表演等艺术活动。

·经常和幼儿一起唱歌、表演、绘画、制作，共同分享艺术活动的乐趣。

2. 营造安全的心理氛围，让幼儿敢于并乐于表达表现。如：

·欣赏和回应幼儿的哼哼唱唱、模仿表演等自发的艺术活动，赞赏他独特的表现方式。

·在幼儿自主表达创作过程中，不做过多干预或把自己的意愿强加给幼儿，在幼儿需要时再给予具体的帮助。

·了解并倾听幼儿艺术表现的想法或感受，领会并尊重幼儿的创作意图，不简单用“像不像”、“好不好”等成人标准来评价。

·展示幼儿的作品，鼓励幼儿用自己的作品或艺术品布置环境。

目标 2 具有初步的艺术表现与创造能力

3～4 岁	4～5 岁	5～6 岁
1. 能模仿学唱短小歌曲。 2. 能跟随熟悉的音乐做身体动作。 3. 能用声音、动作、姿态模拟自然界的事物和生活情景。 4. 能用简单的线条和色彩大体画出自己想画的人或事物。	1. 能用自然的、音量适中的声音基本准确地唱歌。 2. 能通过即兴哼唱、即兴表演或给熟悉的歌曲编词来表达自己的心情。 3. 能用拍手、踏脚等身体动作或可敲击的物品敲打节拍和基本节奏。 4. 能运用绘画、手工制作等表现自己观察到或想象的事物。	1. 能用基本准确的节奏和音调唱歌。 2. 能用律动或简单的舞蹈动作表现自己的情绪或自然界的情景。 3. 能自编自演故事，并为表演选择和搭配简单的服饰、道具或布景。 4. 能用自己制作的美术作品布置环境、美化生活。

教育建议：

尊重幼儿自发的表现和创造，并给予适当的指导。如：

·鼓励幼儿在生活中细心观察、体验，为艺术活动积累经验与素材。如，观察不同树种的形态、色彩等。

- 提供丰富的材料，如图书、照片、绘画或音乐作品等，让幼儿自主选择，用自己喜欢的方式去模仿或创作，成人不做过多要求。
- 根据幼儿的生活经验，与幼儿共同确定艺术表达表现的主题，引导幼儿围绕主题展开想象，进行艺术表现。
- 幼儿绘画时，不宜提供范画，特别不应要求幼儿完全按照范画来画。
- 肯定幼儿作品的优点，用表达自己感受的方式引导其提高。如，“你的画用了这么多红颜色，感觉就像过年一样喜庆”、“你扮演的大灰狼声音真像，要是表情再凶一点就更好了”等。

《指南》在艺术领域的前言部分明确指出，艺术是人类感受美、表现美和创造美的重要形式，幼儿艺术领域学习的关键在于充分创造条件和机会，在大自然和社会文化生活中萌发幼儿对美的感受和体验，丰富其想象力和创造力，引导幼儿学会用心灵去感受和发现美，用自己的方式去表现和创造美，而幼儿对事物的感受理解与表达的方式有别于成人，成人应给予充分的理解和尊重。《指南》从感受与欣赏、表现与创造两个方面，强调艺术教育应让幼儿学会发现和感受自然界与生活中美的事物，引导幼儿欣赏多种艺术形式和作品，萌发对美的感受和体验；鼓励和支持幼儿自发的艺术表现和创造，培养初步的艺术表现能力与创造能力。在教育建议方面，《指南》强调要在日常生活中萌发幼儿对美的感受和体验，要充分理解和尊重幼儿的艺术想象、表现和创造，不以成人的审美标准去评判幼儿，不片面追求技能训练。其中，艺术领域的四个目标中有三个用了“喜欢”的字眼，说明了《指南》对幼儿艺术兴趣的高度关注。

三、幼儿园音乐教育的核心价值与关键词

幼儿园音乐教育应以什么为核心？什么样的音乐教育能有效唤发幼儿的学习兴趣与生活热情，真正促进幼儿情感、态度、能力、技能以及个性与社会性等方面全面和谐地发展？这是幼儿园音乐教育课程改革的出发点与立足点。

根据《纲要》与《指南》的精神，幼儿园音乐教育不是为了培养未来的专门音乐人才，也不在于教幼儿一些简单的唱唱跳跳，而是为了让幼儿在音乐教育中受到美的熏陶，美化和丰富幼儿的心灵，满足幼儿活动与交往的心理需求和情感需要，让音乐真正走进幼儿的生活，让幼儿的生活充满音乐，

使音乐成为幼儿生活中不可缺少的一部分和终身需要，激发幼儿生命和智慧的活力，最终促进幼儿全面和谐、健康快乐地成长。

依据《纲要》与《指南》的精神，幼儿园音乐教育应引导幼儿喜爱生活和艺术中的美，激发幼儿参加艺术活动的兴趣，鼓励幼儿用个性化的艺术形式大胆表达自己的情感、理解和想象，尊重每个幼儿的想法和创造，肯定和接纳他们独特的审美感受和表现方式，分享他们创造的快乐。概括而言，幼儿园音乐教育主要有以下三个关键词。

（一）艺术兴趣

艺术兴趣是幼儿愿意主动参与艺术活动的一种心理倾向，指幼儿积极的艺术学习与参与态度，表现为幼儿对艺术喜好与关切的情绪，并在艺术实践活动中不断产生成功的愉悦感受。《指南》在艺术领域四个目标中的三个目标中用了“喜欢”二字，充分体现了《指南》对幼儿艺术兴趣培养的高度重视。幼儿音乐兴趣的养成是幼儿园音乐艺术活动开展的内在动力，是提高幼儿音乐感受能力与表现能力的前提，而音乐感受能力与表现能力的提高又进一步加强了幼儿对音乐艺术的兴趣，从而为音乐能力的发展奠定基础。

幼儿的兴趣主要表现为直接兴趣，与生理心理上的愉悦、快乐感受紧密相连。幼儿在音乐活动中的快乐主要表现在三个方面：一是身体运动与游戏的快乐。指音乐活动的内容、形式、方法等符合幼儿的身心特点，幼儿能在音乐活动中获得运动与游戏的快感。二是人际交往与自我实现的快乐。指幼儿在参与音乐活动中，与同伴交流获得的快乐；在活动中，挑战自己的学习能力，获得进步时所获得的成长快乐；在音乐活动中被教师、同伴接纳和肯定时所获得的成功与自信的快感。三是审美快乐。即幼儿在音乐活动中所获得的一种超然的审美享受时产生的快感。

（二）艺术美感

审美是主体对客体审美特征的审辨、感受、体验、判断、评价和能动创造，体现了主客体之间一种特殊的关系，是人类独有的一种复杂而高级的精神活动。幼儿音乐审美是指幼儿在教师的引导下，对音乐作品的审美特征进行审辨、感受、体验、判断、评价和能动创造。因此，审美过程是复杂的，包含着感觉、知觉、思维、情感等系列多样化统一的精神活动。

人们在音乐审美过程中，时常会激起一种具体的感受和体验，这就是美感。幼儿园音乐教育过程中的美感是指幼儿被周围环境和生活中美的事物或音乐作品所吸引，从感知出发、以想象为主要方式、以情感的激发为主要特征的一种音乐能力。这是幼儿音乐学习与发展的核心与关键。幼儿音乐教育要注重培养幼儿感官的敏锐性，培养幼儿善于发现美的眼睛与耳朵，进而让心灵更加敏感，容易产生移情，容易被感动。

（三）艺术表现与创造

艺术表现与创造是指可视、可听的实在表现与创造，属于审美心理意向。幼儿艺术表现与创造是指幼儿在头脑中形成审美心理意向，利用艺术的形式语言、艺术的工具和材料将他们重新组合，创作出对其个人来说可能是新颖独特的艺术作品的能力。因此，只要是对于幼儿个人是新的，就是创造性的表现。

因此，幼儿园音乐教育要努力创造各种机会和条件，鼓励幼儿主动、大胆、富有个性地表现与创造，引导幼儿用声音、动作、姿态模拟自然界的事物和生活情景，通过即兴哼唱、即兴表演或给熟悉的歌曲编词来表达自己的心情，通过自编自演故事、自配伴奏等发挥自己的创造潜能，切不可用成人的思维模式评价与限制幼儿。

四、幼儿园音乐教育的目标

（一）总目标

根据《纲要》与《指南》的精神，结合音乐艺术自身的特点与幼儿音乐能力发展的水平，幼儿园音乐教育的目标应着重体现在以下方面。

1. 感受自然界、生活环境和音乐中蕴含的美，体验不同音乐形式所具有的独特表现力，插上想象的翅膀，进入音乐美妙的境界。

2. 喜欢参与和经历听、唱、动、奏等各种音乐实践活动，喜爱并乐于用音乐表现手段表达自己对环境、生活、艺术美的感受与体验，能大胆、自由、富有个性地表现与交流自己的思想和情感。

3. 与音乐一起玩，在快乐的游戏中自主探索音乐的奥秘，在喜爱的音乐活动中激发智慧与灵感，满足活动与交往的需要，提升生活质量。

（二）实施目标

依据《纲要》中“教育内容与要求”部分中“各领域的内容相互渗透，从不同的角度促进幼儿情感、态度、能力、知识、技能等方面的发展”的要求，结合艺术领域的教育目标以及幼儿园音乐教育的特点，我们可以从以下方面确立幼儿音乐教育的实施目标。

1. 情感、态度发展目标。

即幼儿愿意主动参加各种音乐活动，能用自己喜欢的方式进行音乐表现与表达，并在活动中感到满足与愉悦，能够体验并努力追求在音乐活动中大胆表现、合作交流的快乐，逐步养成热爱生活、活泼开朗、积极向上、团结合作的良好个性。

2. 音乐能力与知识技能发展目标。

即幼儿能学习与掌握一些必要的、粗浅的音乐知识技能，积累音乐活动的相关经验，初步了解与认识各类音乐的艺术表现形式与表现手段；能逐步感受与认识环境、生活与艺术中的美，并在音乐活动中逐步发展其审美感知、审美理解、审美记忆、审美想象以及审美创造等方面的能力。

3. 学习品质培养目标。

学习品质是指能反映幼儿自己以多种方式进行学习的倾向、态度、习惯、风格等。包括：幼儿对自然界、生活中各种好听的声音以及音乐感到好奇与兴趣；能够专注、认真地倾听音乐、观看表演，能够积极回应教师的问题与要求；愿意主动去探索音乐的奥秘，探索音乐表现的各种方式；能有始有终地完成音乐活动，遇到困难不轻易放弃；表演结束后能主动将道具摆放归位，演奏完乐器能收好并摆放整齐等。

综上所述，在幼儿园音乐教育活动中，幼儿与音乐交流着对世界的理解与感悟。这种交流与感悟应符合幼儿的身心特点，在幼儿快乐的参与以及快乐的游戏中获得应有的审美享受与发展；同时，应通过音乐活动丰富幼儿的情感，初步培养幼儿的音乐能力，提升幼儿的生命质量，帮助他们不断走向自我完善。

第四节　幼儿园音乐教育的策略与方法

一、幼儿园音乐教育的基本原则

幼儿园音乐教育强调以富有艺术美感的环境、生活与音乐为载体，以快乐的游戏为手段，将各教育内容的有机整合，重视幼儿对音乐的自主感受、欣赏与体验，鼓励幼儿富有个性和创造性的音乐表现。为此，幼儿园音乐教育应遵循“以美感人、以情动人、以乐施教”的基本原则。

“以美感人”指的是幼儿园音乐教育应该是审美的。教师应用美的音乐感召幼儿，引导幼儿感受和体验生活环境的音响和音乐中蕴含的美，进入音乐美妙的境界，插上想象的翅膀，创造性地运用各种方式表现自己的体验与感受，从中熏陶自己心灵世界的美。幼儿园音乐教育中的美主要包括音乐美、动作美、环境美、氛围美等。教师首先应尽量选择优秀的、经典的、适合幼儿兴趣与能力水平的音乐作品。经典的音乐作品之所以能够流传久远、富有生命力，因为它们是艺术美的精华，具有鲜明生动的艺术形象、优美动听的节奏与旋律、健康丰富的审美情趣等，能很快打动幼儿，引起幼儿的心灵共鸣；其次，教师的表演、体态、声音等也要富有美感，所创设的教学环境要有利于渲染音乐的氛围，带给幼儿一个整体的美感。

“以情动人”指的是用音乐的情感去感染幼儿，让幼儿能受到音乐情感的感染与陶冶。音乐是情感的音乐，离开了情感的体验与抒发、感知与表现，就不再是音乐了。

“以乐施教”指的是幼儿园音乐教育还应是“快乐”的，应让幼儿与音乐一同游戏，在快乐的游戏中主动探索音乐、大胆创造音乐，满足幼儿活动和交往的需要，使幼儿获得应有的自我愉悦与审美享受。单调的音乐技能训练、过于理性的音乐学习尤其不符合幼儿的音乐学习特点与需要。快乐除了游戏的快乐外，还包括整个活动组织得张弛有度，幼儿不疲劳、不紧张以及活动中不断得到成功体验等。

二、幼儿园音乐教育的实施策略

依据《纲要》的精神，幼儿园音乐教育在实施过程中应遵循以下策略。

（一）体验性策略

幼儿园音乐教育的核心是审美，而审美是以体验的方式存在的。只有幼儿的情感体验与音乐产生共鸣，才能进入音乐的世界，理解和感悟音乐的美，从而自主地、创造性地表现音乐，最终实现音乐的审美教育价值。

在具体操作过程中，教育者应尽量做到以下几点。

1. 引导幼儿调动多种感官充分体验环境、生活与音乐中的美。感知觉的研究发现，人在感知一个特定事物时，开放的感知觉通道越多，对特定对象的把握就越全面、越丰富、越深刻。尽管音乐体验以听觉为主，美术体验以视觉为主，但是在音乐教育中教师应尽可能调动幼儿多通道参与体验，有效增强幼儿的音乐感受。

2. 重视幼儿在音乐活动过程中的情感体验与审美态度的培养。教师应克服音乐教育中重视教育结果忽视音乐活动过程以及幼儿的情感与态度的倾向，鼓励幼儿大胆参与，敢于自主地、创造性地进行各种音乐感受与表现活动，并在音乐活动过程中逐步培养幼儿健康向上的审美态度与情趣。

3. 将体验作为一切音乐活动的基础。教师应打破仅在音乐欣赏中重视音乐体验的误区，在其他所有形式的音乐活动中，都应创造机会让幼儿充分感受与体验，在此基础上轻松自然地学习和探索音乐。

（二）游戏化策略

喜爱游戏是幼儿的天性，幼儿还不能把音乐活动当作一种有意识、有目的的审美创造活动，他们只是为了满足活动的需要、因为自己喜欢才去从事音乐活动。幼儿热衷于追求游戏过程中的快乐，以游戏为手段的幼儿园音乐教育才能真正满足幼儿的心灵需要。幼儿在游戏化的音乐活动中获得快乐，既是幼儿音乐活动的动机激发因素，也是幼儿园音乐教育的重要目的。因此，教育者必须做到以下几点。

1. 选择游戏性的教育内容，自然而然地激发幼儿的审美愉悦感。如果音乐内容活泼有趣，充满情节性与活动性，一下子就能吸引幼儿的注意并使其积极参与。幼儿在与音乐一起玩的游戏过程中体验快乐，并获得情感共鸣，从而激发其对音乐的兴趣。这种激发幼儿内在动机的方式，是幼儿音乐活动快乐与兴趣的源泉。

2. 以趣味化的游戏方式激发幼儿的活动快感。幼儿热爱游戏，热衷于追求游戏过程中的快乐。当音乐活动能像游戏一样对幼儿充满诱惑，幼儿的音乐兴趣与音乐灵性将被极大地激发。因此，幼儿园音乐教育一定要摆脱成人式的“我教你学”的教学形式，活动的方法应尽量游戏化，使幼儿觉得自己在与音乐做游戏。如在欣赏音乐《拨弦》时，为了帮助幼儿感受乐句中的“1～$\dot{1}$”等的音程跳跃，教师可以引导幼儿玩一个“熊和石头人”的游戏，让幼儿在游戏中感受和表现音乐曲调的这一变化。

3. 创设宽松、自由和充满激励的教育氛围，激发幼儿的快乐体验与成就感。游戏化策略不仅体现在内容与组织形式上，还应体现在游戏的精神上。游戏精神是一种自由、愉悦、超功利、创造、平等的精神，幼儿进行音乐艺术活动时，其精神状态应是自由自在并且充满审美的幻想与创造的愉悦感的。教师应注重创设轻松愉快的音乐活动气氛，让幼儿在音乐活动中积极参与并大胆、自信地活动。自由想象是一种重要的游戏精神，是幼儿从音乐中获得快乐的重要手段，教师应鼓励幼儿在音乐活动中自由驰骋他们的思维，并让幼儿在宽松的音乐环境中，怀着愉悦的心情，与音乐进行交流。同时，在幼儿音乐活动过程中，教师应始终饱含激情，不断发现幼儿的闪光点并予以鼓励，让幼儿获得成就感。

（三）生活化策略

音乐起源于生活，生活是教育的根，是音乐的源泉。幼儿园音乐教育应回归幼儿的真实生活，并与幼儿的生活紧密联系，通过营造音乐化的环境，促使幼儿在生活中进行音乐实践。

教师在操作过程中，应努力做到以下几点。

1. 在生活中积累与丰富幼儿的音乐经验。在幼儿生活的周围，充满了丰富多彩的原生态的自然音乐资源、民间音乐资源以及现代化的视听音乐资料，这些都是幼儿园音乐教育的宝贵资源。教师要利用一切机会，自然地、有意识地引导幼儿体验周围生活的音乐美，让幼儿从小对自然界以及周围生活中的声音、形象、色彩等有敏锐的感觉、细微的辨别能力，并使这种经验成为幼儿理解音乐的基础。同时，在生活中教师应有意识地引导幼儿观察、有选择地积累与丰富幼儿的音乐经验。

2. 为幼儿创设一个音乐浸润的环境。幼儿音乐素养的提高有赖于良好音乐环境的“浸润”，教师应努力为幼儿创设一个充满音乐的环境，让幼儿在其中快乐地生活和成长，在“润物细无声”中唤醒幼儿的音乐意识，激发幼儿音乐表现的积极性。如可在幼儿来离园、户外活动、进餐、点心、午睡前、起床后等一日生活各环节播放适宜的不同类型的音乐，使幼儿生活在一个舒适、愉快的音乐环境中，潜移默化地受到音乐的熏陶与浸润；在幼儿园的走廊、过道等地因地制宜地设置“音乐区”或“音乐小舞台”等，将幼儿自制的音乐图谱、服饰道具、音乐画以及音乐家的画像张贴在墙上，供幼儿随时欣赏与表演……幼儿生活其中，就像习得母语一样自然而然地积累音乐经验，学习用音乐思考、用音乐表达，让音乐成为幼儿生活中不可缺少的部分。

3. 选择贴近幼儿生活的内容进行音乐教育。幼儿音乐活动的内容应尽可能多地选择与幼儿游戏、生活、学习、劳动、游玩密切相关的音乐作品，激发幼儿的音乐学习和音乐表现的动机，通过感知于生活、体验于生活、发现于生活、探索于生活、表现于生活，引发幼儿外在的音乐兴趣向内在的音乐兴趣转化；教师还可充分挖掘丰富的乡土音乐资源，选择幼儿耳濡目染的乡土化、本土化的音乐，构建反映幼儿周围生活的园本音乐课程或地方音乐课程，使幼儿逐步了解并热爱本地区、本民族的音乐文化。

4. 鼓励并引导幼儿运用多种音乐方式表现生活。教师应积极创设条件，鼓励并引导幼儿在日常生活中用音乐、美术等艺术方式表达情感、相互交流；尽可能地利用身边的物品或废旧材料制作玩具、打击乐器等来美化自己的生活，使得音乐真正成为幼儿生活中不可缺少的重要内容。

（四）个性化策略

音乐是一门个性很强的音乐，由于每个幼儿的生活经验、家庭背景、性别、性格不同，他们对音乐的兴趣、经验、偏好、理解、感受及表达方式都会有所差异。幼儿园音乐教育要针对他们的不同特点和需要，让每个幼儿都得到美的熏陶和培养。音乐教育中教师应允许并鼓励幼儿对音乐的独特理解与自我表达，在引导过程中应注意开放性、宽容性与低控制性。

1. 开放音乐活动的内容与材料，使不同性别、兴趣的幼儿都有适合自己的选择。教师应尽可能地为幼儿提供多样化的材料以供选择，在选择教学内容时还应充分考虑幼儿的性别或性格差异，适当提供不同性别的音乐素材与道具，尤其要注意提供富有阳刚之气的音乐、动作道具等供男孩选择，克服由于女教师太多造成的女性化音乐表演倾向。

2. 尊重幼儿对音乐的个人理解与表现，注重让幼儿用自己特有的童心和纯真去感悟音乐。每个幼儿对音乐都有独特的感悟与体会，“有一千个观众，就有一千个哈姆雷特”，教师不要用成人的眼光去标准化地理解音乐，不要自以为是地给幼儿太多的思维限制，应给幼儿更多的感悟空间，让幼儿最鲜活、最真实的童真童趣得到张扬、获得发展。

3. 运用发展性的评价有针对性地发展幼儿的强项。每个幼儿都有自己的音乐偏好与表演风格，尽管水平各异，但都是相互平等和有价值的。教师应用发展的、动态的眼光看待幼儿的音乐表现，针对每个幼儿的音乐优势和进步，及时给予肯定与激励；善于发现幼儿的优势，提供适时、适当的支持，促进每个幼儿在原有水平上的提高；对有音乐天赋的幼儿要注意发展他们的音乐潜能。

小　资　料

瑞吉欧艺术教育的重要特色在于教师鼓励幼儿拥有开放的、个性化的探索学习。每个幼儿可以根据自己的喜好与特长，选择不同材料、方式，通过各种途径，进行富有个性的艺术表现。其中，“幼儿的一百种语言”泛指文字、动作、绘画、图形、戏剧、音乐、建筑、雕塑等多种活动方式以及丰富多彩的媒介与材料，幼儿有权而且有能力运用其喜爱与擅长的多种方式、材料去认识世界、表达思想与情感，获得其对世界独特的理解。教师的重要工作就是创设这样一种尊重个性的艺术学习氛围与丰富多彩的材料环境，开发幼儿的创造潜能。

其实有一百

孩子是由一百组成的。
孩子有一百种语言，
一百只手，
一百个念头，
一百种思考问题的方式，
还有一百种聆听的方式，
惊讶和爱慕的方式。
一百种欢乐，
去歌唱，去理解，
一百个世界，
去探究，去发明，
一百个世界，去梦想。
一百，一百，再一百，
但被偷走了九十九。
学校和文明，
将孩子身心分离。
他们告诉孩子：
不许用手操作，无需用脑行事，

只要听，不必说，
理解世界不必伴随快乐。
爱和惊喜，只在复活节和圣诞节才有。
他们要求孩子：
在孩子一百个世界中，
他们偷去了九十九。
他们告诉孩子：
工作与游戏，现实与幻想，
科学与想象，天空与大地，
理智与梦想都是水火不相容的。
总之，他们告诉孩子：
一百并不存在。
但是孩子却说："不，其实真的有一百！"

——马拉古兹（意大利）

三、幼儿园音乐教育的主要方法

（一）示范表演法

音乐是一门表演的艺术，在幼儿园音乐教育中，教师是最重要的表演者。教师需要通过示范表演，准确、生动、有表现力地演绎音乐作品，既为幼儿的音乐感受与体验提供审美的艺术形象，也为幼儿的音乐学习提供示范性的榜样。教育实践表明，教师的示范对幼儿参与的兴趣、学习的效果起着十分重要的作用。一般来说，教师的示范应注意以下要求。

首先，教师的示范要准确、规范。教师的示范是幼儿模仿的榜样，因此，教师对音乐作品的表演一定要准确，示范表演要符合音乐表演的规范。如示范歌唱时音准、节奏、歌词等都要正确，唱歌时的姿势、口型、发音、吐字等也要正确。又如，教师示范演奏，不仅演奏的节奏要正确、合拍，持放、演奏乐器的手势和动作也要符合规范。

其次，教师的示范要有感染力。陶行知曾经说过："教育是心心相印的活动，唯独从心里发出来的，才能达到心的深处。"音乐是一门情感的艺术，具有强烈的感染力，而幼儿又极易受感染，因此，在幼儿园音乐教育活动的示范过程中，教师一定要全情投入，充分运用嗓音、表情、动作、体态等方面的示范，加强示范表演的艺术感染力，以“己”情动“幼”情，以情激情、以情激趣，通过富有感染力的示范表演带给幼儿音乐的审美享受，激发幼儿参与音乐实践的热情。

（二）语言指导法

在幼儿园音乐活动中，教师运用语言指导幼儿的方法主要有讲解、提问、故事、语言辅助等。

1. 讲解。讲解是教师运用口头语言向幼儿说明、解释事物或者事情。教师的语言讲解要求生动、形象、清晰、准确，富有感情，简明扼要，能帮助幼儿理解音乐与动作要点，能激发幼儿学习与探索的愿望。

在幼儿感受音乐、学习技能的过程中，教师都需要进行讲解，但讲解很少孤立使用，常常是与以下方法结合使用。

（1）讲解与操作相结合。如教师在指导幼儿学习“踵趾小跑步”时，可以边示范边讲解，并配以简单好记的顺口溜“脚跟脚尖跑跑跑”，幼儿就比较容易学会这个动作了；又如，幼儿在感受《狮王进行曲》雄壮有力的主旋律后，开始用动作表现狮王威猛的形象，这时，教师随乐加入语言“我就是那森林之王，没有人能比我强；我就是那森林之王，没有人能比我壮”，幼儿很快就能领会并较生动地表现出狮王威风凛凛的样子。

（2）讲解与设疑相结合。教师可以先设疑再讲解，或者是先讲解后设疑。如在韵律活动“小老鼠泡泡糖”教学过程中，教师发现幼儿在随A段音乐模仿小老鼠走路时，虽然也按照教师的提示做“东张西望”的动作，但是动作一直无法与音乐合拍。教师可以再次放慢速度为幼儿进行示范，并在每一乐句的前一小节边用双手学小老鼠走路边念“小老鼠”，后三小节边按节奏转头做东张西望的动作边念“东瞧瞧，西望望——”。然后着重提问幼儿：“我们念到哪个字的时候转头?”这样，幼儿带着问题主动观察和思考，很快就掌握了表演的要领。

2. 提问。在幼儿感受音乐的过程中，教师经常要通过提问的方法帮助幼儿带着问题感受音乐、观察教师示范，并主动思考。西方学者德加默提出这样一个观点——“提问得好即教得好”，这种看法不无道理。教师准确、恰当的提问能激发幼儿的学习兴趣，使其思维进入积极状态。音乐活动中的每一个问题，都应是教师精心设计、合理规划的。好的提问体现了教师对活动过程的深入研究，与幼儿的知识经验与智力水平相适应，能激发幼儿学习的兴趣，有助于实现教育目标，富有启发性，并能促进幼儿自我反省。

教师在音乐活动中的提问可有回忆性提问、理解性提问、分析性提问、综合性提问、评价性提问、运用性提问等几种类型。下面以欣赏歌曲《小乌鸦爱妈妈》为例加以说明。

(1) 回忆性提问。通过提问了解幼儿对作品内容的印象，达到了解幼儿的目的。常见的提问内容是“这首歌（舞蹈）里唱（跳）了些什么?”，特点是答案具体。

(2) 理解性提问。通过提问帮助幼儿理解作品内容，达到整体感知的目的。如听完《小乌鸦爱妈妈》后，教师提问：小乌鸦在干什么？他的妈妈怎么样了？是谁把小乌鸦养育大的?

(3) 分析性提问：力图通过提问找出作品中蕴含的因果关系，并通过分析，帮助幼儿理解作品。例如，听完《小乌鸦爱妈妈》后，教师提问：小乌鸦为什么不出去玩？他的妈妈为什么不自己出去找虫子吃?

(4) 综合性提问：引导幼儿综合理解作品的提问。如听完《小乌鸦爱妈妈》后，教师提问：小乌鸦是怎样爱妈妈的?

(5) 评价性提问：评价是一种综合能力，其核心是思维尤其是辩证思维的能力，通过评价可以引导幼儿理解作品的核心价值。如学习《小乌鸦爱妈妈》后，教师提问：这是只什么样的小乌鸦？你喜欢它吗？为什么?

(6) 运用性提问：目的是促使幼儿将音乐作品中的经验，或者本次音乐活动的知识、方法、思路用于解决他们生活中的其他问题，帮助幼儿触类旁通、举一反三，促进知识间的迁移。如学习《小乌鸦爱妈妈》后，教师提问：你会怎样爱你的爸爸妈妈?

3. 故事。故事以其生动性、形象性深受幼儿喜爱，而音乐又是比较抽象的听觉艺术，将故事与音乐有机结合，可寓抽象于形象之中，有助于幼儿更形象地感受、理解、表现音乐，增强音乐教育的情境性、趣味性。如在组织音乐游戏“聪明孩子和笨老狼”时，教师在引导幼儿欣赏音乐《拨弦》前先讲述了以下的故事：

从前，有一座黑森林。那里面很黑很黑，路也很难走，人很容易迷路。黑森林里住着一只笨老狼，因为他整天都呆在黑森林里，所以对那里的路很熟，就是闭着眼睛也能在森林里走来走去而不会迷路。住在黑森林两边的人们想出了一个聪明的办法，那就是跟在老狼的后面走，让老狼把他们带进和带出黑森林。啊哈，不用担心老狼会伤害你，因为老狼的眼睛很不好，只要他在很重的声音响起时就会转头，他回头时你要马上站住不动，老狼根本就看不到你。聪明的小朋友们，你们敢不敢跟着这只笨老狼到黑森林去玩一玩呢？

这样，幼儿有了故事的情境与线索，欣赏与感受音乐的目的性以及游戏的情境性、趣味性显著增强，幼儿认真倾听音乐，并很快听出了音乐中的重音，游戏时也十分开心。

在创造性律动活动中，故事能够有效地提升幼儿表现的热情，提升幼儿随乐展开想象的丰富性、逻辑性。如创造性韵律活动“美丽之门”的活动中，教师通过以下故事启发幼儿：

有两个好朋友被巫师施加魔法，变成了雕塑，他们非常向往自由。小呼啦圈知道了他们的愿望后，就变成了一扇有魔力的“美丽之门”，当优美、动听的音乐响起之后，用“美丽之门”就能传递爱的能量，破解魔法，使得其中的一位好朋友复活。而当这位复活的朋友用“美丽之门”传递爱的能量给另一位朋友时，他就会因为失去魔力重新变成雕塑，被“美丽之门”套上的雕塑就会因此获得爱的能量而复活，这位复活的朋友又再一次把“爱的能量”传递给朋友……

在上述故事启发下，幼儿在充满温暖爱意的音乐声中进行着富有创意的人际肢体互动，领悟着爱尔兰风笛演奏的舒缓的旋律与乐句，获得审美享受与审美感动。

（三）直观法

音乐活动中的直观法指的是教师通过向幼儿展示各种实物、图片、图谱、视频以及其他的一些直观演示材料（如棍子、牛皮筋、彩带等），以帮助幼儿直观形象地感受与理解音乐情境、歌词内容、动作表现以及演奏方案等。下面，我们重点介绍图谱的使用。

图谱是近年来幼儿园音乐教育十分常用的直观材料，是以图片、象征性的符号等来表现音乐作品的形象、情节、结构、歌词或者情绪等细节的辅助教学材料。与图片有所不同的是，图片是将整首歌曲或者乐曲的内容画在一幅图画中，难以进行分解的操作与演示；图谱则更多是根据歌词的顺序将音乐分解成若干幅小的图片，可以进行分解操作与演示。图谱可以很好地吸引幼儿的注意、加深幼儿对音乐的理解、降低记忆歌词的难度等，对音乐教学起到了促进作用。如在学习新歌《相亲相爱一家人》中，教师辅以图谱，幼儿很快就能理解记忆歌词的顺序，并通过张贴“小嘴巴”的方式，直观记忆说普通话与说方言的地方，很快就掌握了说唱的歌词。

相亲相爱一家人

游万玲　词曲

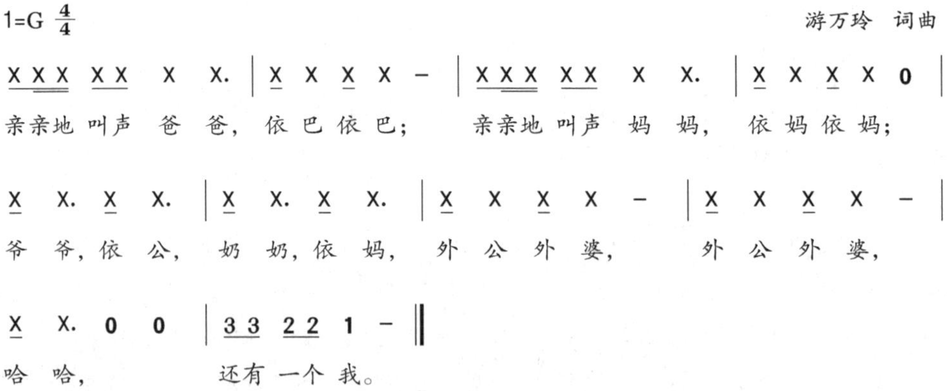

《相亲相爱一家人》图谱

除了歌唱活动广泛使用图谱外，韵律活动也常使用图谱，以帮助幼儿理解、记忆韵律活动的动作内容与顺序。如韵律活动“娃哈哈”，通过以下图谱，幼儿就能很快理解、学习相应的动作。

我们的祖国是花园

花园里花朵真鲜艳

和暖的阳光照耀着我们

每个人脸上都笑开颜

娃哈哈，娃哈哈

每个人脸上都笑开颜

在幼儿园演奏活动中，图谱被十分广泛地使用，幼儿在直观形象的演奏图谱的帮助下，能够很快地理解教师的演奏方案并随乐演奏（详见第五章《幼儿园演奏活动的设计与指导》）。

除了图谱外，幼儿园音乐活动还常常借助幻灯片、视频等富有动感的直观手段，丰富幼儿的与音乐主题相关的感性经验；借助手腕花、牛皮筋等道具，帮助幼儿分清扮演的角色，提示动作表演的方向；借助棍子、绸带、丝巾、圈圈等，增强动作的表现力，提高幼儿表演的兴趣。

（四）练习法

练习法是指幼儿在教师的指导下，通过多次的实践练习巩固和掌握某些音乐技能的方法，如幼儿练习歌唱、练习随乐身体动作、练习演奏乐器等。

运用练习法是应注意以下问题。

1. 明确练习的目的与要求，循序渐进地进行练习。教师在幼儿开始练习之前，必须运用简要明确的语言指导幼儿，帮助幼儿明确练习的目的、要求与方法，引导幼儿有目的地练习。在幼儿练习过程中，教师可借助简单、直接、易操作的预令提示幼儿，如在指挥幼儿演奏活动时，教师可提前一拍用眼神、动作、语言提示下一组要演奏的乐器组做好准备，增强练习的效果。

一般，在一次音乐活动中幼儿需要多次的练习才能初步学会所学的技能，教师应注意循序渐进，每次练习的形式要有些变化，每次练习的难度要不断提高，保证幼儿既能达到教师的要求，又能保持学习的兴趣。

2. 以幼儿感兴趣的方式进行练习。在幼儿练习时，教师切忌让幼儿一遍遍机械地重复练习，而应以游戏等幼儿感兴趣的方式引导幼儿进行练习，提高练习的效率。如在欣赏《狮王进行曲》后，教师可以带着幼儿以小动物、狮子大王的角色听音乐玩游戏，在游戏中反复加深幼儿对音乐形象与节奏的感受，激发幼儿对音乐的想象与创造。

3. 观察幼儿的练习情况，及时作出反馈。幼儿练习时，教师要认真倾听、观察，发现幼儿的进步要及时用表情、手势、语言等进行表扬与鼓励，发现幼儿的问题要及时采取措施，防止幼儿在反复错误的练习中形成错误的动力定型。如在集体舞“快乐舞会”的活动中，有一个双人合作舞蹈的动作：前一乐句两个幼儿伸出有花环的右手挽起来，正反面肩并肩，以肩为圆心前进绕圈走；第二乐句时两人同时换只手挽起来，前进绕圈走。有三对幼儿一直没绕正确。这时候，教师发现了这个问题，并悄悄问幼儿：“你知道你们绕不起来的原因吗?”幼儿呆呆地看着教师，希望得到教师的帮助。教师就请一对跳正确的幼儿给他们示范表演一遍，并通过语言提示，引导幼儿找到观察的重点：“在转圈的时候他们是面对同一个方向还是相反的方向?”“当他们肩并肩时，两个人都朝什么方向走?”通过这些支持，有两对幼儿通过观察同伴、比较异同的方法，得到启发，发现自己的问题，从而主动改进。但是，还有一对幼儿通过上述支持，仍然没能绕好。于是，教师就对全班幼儿说：“×××小朋友有困难了，大家一起来帮帮他们。”在这对幼儿表演后，教师组织幼儿通过讨论来解决问题。幼儿说：“刚才×××小朋友和你一样跳不好，现在他们跳对了。你们先看看他们跳，等会儿去问问他们，刚才哪里出问题了？现在怎么改过来了?”教师不仅通过观察发现问题，还可以选择幼儿比较普遍的、有价值的问题在集体中讨论。这样，幼儿不仅知道当自己遇到困难时可以从多种角度去解决问题，更重要的是可以让养成幼儿喜欢思考的习惯，形成互相帮助的良好风气，使幼儿解决问题的能力不断得到提高。

第五节 幼儿园音乐教育的内容与途径

一、幼儿园音乐教育的主要内容

目前，幼儿园音乐教育的内容主要包括音乐欣赏、歌唱活动、韵律活动、音乐游戏以及演奏活动等方面。此外，还有以音乐为主线，有机整合其他领域、其他学科内容而构建的音乐综合艺术活动等。

（一）音乐欣赏

音乐欣赏主要是通过倾听音乐作品、观赏音乐表演以及聆听周围环境的各种乐音来获得审美享受的音乐活动，是幼儿感知理解音乐、体验音乐情感、探索音乐世界的一种重要的音乐教育实践活动。开展音乐欣赏活动，可以使幼儿从小接触更多的音乐作品，开阔幼儿的音乐视野，丰富幼儿听音乐的经验，培养幼儿对音乐的艺术美有更敏锐的感受力与创造力，美化和丰富幼儿的音乐心灵，陶冶幼儿的情操。

（二）歌唱活动

歌唱是指用嗓音来演唱有旋律、有歌词的歌曲以及节奏朗诵、唱名游戏等。幼儿歌唱活动的教育内容主要包括歌曲（含幼儿歌曲、节奏朗诵、歌曲说唱等）、歌唱的表演形式以及歌唱的简单知识技能等。歌唱活动能全面提高幼儿运用歌声表达思想、交流情感的能力和正确发声及歌唱技能，促进幼儿舒适地、有理解力地和有感情地歌唱。

（三）韵律活动

韵律活动是指伴随音乐进行的并与音乐相协调的、有节奏的身体动作。节奏是音乐的骨骼与灵魂，对节奏的感受与表现是音乐教育的重要内容。幼儿音乐活动中，音乐与身体动作常常是不可分离的，随音乐进行的身体动作是幼儿体验与表达情感的最自然的方式之一。韵律活动主要包括律动和舞蹈，能有效地发展幼儿身体运动的能力，发展幼儿借助身体动作感受和表现音乐的能力，提高幼儿的动作协调能力等。韵律活动还能发展幼儿的身体探究能力及对音乐的探究能力，发展幼儿的想象、联想与创造性表达能力，满足幼儿活动与交往的需要。

（四）音乐游戏

音乐游戏是指在音乐伴随下进行的一种发展幼儿某方面音乐能力的、有规则的游戏活动。游戏是幼儿最喜爱的活动，音乐游戏把某些音乐基本要素的感受或表现与幼儿喜闻乐见的游戏有机结合，是一种融音乐性、趣味性与教育性为一体的音乐活动形式，深受幼儿的喜爱。

（五）演奏活动

幼儿的身体是一个天然的乐器，幼儿从小起就十分喜欢探索自己身体，尝试自己的身体所能发出的各种节奏。同时，在人类乐器演奏的历史中，打击乐器是起源最早的乐器种类之一，又是幼儿最容易掌握、最易从中获得音乐享受的乐器种类。开展集体性的身体乐器与打击乐器演奏活动，能使幼儿在丰富多彩、富有动感的演奏活动中获得生理上的快感与心理上的满足，可以有效提高幼儿听辨节奏与音色的能力、合作意识与协调能力，培养幼儿的探索精神与创造能力。

（六）音乐综合艺术活动

幼儿的发展应是整体、和谐的发展，幼儿园的课程是一个有机的统一体。幼儿园音乐教育应依照一定的线索，把音乐教育与其他领域有机结合起来，达到综合审美教育的目的。其中，音乐、美术、文学、戏曲、童话剧等艺术形式相互之间有着许多内在的一致性以及相通之处。如音乐的节奏和绘画的线条、形体的运动变化具有内在的一致性，音乐、美术、文学中的声音、形状、色彩、结构等都有共通之处。通过一定的主题，将这些艺术形式按照一定的规则进行同构，能提高幼儿多种心理机能的协调，形成幼儿心灵中的联觉经验，逐步形成幼儿的综合艺术智慧。

二、幼儿园音乐教育的基本途径

幼儿园音乐教育的途径是指实施音乐教育的具体组织形式。幼儿的年龄特点以及学前教育机构的工作特点决定了幼儿园音乐教育的途径必然是灵活、多样化的，有通过幼儿园教育机构进行的，也有家庭音乐教育与社会中各种教育机构进行的音乐教育。就幼儿园一日活动而言，幼儿接触音乐的途径以及教师进行音乐教育的途径也是多种多样的，而分类的标准各不相同。从组织者的角度来分，有教师组织的音乐教育活动，也有幼儿自发进行的音乐活动；从音乐活动引发方式的直接性来分，可分为显性的音乐教育课程与隐性的音乐教育课程等。下面，我们分别从集体性音乐活动、音乐区域活动、渗透性的音乐活动等常见的几种形式进行说明。

（一）集体性的音乐活动

集体性的音乐活动是指由教师有目的、有意识地设计与组织，全体幼儿共同参与的专门性的音乐教育活动。在这种教育活动中，活动的内容、时间、方式等主要都由教师来决定。这类活动的教育价值主要在于：向幼儿提供比较系统的音乐教育，并对幼儿日常生活中自发的音乐活动进行提升。

集体性音乐活动的教育目标比较明确，但组织时教师应根据幼儿的年龄特点、兴趣、经验等，选择适宜的音乐内容，以多样化的教学模式，促进幼儿主动地感受、理解、学习音乐并大胆、创造性地表达个人的思想，促进幼儿音乐能力与技能的协调发展。同时，教师还要随机引导幼儿在音乐活动中学会学习、学会与人沟通与合作、学会以适合的方式表现自己等，真正促进其身心和谐发展。

受幼儿的注意力以及自我控制力等方面的发展水平所限，一次集体性音乐活动的时间不宜过长。一般而言，2～3 岁幼儿集体性音乐活动的时间适宜控制在 10 分钟以内，3～4 岁 15 分钟左右，4～5 岁 20 分钟左右，5～6岁 30 分钟左右。

（二）音乐区域活动

音乐区域是指在活动室中为幼儿设置一个供幼儿自主选择、自发探索、自由操作摆弄的一个区域。幼儿能够在这一区域中，按照自己的兴趣、能力以及自己确定的学习进度去自由使用、玩弄这些丰富多彩的音乐材料，每个幼儿都有机会在音乐方面充分表现与练习的机会。相对于集体性的音乐活动，音乐区域活动的组织方式比较自由，可以灵活采用小组合作或是个人自由表现等组织方式，一般以幼儿自选的方式为宜，让幼儿选择自己喜爱的音乐材料与活动方式，自主地、创造性地开展音乐活动。

为了长久地保持幼儿对音乐区域活动的兴趣，教师应尽可能提供新鲜有趣的活动材料，为幼儿建立一个进行声音探索和其他音乐表现与创造活动的实践场所。音乐区可以常设在活动室中的一个比较独立的角落，最好能与其他活动区隔开，或是一个单独的小房间。幼儿园音乐区主要有演奏区、表演区、歌唱区等。

（三）渗透性的音乐活动

这里所指的渗透性音乐活动，是指除专门的音乐活动（集体性音乐活动或区域音乐活动）外，随机、灵活地渗透在幼儿一日生活中的丰富多彩的“隐性的”音乐活动。大致可分为以下几类。

1. 日常活动中的音乐活动。

正如在幼儿园音乐教育生活化原则中所述，幼儿音乐素养的提高有赖于良好音乐环境的浸润，幼儿园应努力为幼儿创设一个充满美好音乐的环境，让幼儿在其中快乐地生活和成长。

在幼儿园一日生活的各个环节中，教师可以随机组织与安排一些与音乐有关的内容。如可在幼儿来离园、用餐、点心、午睡前后、散步、阅读时播放一些优美动听的音乐，让幼儿进行欣赏，使幼儿生活在一个舒适、愉快的音乐环境中，潜移默化地受到音乐的熏陶与浸润；在幼儿自由活动、散步等时间中鼓励与支持幼儿开展自发的音乐活动，教师也可随机组织一些有趣的音乐游戏或节奏活动。

2. 有机整合于主题中的音乐活动。

目前，幼儿园开展了很多主题活动，音乐活动作为其中的一个重要内容，与语言、科学、社会、美术等领域等常常有机渗透、整合在主题活动之中。此时，音乐的呈现是以主题内容为线索，以与其他领域的有机融合为特点的。

3. 游戏活动中的音乐活动。

在幼儿园丰富多样的各类游戏中有机渗透音乐教育，可以丰富游戏的趣味性与审美性。

在角色游戏中，幼儿可在“小剧场”游戏中演习学过的音乐内容，也可以进行即兴的自我音乐表现。教师还可在扮演客人去串门、扮演顾客买东西时，用歌唱的方式表达自己的意愿，并引导幼儿也用歌声来响应……幼儿在游戏中不知不觉地发展了用歌唱的方式表达与交流情感的能力。

目前幼儿园的很多表演游戏，如《拔萝卜》《小兔乖乖》等都包含着音乐的成分，幼儿们边唱边表演，使得表演游戏的开展更为丰富、生动。

音乐教育也可有机融入建构游戏中，如幼儿“建造”了富有民族特色的蒙古包，可以把自己装扮成蒙古人，在门口迎接客人，为客人表演蒙古舞蹈、歌曲等。

此外，音乐还可有机融入到传统民间游戏中，如幼儿在玩跳绳、踢毽子、炒豆子等游戏中，边唱边玩，既增添了幼儿对民间游戏的兴趣，也增加了游戏活动的乐趣。

4. 节日庆祝活动中的音乐活动。

节日是幼儿最快乐的日子，音乐活动作为幼儿节日活动中的重要内容，深受幼儿的喜爱。

组织节日音乐活动时，教师应注意尽量让更多的幼儿参与。同时，用于庆祝幼儿节日的音乐内容宜尽量选择幼儿平时学习过的歌曲、舞蹈、打击乐等，再进行适当的加工。节日音乐活动应以抒发幼儿的快乐情感为主要目的，不要片面追求艺术效果而增加幼儿的负担。节日音乐活动的形式应尽可能丰富生动，以营造节日的欢乐气氛，增强幼儿对音乐活动的兴趣。

5. 自发性的音乐活动。

在幼儿参加的各种活动中，都有可能随机生成自发性的音乐活动。如在午餐后的散步、春秋游活动中，教师带领幼儿在幼儿园、公园散步，个别幼儿看到花盆里的蝴蝶花，就自发哼唱起学过的歌曲《蝴蝶花》，接着几个幼儿也跟着唱起来，紧接着多数幼儿开始整齐地合唱起来了。大家围着蝴蝶花，边走边唱，还四处寻找会飞的蝴蝶，有时还变化着音色演唱。最后教师和幼儿在一遍又一遍乐此不疲的笑声中，结束散步活动。

为了随机生成幼儿有意义的自发性音乐活动，教师应积极创设良好的激发幼儿主动学习的音乐环境，提供宽松愉悦的氛围，鼓励幼儿自主、自由地开展随机性的音乐活动。在幼儿自发性音乐活动中，教师是否参与需要根据具体情况而定，以不阻断幼儿自发性音乐活动中的自我享受行为为宗旨。

第二章 幼儿园音乐欣赏活动的设计与指导

审美是音乐教育的核心，音乐欣赏是培养儿童音乐审美能力的重要途径。美国著名儿童音乐教育心理学家詹姆斯·默塞尔在其音乐教育心理学名著《学校音乐教学心理学》一书中反复强调：在普通学校中，音乐教育就是欣赏教育，就是为欣赏而进行的教育。在这里，欣赏被定义为：怀着由衷的欣喜与热爱的情绪情感，去主动追求从美好的声音以及优秀音乐作品中获取的自我满足与自我发展。

幼儿园音乐欣赏活动主要是幼儿通过聆听自然界、生活的各种音响和各种类型的音乐作品，以及观赏舞蹈、戏剧、音乐剧等各种形式的艺术表演获得审美享受的音乐活动，是幼儿感知、理解音乐美并体验音乐情感的一种重要的音乐教育实践活动。音乐欣赏是幼儿园一切音乐活动的基础，幼儿园任何一种音乐教育活动都包含音乐欣赏的成分。音乐欣赏能有效地激发幼儿对音乐的兴趣，开阔幼儿的音乐视野，培养幼儿对音乐的感知力、注意力、联想力、想象力和创造力，并在欣赏中获得初步的审美能力与健康的审美情趣，陶冶美好的思想情操。

幼儿园音乐欣赏活动的价值追求主要体现在：引导幼儿怀着由衷的热爱欣赏音乐的情绪、情感，主动追求从自然界、生活以及音乐中获取自我满足与自我发展；有效激发幼儿的音乐兴趣，并逐步丰富他们的美感体验，获得初步的审美能力与健康的审美情趣。

幼儿园音乐欣赏活动应努力实现如下三方面的发展目标。

情感、态度发展目标。幼儿喜欢自然界与生活中各种美的事物和好听的声音；能够体验并享受音乐欣赏过程的快乐，能够大胆表达自己情感体验的快乐，愿意与他人分享交流欣赏音乐作品的快乐与美感体验；能尊重、认同各民族以及各种形式、风格的音乐作品，具有较广泛的音乐爱好。

知识技能与能力发展目标。幼儿能够感知自然界与周围生活中声音的高低、长短与强弱的变化；感受与理解音乐作品中基本的表现手段，初步形成一些简单的音乐知识，积累一定的音乐、舞蹈语汇，并在具体的音乐活动中加以应用；能体验、理解音乐作品所表达的内容与情感，并展开大胆的联想与想象；初步了解应如何从音乐欣赏活动中获得各种艺术与非艺术的经验，尝试运用身体动作、语言文学、美术等各种艺术表现手段大胆表达自己对音乐作品的理解认识、联想与想象、情感体验；能够再认与区分欣赏过的音乐作品，具有一定的音乐记忆力。

学习品质培养目标。幼儿能主动倾听声音、欣赏音乐和表演，逐步养成认真倾听、大胆想象与表现等良好学习习惯；幼儿容易被自然界与生活中好听的声音、好看的姿态所吸引，具有初步感受与发现美的耳朵、眼睛与心灵。

当然，上述目标渗透在各种欣赏活动中循序渐进地进行，绝非在一次音乐欣赏活动中就要全部完成，或者每次欣赏活动都要完成各方面的目标，教师应根据歌曲内容、幼儿发展水平与发展实际等确定每次活动的主要目标。

第一节　幼儿音乐欣赏能力的发展特点

由于音乐形象存在着不确定性与多义性，幼儿受其身心发展水平、音乐教育环境以及对音乐的兴趣爱好等因素的影响，他们对音乐的倾听、感受、理解、想象创造以及审美能力的发展存在着较大的差异。幼儿的音乐欣赏能力发展主要表现在以下几个方面。

一、倾听与审美感知能力

“倾听”与一般的“听”不同，倾听是一种有意识的听，不仅需要注意的参与，还需要情感的参与。倾听的态度、情感与能力，是音乐欣赏的重要基础。

一个听力正常的幼儿，在3岁前所获得的倾听经验是很丰富的。在很小的时候，他们就对“倾听”表现出浓厚的兴趣，随着年龄的增长、活动范围的扩大，周围可以听到的声音以及音乐越来越多；但如果教育不利，有些幼儿反而会对周围世界中的美好音响听而不闻，也就较难形成良好的倾听态度、习惯和技能。

在良好的教育培养下，3～4 岁的幼儿会更多地自发倾听环境中的各种声音并主动地分辨与描绘这些声音，如下大雨与下小雨有什么不同，不同的动物、交通工具发出的声音有哪些不一样等。在音乐活动中，他们会按教师的要求更仔细地倾听各种音响，逐步养成注意倾听教师、同伴的歌声和琴声伴奏的习惯，区别有明显差异的音乐作品的性质，对不同音乐情绪的乐曲有了初步的感受。

在良好的教育培养下，4 岁以后的幼儿倾听的主动性、自觉性以及听辨能力可以获得更好的发展。除了按要求认真倾听和进行描述、分辨外，幼儿还能较主动地倾听环境中的声音与音乐，听辨与描述能力进一步提高。在专门组织的音乐活动中，4～5 岁幼儿开始能逐步分辨声音的细微变化，他们能欣赏内容较为广泛、性质多样的音乐作品，能区分音乐中明显的速度、力度、节拍和节奏型的变化，还能听出乐段、乐句之间的明显的重复与变化，如作曲家卡尔·海笛所作的乐曲《熊跳舞》，该乐曲分为 ABA 三段，A 段音乐主要在低音区演奏，节奏较缓慢；B 段音乐在高音区演奏，节奏轻快，AB 两段音乐在音高、节奏、速度等方面形成明显的对比，5 岁初期的幼儿就可以较容易进行听辨。5～6 岁的幼儿听觉分辨能力更加精细，开始能够感知音乐作品中的细节部分，还能感受、辨别较为复杂的器乐曲结构、音色以及在情绪风格上的细微区别，如 5 岁中期的幼儿可以感受并初步分辨出《狮王进行曲》中狮子走路、吼叫部分音乐的明显变化，但是狮子走路旋律的变奏部分与主旋律的区别就比较细微，一般要 5 岁末期及 6 岁后的幼儿才能听辨出来。

熊 跳 舞

1=D 2/4　　　　卡尔·海笛 曲

[A段]

从容、快乐地

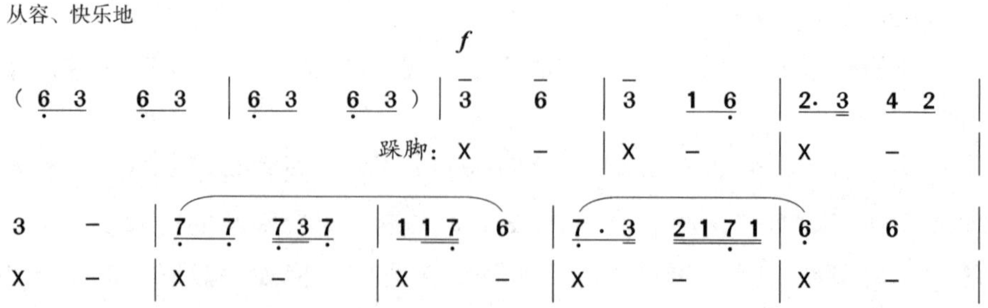

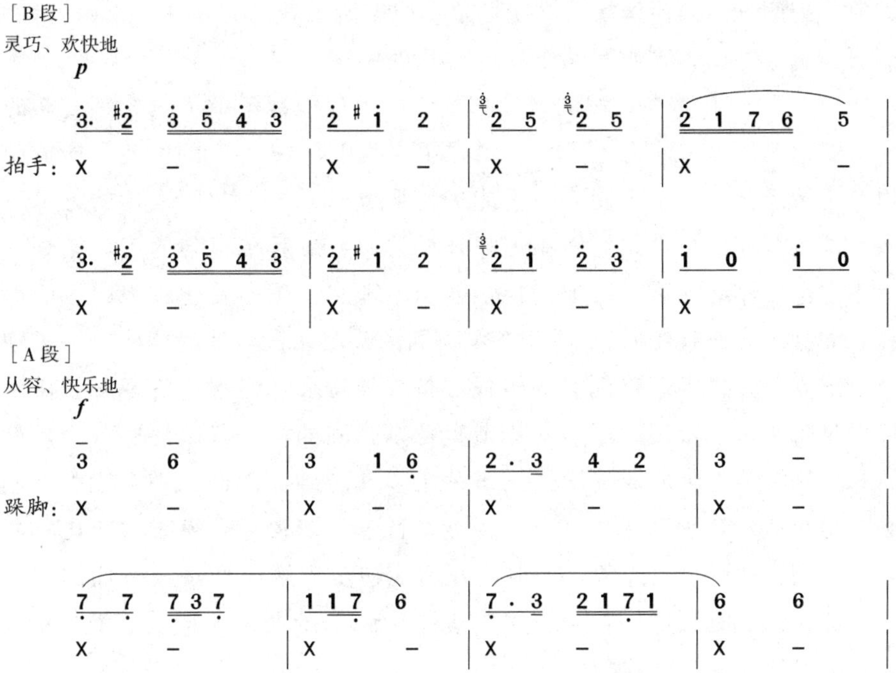

二、理解与审美想象能力

理解是倾听音乐后进入欣赏境界的重要基础。音乐欣赏的理解主要包括：对倾听音乐所引起的情绪、情感的理解；对音乐所引起的想象、联想内容的理解；对音乐所传达的思想内容的理解；对音乐的形式结构本身的理解等。

3岁前的幼儿对音乐的理解十分有限，他们一般易对节奏鲜明、旋律优美、音响柔和的音乐产生积极反应，2～3岁的幼儿能在教育者直观启发下初步理解十分明显的音乐情绪，如在反复欣赏《学做解放军》与《宝宝要睡觉》的基础上，提供两幅有关的形象图片，大部分幼儿都能较正确地匹配。

3岁的幼儿已有了初步的理解音乐所表达的思想、情感的能力，并产生初步的想象与联想。在良好的教育培养下，幼儿逐步学会理解他们所熟悉歌曲的歌词内容与思想，学会理解简单的、性质鲜明的器乐曲的音乐情绪，如听到《解放军进行曲》，幼儿会理解这是解放军叔叔在很有精神地走路；听到《摇篮曲》，幼儿会理解这是妈妈在哄宝宝睡觉等。3岁末期，幼儿的联想与想象能力也逐渐发展起来了，他们能根据所听音乐的沉重、缓慢的性质，联想到大象、狗熊等巨大而笨重的动物形象；根据所听音乐的轻快、跳跃的性质，联想到小兔、松鼠、青蛙等动作灵巧的小动物等。

4～6 岁的幼儿，在良好的教育培养下，不仅能理解歌词内容稍复杂的歌曲，对器乐曲的理解能力也进一步增强了。其中，4～5 岁的幼儿已能借助歌词以及生活经验、音乐经验，基本能理解形象鲜明的乐曲所表达的艺术形象以及音乐大部分变化，如他们能理解《摇篮曲》最后结束句的渐弱渐慢，是表示小宝宝慢慢地睡着了。他们还学会初步理解音乐中变化较为明显的形式结构，如听了《瑶族舞曲》，对于基本相同的头尾两段，他们能将第一段理解为一群瑶族哥哥姐姐迈着优美的步伐准备参加舞会，将第三段理解为夜深了瑶族的哥哥姐姐准备回家了，对于节奏特别强烈的第二段，他们认为才是瑶族哥哥姐姐在热情奔放地跳舞。5～6 岁的幼儿对纯器乐曲的理解能力进一步增强，能在清楚辨别音乐的速度、力度、音色、结构等较为细微变化的基础上，展开大胆的联想与想象，如他们开始能初步理解同样是进行曲的《解放军进行曲》《运动员进行曲》《拉德斯基进行曲》，有很多不同的感受，对每个音乐作品都能形成自己独特的理解。

对于幼儿来说，他们对音乐的理解与想象，需要更多地借助于歌曲的歌词、乐曲的标题、乐曲的故事情节。不同的感知者倾向于用不同的方式对音乐的不同方面做出反应，有的幼儿倾向于反应音乐的形式本身，有的倾向于反应音乐所引起的情感，有的倾向于反应音乐所引起的想象联想，还有的倾向于反应音乐引起的理性思考。也有人指出，即使是同一感知者也会在不同情境中出于不同的需要而选用不同的方式对音乐的不同方面进行反应。相对于成人的音乐欣赏来说，幼儿由于其心理发展水平的限制，他们对音乐的理解还处于浅表层次，有更多的直觉因素参与其中，理性成分不如成人明显，所以，教育者要尽量将理性的音乐诉诸于感性。

三、审美创造性表达能力

幼儿的音乐欣赏与创造性表现活动尚处于不分化的状态之中，因此幼儿园的音乐欣赏活动总是伴随着创造性表现活动。

3 岁前的幼儿逐步学会运用动作、嗓音和脸部表情对音乐做出某种直觉的反应，但创造性表现意识尚未萌芽。在良好的教育影响下，该时期的幼儿逐步了解了一些可以用来表达音乐感受的手段，并逐步学会在自己能力水平上较自如地运用这些表现手段。3岁幼儿最容易掌握与最经常运用的创造性音乐表现手段就是身体动作，到了末期，幼儿已能学会运用较为精确的简单动作表达自己的音乐感受，并初步意识到应尽量使自己的动作与他人不同。3岁幼儿运用语言进行创造性音乐表达时显得相对困难，喜欢运用一些简单的类比性描述。如听到一首关于小鸟的音乐，第一部分音乐声音清脆，第二部分音乐声音更加多样，幼儿就会说：这是小鸟，那是他的爸爸妈妈，他们一起出去玩……

4～6岁的幼儿在音乐欣赏过程中的创造性表现能力进一步增强，在良好的教育影响下，幼儿逐步学会运用各种手段创造性地表现自己对音乐的感受与理解，与前一阶段相比，其创造性表现的意识更为主动、积极，表现手段、形式更多样，有身体动作、嗓音表达、语言描绘、绘画表现等；表现得也更细致、完美，更具艺术情趣。

四、审美注意力的发展

心理学研究表明，幼儿的认知活动由不随意性、不自觉性向随意性、自觉性发展，认识水平从具体形象为主要形式向抽象概括过渡。一般而言，让幼儿较长时间积极、主动地沉浸于音乐欣赏与探究活动是比较困难的。据测查统计表明，幼儿能集中注意聆听陌生音乐约5分钟时间。

因此，幼儿音乐欣赏活动有时可以组织为一种与成人高雅的欣赏活动类似的审美性的欣赏活动，但更多的时候适宜组织为类似“听赏游戏”活动，体现游戏式的欣赏与全身心的享受。幼儿在与音乐的互动与游戏中获得对音乐的理解、想象以及对音乐表现手段的认识。

五、审美心理能力的发展

一般而言，人的审美心理过程常常需要经历审美感兴的三个阶段。

第一阶段是准备阶段。它包括审美注意与审美期待，这两种心理活动构成了审美定向系统，促使审美主体采取特别的心理定势，为即将展开的审美感兴做好准备。

第二阶段是兴发阶段。它包含有审美知觉、审美想象、审美领悟、审美情感等多种相互关联、相互渗透的心理活动，这一心理过程是审美感兴的高潮阶段。

第三阶段是延续阶段。主要含有审美回味这一心理活动，有时也会出现审美反思活动；在审美回味的过程中逐渐形成一种审美心境，持续一段时间。

作为对人的审美心理活动的研究，审美感兴过程同样适合于幼儿，尤其是“审美感兴活动始于审美注意”的特点，在幼儿的身上体现得更为显著。一般，幼儿的音乐审美心理发展大体表现出以下两个特点。

第一，3岁左右的幼儿可能发生最初始的审美心理活动，该时期是幼儿审美心理发生的敏感期。其标志是对美好事物特征产生审美感兴、审美体验，并有初步的审美偏好和选择美好事物的审美标准。这是幼儿最初审美心理结构的雏形，此阶段可称为“前审美阶段”。该阶段的大部分幼儿喜欢具有典型形式美的艺术作品，如优美动听的歌曲、欢快活泼的舞蹈、色彩鲜艳的图画和令人愉悦的儿歌故事等；愿意学习唱歌、舞蹈，喜欢模仿艺术作品的语言、动作、表情等，从中获得快乐与美感。

第二，整个学前期，幼儿的审美感兴力在迅速地发展，有了初步的审美偏好与审美评价活动，也有了模糊的审美标准。此阶段可称为“审美心理萌芽阶段”。在获得审美体验的同时，幼儿开始有了审美偏好。一般，女孩比较偏爱优美的舞蹈与音乐，喜欢参加艺术表演活动；男孩大多数喜欢荒诞夸张的音乐与故事、快速的音乐以及激烈的动作等音乐艺术活动。

在审美评价方面，5岁以上的幼儿基本能采用一般的审美标准或凭借审美直觉评价同伴与自己歌舞的优劣等。在学前阶段，幼儿还未能掌握艺术性的审美标准，更难以按照艺术标准去评价自己与他人的艺术行为与表演。

第二节　幼儿音乐欣赏作品的选择与分析

一、音乐欣赏作品的选择要求

幼儿音乐欣赏活动使用的音乐作品主要有歌曲、器乐曲（包括标题音乐与无标题音乐）、舞蹈、戏剧等各种类型的艺术作品。与歌曲选材的基本要求相似，为幼儿音乐欣赏选择的音乐作品，总体上也应具备审美性、教育性、适宜性以及丰富性与多样性等方面的要求。

审美性主要指的是音乐作品要有较强的艺术性，音乐形象鲜明，在听觉、视觉等方面都能给欣赏者以审美的享受。

教育性主要指的是音乐作品的艺术形象应积极向上，有助于陶冶与丰富幼儿的心灵，激发幼儿热爱生活的愿望，熏陶幼儿健康的审美情趣。

适宜性主要指的是音乐作品所表达的内容、形象与情感，应贴近幼儿的生活，易为幼儿感受与理解。音乐作品的形式应比较简单，结构单纯工整，篇幅较短。其中，为小年龄幼儿选择的音乐作品中歌曲的比例可适当增多，歌词简单明了，主题鲜明，如《打电话》《小燕子》等；乐曲的形象宜鲜明单一，篇幅短小，如《拍球》是描写拍球的节奏与快乐，《大象与小鸟》中的大象与小鸟的音乐形象对比十分鲜明。这些作品，小年龄的幼儿能很快感受、理解与表现。为中大年龄的幼儿选择的音乐作品可适当增加器乐曲的比例，无标题音乐的比例也可适当增加，音乐的长度可适当增长，且音乐形象可以更加丰富，但是要贴近幼儿生活经验与理解水平，符合幼儿倾听、理解能力的发展水平，如《动物狂欢节》中的许多音乐，描绘了许多可爱、栩栩如生的动物形象，很受中大年龄幼儿的欢迎。

丰富性与多样性是指提供给幼儿欣赏的音乐作品的内容、题材、表现形式、风格应丰富多样，以扩大幼儿的音乐视野，丰富他们听音乐的经验。音乐欣赏作品的内容宜多样，除了歌曲、器乐曲外还可适当增加舞蹈、戏曲等方面内容。音乐作品的题材应广泛，可以是反映自然界的如动植物、季节特征、天气变化等，也可以是反映社会生活的如节日、成人的生活劳动、歌颂祖国等，也可是反映幼儿的生活、学习、游戏等。音乐作品的表现形式宜多样，歌曲可有独唱、齐唱、轮唱、重唱、二声部合唱等。器乐曲可以选择各种典型乐器的独奏曲、合奏曲重奏曲等，还可选择军乐、民乐、管弦乐、交响乐（片断）。舞蹈可以是独舞，也可是群舞。音乐风格也宜多样，可包含中国各民族以及世界各地优秀的歌曲、乐曲、戏曲、舞蹈等。

二、音乐欣赏作品的分析与处理技能的培养

（一）幼儿音乐欣赏作品的分析

教师选择好音乐欣赏作品后，首先需对该音乐作品进行深入的了解与分析，了解作曲家的生平、音乐中蕴涵的音乐知识，分析音乐作品的情绪、内容、结构及其主要表现手段；其次，教师还必须分析该音乐作品的欣赏重难

点，即教师在了解本班幼儿现有音乐发展水平的基础上，分析欣赏该音乐作品的重点与难点，并思考解决与突破的方法与策略。若是由教师进行表演，教师应对音乐作品进行充分的练习，确保演唱、演奏及其动作表演等的感染力与艺术水准。

下面，我们以《幽默曲》为例，对该乐曲进行分析。《幽默曲》是由捷克作曲家德沃夏克所作的一首充满朝气、脍炙人口的音乐作品。根据大班幼儿的听辨与理解能力，教师对该首乐曲进行改造，将其截取为对比较为鲜明的两段，并将其演绎为一首泥土与生命的颂歌。第一段（前三行）音乐节奏轻盈活泼，旋律时断时续，忽强忽弱，像是初春时节蛰伏的种子开始萌动，冲破泥土，一点一点探出嫩黄的幼芽的景象，充满着生机、喜悦和希望；第二段（后两行）音乐旋律极其优美，行板如歌，宛如植物在阳光雨露的滋养下，蓬勃生长，充分舒展，放眼一片碧绿，呼吸满腔芬芳。

幽　默　曲

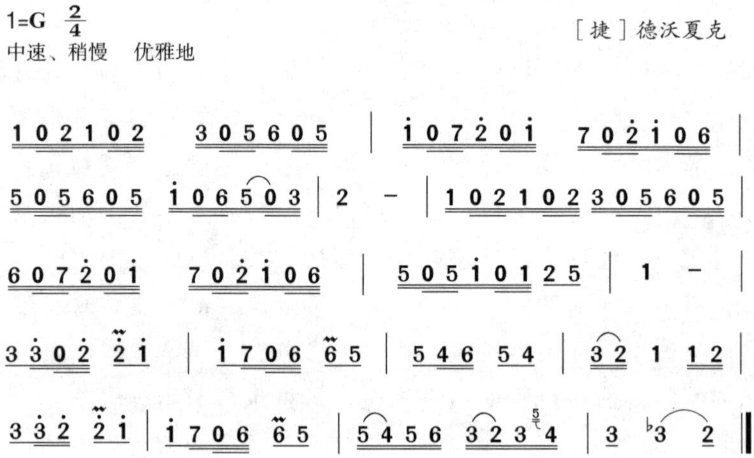

（二）音乐欣赏辅助材料的选择与使用

在音乐欣赏过程中，幼儿常常要借助一些辅助手段，如视觉、运动觉、愉悦觉等进行辅助，强化听觉感受。所以，在引导幼儿欣赏作品时常常要配合一些辅助材料，常见的有动作材料、视觉材料、语言材料等。

动作材料主要指符合音乐的性质、能基本反映音乐的节奏、结构、旋律、内容与思想感情的身体节奏动作、舞蹈动作以及夸张滑稽的动作等。这些动作不宜太难，应是大多数幼儿都能自然表现的，同时动作不必追求过于具体与统一，应有助于幼儿独立选择与自主表现。如在欣赏《幽默曲》时，教师可引导幼儿用身体动作随乐表现小雨点和风宝宝叫醒种子的动作。

视觉材料主要指能形象反映音乐的内容、节奏特点与结构等的可视材料，它可以是图片、幻灯、录像、多媒体课件等。这些视觉材料在准备与制作时，应从音乐出发，在线条、构图、造型、色彩、氛围等方面需与音乐的情绪、内容相吻合，画面的变化应与音乐的变化相一致，有助于幼儿感受、理解音乐的意境与形象，达到艺术沟通的效果；同时还不能限制幼儿的思维，应留给幼儿更多联想与想象的空间。如在欣赏《幽默曲》时，教师通过现场随乐绘画来再现音乐，帮助幼儿感受、体验音乐的节奏与内容。其中，A 段图谱中用点表示雨点，曲线表示风，种子四个生长阶段的图谱做好后在图谱后贴上磁铁，跟随音乐的变化从图谱下端拉出，展现出种子逐渐发芽、慢慢长高的过程。

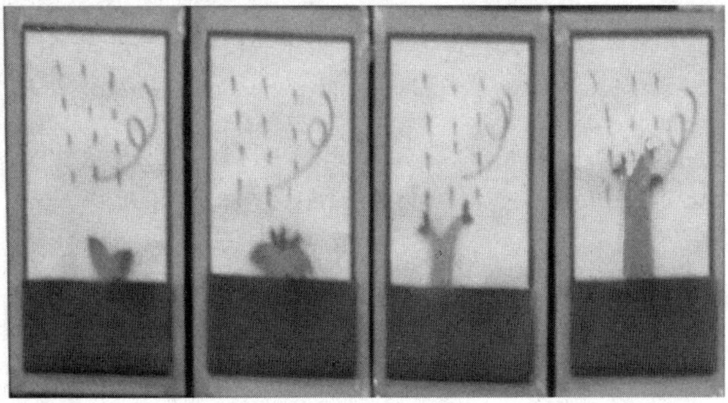

在多次欣赏的基础上，还可让幼儿通过自己的吹画、涂画来表现音乐。吹画时 A 段中每个乐句 1～3 小节引导幼儿用自己创编的雨点的动作表现，第 4 小节对准纸上的种子吹风；反复四次。B 段引导幼儿用手指帮助小树苗长出枝叶。

语言材料主要指含有艺术形象的有声文字材料，可以是故事、散文、诗歌、儿歌、童谣或者谜语等。语言材料的选择应与音乐的情感基调相一致，有助于幼儿产生相似的情感体验，达到艺术沟通的效果；同时必须语言优美、文学性强，能为幼儿所理解、接受与喜爱。如欣赏舒曼的《梦幻曲》时，辅以冰波的《梨子小提琴》的配乐朗诵，有助于幼儿更好地理解音乐的意境，达到情感沟通与交流的效果。

梨子小提琴

小松鼠在地上拣了一只梨。她把梨子一切两半，啊，多像一把小提琴呀！于是她飞快地爬上树，拉起提琴来，悠扬的琴声传得很远很远……

狐狸正想去抓鸡，听到琴声，他对小鸡说："我不抓你了，我要去听音乐。"狮子正在追一只兔子，听到琴声，他对兔子说："我不捉你了，我要去听音乐。"

拉呀，拉呀，星星也来听，月亮也来听，森林里又安静又美好。"吧嗒"一声，一只梨籽从"小提琴"上掉了下来。"啊，多像一颗美妙的音符啊！"小动物们都惊喜地叫了起来。

又如，在欣赏《幽默曲》时，教师可通过故事简单、线索清晰的《种子托比的故事》来引题，使得活动在教师营造的清新、优美的故事意境中自然导入，为幼儿提供了充分的想象空间。

种子托比的故事

在一片美丽的大森林里，有高高的大树，绿绿的小草，鲜艳的花朵，种子托比就住在这片美丽的森林里。它每天躺在泥土下，都能听到小河流水哗啦啦，小鸟歌唱叽叽喳。托比想：什么时候我才能钻出地面，看看这一片美丽的大森林？什么时候我才能长大，变成一棵神气的大树呢？这一天，托比和平时一样躺在泥土里，忽然，它发现了自己发生了一些变化……

第三节　多模式、多样化音乐欣赏活动的设计与组织

为了帮助幼儿更好地感受与表现音乐，进入音乐美好的境界，幼儿园音乐欣赏活动的设计与组织也应摆脱模式过于单一的桎梏，逐步形成多样化的音乐欣赏活动模式。下面介绍的几种常见的模式，各有各的优势，每种模式

有其相适宜的音乐作品类型、幼儿的音乐基础与水平以及教师的教学风格，教师应根据具体情况灵活选择，也可交替运用。

一、“整—分—整”模式

“整—分—整”模式是幼儿音乐欣赏活动中最经典也较为广泛采用的一种设计组织模式。

（一）基本程序

1. 教师运用幼儿感兴趣的各种方式（如语言、教具等）引出主题，激发幼儿欣赏的愿望。

2. 幼儿完整感受整个音乐作品。教师可在必要时辅以各种辅助材料，帮助幼儿初步感受和理解音乐作品的整体形象与内容。之后，教师组织幼儿交流倾听与欣赏音乐的初步感受。

3. 幼儿分段欣赏音乐。教师在每次欣赏之后，可引导幼儿适当借助语言、动作、美术等各种方式表达与交流对作品的理解与感受。

4. 幼儿完整感受整个音乐作品。教师引导并支持幼儿运用各种方式表达自己对音乐的理解与感受。

“整—分—整”的教学模式有助于引导幼儿细致地感受音乐作品的各个部分。在最初的整体欣赏中，主要强调感受、体验音乐总体的情绪与印象；在分部或分段欣赏中，逐步深入地感受音乐的细节，并引导幼儿用各种方式表达对音乐的理解与想象；在最后的完整欣赏中，即可关注整体又可注意细节，同时幼儿能对音乐作品保持完整的印象。该模式的组织脉络清晰，教师容易调控幼儿学习的整个过程，教学秩序有条不紊，幼儿也能从中获得音乐的审美熏陶及相关的音乐知识。“整—分—整”的模式比较适合于结构层次清晰、各段落对比较为明显的音乐作品。

（二）活动案例

种子托比的故事（大班）

设计意图

德沃夏克所作的《幽默曲》是一首泥土与生命的颂歌。第一段音乐节奏轻盈活泼，旋律时断时续，忽强忽弱，是初春时节蛰伏的种子开始萌动，冲破泥土，一点一点探出嫩黄的幼芽的景象，充满着生机、喜悦和希望；第二段音乐旋律极其优美，行板如歌，宛如植物在阳光雨露的滋养下，蓬勃生长，充分舒展，放眼一片碧绿，呼吸满腔芬芳。

为了更好地引导幼儿欣赏乐曲，理解乐曲所蕴含的美好意境，本活动将该曲演绎为“种子托比的故事”，并对该乐曲进行重新剪辑，组成一首 AB 结构的曲子，以多渠道的感官体验为手段，采用视觉与听觉的融合、文学与艺术的结合、肢体动作与听觉的互动等有效策略，让幼儿获得更加丰满的多种艺术相互沟通、相互支持的经验，从而深刻感受乐曲轻盈优美的旋律以及充满着喜悦与希望的意境，萌发幼儿对美好事物的喜爱及对美好生活的热爱。

活动目标

· 初步感受乐曲清新优美的旋律与蓬勃向上的意境，尝试运用吹画、体态动作等方式表达对音乐的理解。

· 积极参与多样化的欣赏和表现活动，萌发对美好事物的喜爱与美好生活的向往，体验创造的乐趣。

活动准备

· 经验准备：幼儿已接触过吹画这种绘画形式，并尝试吹画树木、花草等；幼儿已了解种子发芽的过程。

· 物质准备：种子发芽图谱四幅、画纸、抹布、绿色颜料、滴管、音乐课件、音乐 CD 等。

活动指导

1. 讲述《种子托比的故事》，引出活动内容。

教师：在一片美丽的大森林里，有高高的大树……（故事详见第 52 页）种子托比发生了什么事情呢？让我们一起来听一听。

（音乐活动离不开情感的作用，而幼儿的情感往往在情境中产生，因此富有情境的音乐活动更具有感染力，能引起幼儿情感的共鸣，易于幼儿理解和接受。活动在教师营造的清新优美的意境中自然导入，故事简单，线索清晰，为幼儿提供了充分的想象空间。）

2. 引导幼儿完整倾听音乐。

（1）引导幼儿完整倾听音乐，跟随故事的情节自由想象种子托比的变化。

教师：你觉得托比发生了什么变化？

（2）教师提出问题，引导幼儿带着问题再次完整倾听音乐，初步感受音乐所表达的优美的意境。

教师：是谁叫醒了托比？托比被叫醒后会发生哪些事情？

（在故事线索的指引下，教师层层递进抛出问题，引领幼儿带着问题去欣赏音乐，了解音乐性质，引起共鸣，激发情感。在愉悦的倾听乐曲中，他们大胆猜想是谁叫醒了托比，对种子托比发生的变化产生了浓厚的兴趣。）

3. 结合图谱，引导幼儿感受AB两段不同的音乐性质和所表达的音乐意境。

（1）引导幼儿感受A段音乐。

①教师随音乐操作A段图谱，帮助幼儿理解A段音乐中蕴含的情境节奏。

教师：调皮的小雨点和风宝宝来到托比身边，它们是来叫醒托比的吗？

②教师引导幼儿大胆表现小雨和风的动作，教师选取有代表性的动作引导幼儿一起进行动作再现。

教师：小雨点和风宝宝把托比叫醒了吗？它们来了几次？如果你是小雨点和风宝宝，你会怎么叫醒托比呢？

③结合幼儿的想象，鼓励随音乐动作模拟再现A段种子发芽的情境。

（四幅情景式图谱将A段音乐所蕴含的轻盈活泼的节奏形象展示在幼儿面前。教师利用彩笔伴随着音乐节奏的变化，通过斜线、曲线等线条形象勾勒出在小雨点和风儿的帮助下种子托比逐渐钻出地面的过程，四个乐句构成了四幅图谱，为幼儿创设了特定的声乐境界，将抽象的音乐转变为幼儿易于理解和接受的形象性音乐，同时也很好地帮助幼儿理解其中所蕴含的情境节奏，为幼儿用肢体动作模拟再现做好铺垫。）

（2）引导幼儿欣赏B段音乐。

①教师随乐用画笔逐步描绘出种子托比蓬勃生长成为大树的情境，加深幼儿感受。

教师：托比慢慢地钻出了地面，慢慢地它又有变化啦，我们一起来看看。

②引导幼儿尝试用肢体动作来再现托比长出枝干和叶子的情境。

教师：托比是怎样慢慢长成大树的？你能试一试用动作告诉大家吗？

教师根据幼儿表现提出要求：和音乐配合才能让托比长得又高又美。

③引导幼儿大胆用动作模拟再现B段情境，提醒幼儿动作合拍。

（在B段优美的音乐中，教师再次拿起画笔，将种子托比长出枝叶、逐渐繁茂的过程慢慢地呈现在幼儿面前，在流畅、优美的声像环境中，在视觉和听觉的双重刺激下，幼儿自由地遐想、感受、理解乐曲所蕴含的意境，并尝试用各种身体动作再现音乐情境，有效地激发了幼儿的审美情趣。）

4. 运用多种形式加深幼儿对音乐的理解并表达出来。

（1）引导幼儿尝试运用肢体动作再现种子萌芽、成长的情境，表达自己对音乐的理解。

教师：如果你是一个小种子，在雨点和风的帮助下会怎样钻出地面，然后长成大树的呢？请你们一起用动作来告诉我。

（借助动作引意法，带领幼儿走入音乐情境，用各种肢体动作表达自己对音乐的感受和理解。幼儿自己或和朋友用喜爱的动作，伴随着音乐的变化尽情表现，获得愉悦的审美感受。）

（2）观看音乐课件，进一步加深幼儿对音乐蕴含情境的理解。

教师：种子托比今天也来到这里了，我们一起来看看托比是不是和我们想的一样，在雨点和风的帮助下慢慢长大、变成大树的。

（生动、形象的动画课件创设了审美性的视听情境，幼儿在音乐的意境中，欣赏着种子托比如何钻出地面、如何长成大树，直观地感受音乐的情绪、情感，尽情地享受音乐带给他们的审美愉悦。）

（3）引导幼儿伴随音乐，以吹画的形式再现种子萌发、逐步成长的过程，充分感受音乐。

教师：你们的种子朋友也来了，我们一起来帮助种子朋友们长成大树吧！小雨点和风来的时候我们可以用怎么做？种子钻出地面后可以用什么方法帮助它长出枝干和叶子？

（多种艺术形式的自然整合使音乐欣赏变得更自然、更容易，让幼儿通过多元化的表现形式来感受音乐、表现音乐、创造音乐。吹画的形式与本首乐曲有着异曲同工的巧妙契合，因此，教师引导幼儿迁移已有的经验进行吹画活动，丰富和强化感受到的音乐形象及内容，激发幼儿欣赏音乐的情趣与积极性，真正达到欣赏的目的。）

（4）欣赏幼儿作品，充分感受音乐充满着喜悦与希望的意境。

（本活动由福建省政府机关事务管理局屏东幼儿园池频设计执教）

活动评析

音乐欣赏是幼儿园音乐教育内容的一个组成部分，是对幼儿进行音乐教育的重要手段，是通过多种形式来引导、培养幼儿欣赏音乐。因此，在幼儿园中，教师要通过欣赏音乐来扩大幼儿的音乐眼界，使他们有机会接触更多的音乐作品，提高幼儿对音乐的兴趣，激发幼儿审美情趣与审美情感，并使幼儿感受音乐欣赏活动带来的愉悦感受和创造乐趣。教师在活动中要给幼儿表现和锻炼的机会，使幼儿在轻松愉快的环境中身心得到和谐发展，能力得到提高，让音乐真正成为幼儿一生的朋友。

1. 层层递进的环节为幼儿的学习创设宽松的空间。活动中，幼儿在教师营造的清新优美的意境中欣赏音乐作品，了解音乐性质，引起共鸣，激发情感。在宽松的氛围中，幼儿对种子托比发生的变化产生了浓厚的兴趣，他们随着音乐的变化想象种子在大自然中各种事物的帮助下如何发芽、生长，用各种体态动作表达自己对音乐的理解。最后的吹画富有趣味又形象直观，每个幼儿都在极富想象的空间中充分感受乐曲清新优美的旋律与蓬勃向上的意境，萌发对美好事物的喜爱与美好生活的向往，体验创造的乐趣。

2. 富有创意的图谱、形象的动画、有趣的吹画游戏等共同构建了审美性的音乐环境，有效激发幼儿的审美情趣，得到审美熏陶，获得审美体验。A段图谱简单、直观，在现场绘制过程中幼儿明确了种子托比在雨点和风的帮助下，慢慢钻出地面；B段图谱形象生动，将托比长出枝叶、逐渐繁茂的过程直观地展现在幼儿眼前。动画课件更是视听结合地将音乐生动地再现在幼儿面前，加深了幼儿对音乐的理解。

3. 教师的教学策略为幼儿的活动提供支持平台。教师抓住“感受—理解—内化—体验—表现”的音乐学习特点，精心导入、由浅入深、循序渐进，促进幼儿多元智能发展。教师从创造想象到形象生动的画到视听支持，鼓励幼儿大胆创编各种体态动作表现音乐，并提升动作的美感，让幼儿充分体验到创造的快乐。

二、层层累加的模式

（一）基本程序

1. 教师运用幼儿感兴趣的各种方式（如语言、教具等）引出主题，激发幼儿欣赏的愿望。

2. 从音乐作品的某个最具特色的片段入手，引导幼儿集中感知，获得关于音乐作品的初步印象。

3. 逐个累加，引导幼儿逐步扩展对音乐的感知体验。

4. 幼儿感知、体验整个音乐作品的整体形象与情绪。

层层深入的模式比较适合于那些含有独立而鲜明的主题形象或者乐句的音乐作品。后附《狮王进行曲》的音乐欣赏活动案例，就很好地体现了该模式的具体运用。

（二）活动案例

狮王进行曲（大班）

活动目标

• 认真倾听音乐，初步感受音乐所表现的动物形象，并借助图谱了解作品的结构与内容。

• 探索用嗓音、身体动作等创造性地表现狮王一家的走路、吼叫等动作。

• 主动寻找空间，积极参加随乐游戏与表演。

活动准备

• 物质准备：图谱《狮王进行曲》；小动物头饰、狮子头饰。

• 环境创设：创设森林场景。

活动指导

1. 结合森林场景引入活动，引发幼儿的经验。

教师：你们见过森林之王吗？狮子是怎么叫的？小朋友来试试！

2. 结合图谱，逐段欣赏音乐《狮王进行曲》。

(1) 感受与欣赏“狮吼”部分的音乐。

①教师播放“狮吼”的音乐，引导幼儿认真倾听，初步分辨声音的

特点。

教师：认真听，音乐里是谁在叫？狮子的叫声是什么样的？

②出现四种声音的图谱（从高到低、从低到高、平平的没有变化、从低到高再回到低音），引导幼儿观察并分辨音乐中狮王的吼叫声属于哪种图形。

③边听音乐边数狮王叫声的次数，并让幼儿通过贴图的方式进行验证。

教师：认真听，音乐中狮王一共叫了几次？

④幼儿边听音乐边想象、表现狮子边叫边做动作的样子。

教师：狮子边叫，还会边做什么动作？我们一起跟着音乐，边叫边做狮子的动作。

（2）感受与欣赏“狮子走路、唱歌”部分的音乐。

①教师通过随乐哼唱“我就是那森林之王，没有人能比我强”“我就是那森林之王，没有人能比我壮”的方式，帮助幼儿感受并理解主旋律音乐的威猛气势。

教师：音乐里狮王唱了几次？我们一起边听边用动作比划比划！

②认真倾听与感受主旋律的变奏部分，引导幼儿尝试用不同的音色与动作姿态表现音乐。

教师：这一段与刚才的音乐一样吗？有什么变化？像是谁在走路、唱歌？

③教师画图谱的方式，帮助幼儿感受与理解体验小狮子们的节奏变化与旋律。

教师：小狮子看到爸爸妈妈来了，也赶紧追过来了，听听脚步声，数数看小狮子追了几步。

④完整欣赏狮子们的旋律，并初步用体态表现。

（3）感受与欣赏“引子”部分。

①狮王出巡，仪仗队开道。（幼儿拍手致意。）

②小动物惊恐万状。（幼儿欣赏、体验。）

教师：音乐这么可怕，小动物赶紧找个地方躲起来，看看发生什么事情。

3. 借助图谱，完整欣赏《狮王进行曲》。鼓励幼儿说出自己的感受。

4. 幼儿完整听音乐扮演角色玩游戏。

（本活动由福建省儿童保育院林琴设计执教）

活动资料

狮王进行曲

1=C $\frac{4}{4}$ [法]圣·桑 曲

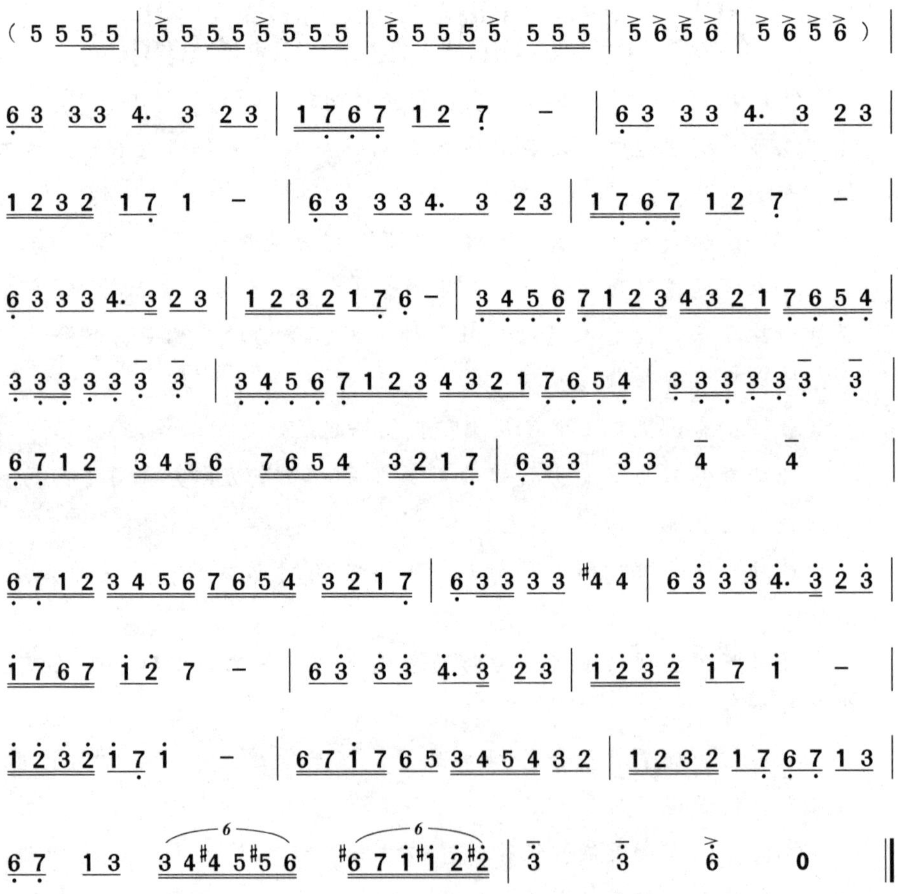

三、一一匹配的模式

（一）基本程序

一一匹配的模式比较直观生动，比较适合于那些音乐形象鲜明的音乐作品，以及年龄较小的幼儿。该模式的基本程序如下。

1. 教师通过操作非音乐的材料，引导幼儿从中感知、理解将要从音乐作品中感知和体验到的音乐形象、内容。

2. 组织幼儿倾听音乐。

3. 引导幼儿集体探索、讨论，将音乐与非音乐的材料一一匹配。

4. 尝试运用各种表现手段，将音乐与非音乐的材料完整匹配。

（二）活动案例

小鸟与大象（小班）

活动目标

· 感受小鸟的轻快和大象的笨重，能听辨二者的区别并初步随乐合拍表现。

· 能认真倾听音乐，积极参与游戏与音乐表演。

活动准备

· 物质准备：大象和小鸟的图片各一，头饰人手一个；音乐《小鸟与大象》、播放器。

· 环境创设：将活动室布置为森林的情境。

活动指导

1. 出示小鸟和大象的图片，在讨论与比较中帮助幼儿分辨二者的区别。

（1）教师：①森林里来了两位客人，它们是谁？②大象长得怎样？小鸟长得怎样？③大象怎么走路的？小鸟又是怎么走的？

（2）教师引导幼儿分别模仿大象和小鸟走路，通过动作体验二者的不同。

（3）教师进行小结，帮助幼儿提升个人感受：大象又大又笨重，走起路来慢慢的、重重的；小鸟又小又轻巧，飞起来快快的、很灵巧。

2. 幼儿欣赏音乐，感受音乐形象，想象音乐所表达的内容。

教师：小朋友认真听一首音乐，音乐的名字就叫《小鸟和大象》。

（1）幼儿完整倾听音乐，感受音乐形象。

教师：听一听音乐中哪一段说的是小鸟，哪一段说的是大象。你是怎么听出来的？

（2）幼儿再次完整欣赏音乐，进一步听辨音乐形象，鼓励幼儿用手的动作表示自己对音乐的理解。教师引导幼儿用两只小手当小鸟翅膀，当小鸟的音乐响起时随乐轻快地扇动“翅膀”；用两只手握拳当大象的长鼻子，当大象音乐响起时随乐摇摆“长鼻子”。

（3）听音乐玩游戏“举头饰”，帮助幼儿进一步感知、理解音乐形象。引导幼儿根据自己对音乐的理解，听音乐相应地举起小鸟或大象的头饰并随着音乐的节奏摆动头饰。

（4）幼儿分段欣赏，并随乐表演小鸟与大象。

（5）幼儿边欣赏边想象音乐，并尝试用语言表达自己对音乐的理解。

教师：在音乐里，大象与小鸟在做什么？

3. 玩游戏“大象与小鸟”。

（1）幼儿与教师共同表演大象与小鸟，随乐游戏。

（2）幼儿按意愿分两组，一组扮演大象，一组扮演小鸟，听音乐游戏。

活动资料

小　鸟

1=C $\frac{3}{4}$

李重光 曲

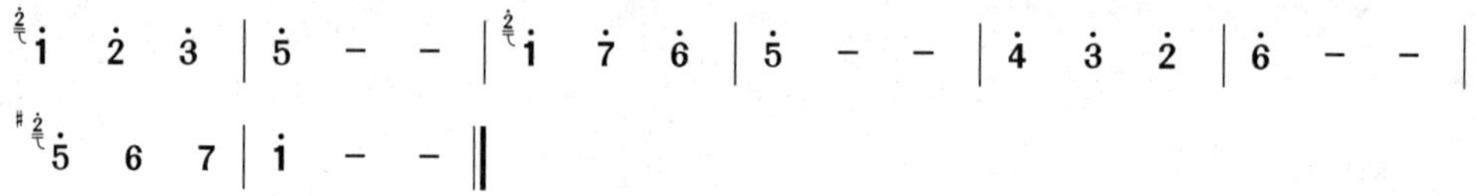

大　象

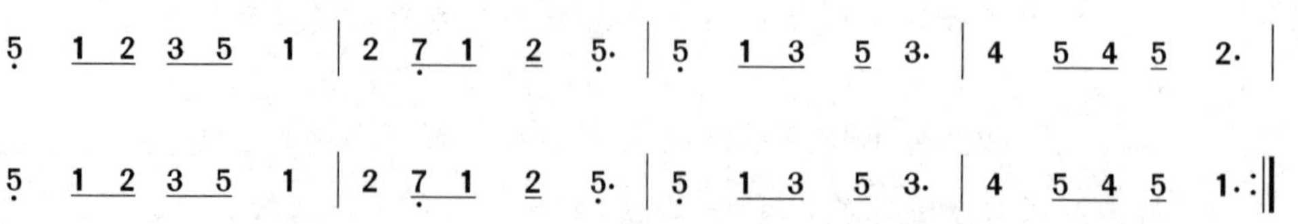

四、变奏欣赏的模式

变奏欣赏的模式是指教师在引导幼儿感受音乐原曲的基础上，对音乐的速度、力度、节奏等进行变奏，使得音乐的旋律基本不变但整体性质、情绪发生改变，引导幼儿感受、体验并表现音乐的变化。

（一）基本程序

1. 教师播放或者弹奏原曲，引导幼儿反复感知、体验、理解、表现音乐作品中的音乐形象与内容。

2. 教师对原来音乐的速度、力度、节奏等进行变奏，引导幼儿认真倾听、感受音乐的变化以及变奏后的音乐所表现的内容。

3. 教师将原曲与变奏曲交替播放或者弹奏，引导幼儿尝试运用各种表现手段表达对音乐的理解。

（二）活动案例

小　海　军（中班）

活动目标

• 体验歌曲的变奏，感受音乐雄壮、舒缓的不同风格，大胆用动作、语言来表现自己对两段音乐的感受与理解。

• 萌发热爱解放军叔叔的情感。

活动准备

• 经验准备：幼儿与家长收集有关海军的资料，了解海军。

• 物质准备：海、陆、空军图片各一；有关海军在海上活动的图片和视频；海军帽子若干；音乐《小海军》、播放器。

• 环境创设：教师和幼儿共同创设“海军”主题环境。

活动指导

1. 以谈话的形式导入。

教师：小朋友们，我们的生活多么幸福、快乐呀！你们知道是谁保卫我们的国家、保护着我们吗？

2. 教师出示海陆空三军的图片，简单地介绍三军的基本情况；重点引导幼儿观察海军的图片，引导幼儿知道海军在海上保卫着我们的国家，保护我们的小朋友。

3. 教师示范演唱歌曲，引导幼儿欣赏。

（1）教师清唱歌曲《小海军》，引导幼儿认真欣赏。

教师：歌曲里唱的小海军在做什么？

（2）教师根据幼儿的回答，结合歌曲内容并有节奏地念白，帮助幼儿进一步理解歌词内容，熟悉音乐节奏。

4. 引导幼儿感受一首曲子在变奏前后不同的音乐风格。

（1）教师用中速、有力的琴声与歌声弹唱歌曲，引导幼儿感受歌曲的雄壮有力。

教师：听，这首一首什么样的歌曲？音乐里的小海军们在做什么？（开着小炮艇，不怕风浪，勇敢地向前进，多神气呀！）

（2）教师放慢速度、降低力度弹奏音乐，并改用优美、流畅的伴奏型，引导幼儿感受音乐变奏后的变化。

教师：和刚才的音乐比，现在音乐有什么变化？（变慢，变轻，很优美，很温柔。）

（3）教师再次弹奏变奏后的音乐，引导幼儿感受与想象。

教师：刚才音乐雄壮有力的时候是小海军开着小炮艇勇敢向前进；现在音乐这么慢、这么优美，小海军们又在干什么呢？

教师：小海军胜利归来，你们说说看，他们回到营地后会做些什么呢？（休息、看书、看星星等。）

5. 完整弹唱音乐原曲与变奏曲，启发幼儿边听歌曲边用雄壮有力的动作表现小海军神气的样子，用舒缓优美的动作来表现小海军休闲的样子。

（1）教师引导幼儿根据歌词内容创编动作，请个别幼儿表演，全体幼儿学习、模仿。

（2）幼儿听歌曲表演歌词内容，在原速时要求动作雄壮有力，变速后要求跟随音乐节奏表现舒缓的动作。

（3）幼儿带上海军帽边唱歌边表演。

活动建议

• 将音乐、海军帽投放在表演区让幼儿继续欣赏、表演。

• 可整合艺术、语言、社会等领域开展“海军”主题活动，进一步萌发热爱解放军叔叔的情感。

（本活动由福建幼儿师范高等专科学校附属第一幼儿园吴瑞萍设计执教）

活动资料

小　海　军

常福生　词
柴本尧　曲

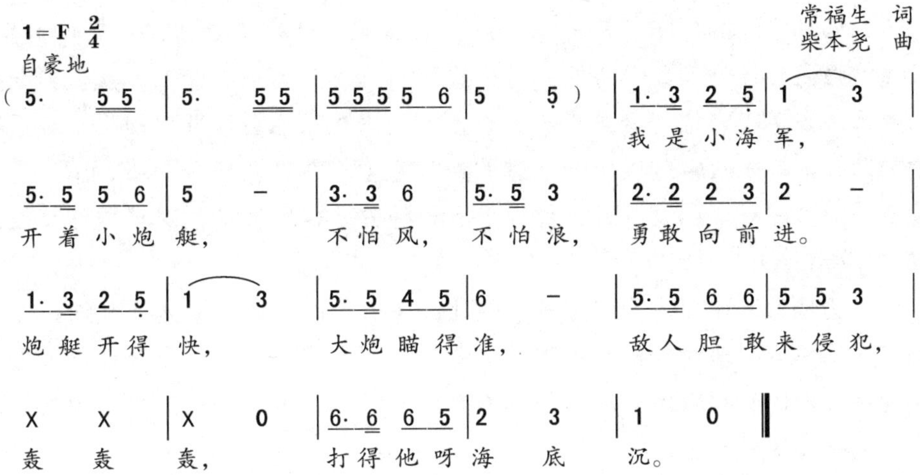

第四节　幼儿园音乐欣赏活动的指导要点与障碍消解

一、音乐欣赏活动的指导要点

（一）有目的、有计划地引导幼儿倾听周围环境以及生活中的各种音响，丰富幼儿对声音的感性经验

音乐的种种表现手段在现实生活中都有客观依据，在我们生活的环境周围，到处都充满着各种音响：虫鸣鸟叫声、狂风呼啸声、雨水滴答声、交通工具声、厨房各种用具发出的声音等，这些音响与人们语言的音调以及民歌都是音乐家音乐语言的重要来源。深受幼儿喜爱的歌曲、乐曲，就有很多是模拟小动物、自然界声响以及交通工具等的象声语汇与音响材料。如果我们从小培养幼儿对生活中的各种声音有敏锐的感觉与细微的辨别能力，就能为

他们欣赏音乐作品打下良好的基础。因此，教师应充分利用一切机会，自然地、有意识地引导幼儿倾听生活中的各种声音，丰富幼儿对声音的感性经验，丰富幼儿的审美经验与艺术表现语汇，逐步培养幼儿具有审美的耳朵、审美的眼睛以及审美的心灵。

（二）以听觉感知与体验为主，引导幼儿多通道参与音乐欣赏活动

音乐是听觉的艺术，没有声音就没有音乐。音乐正是依靠声音的高低、长短、强弱、音色等基本特性，通过旋律、节奏、力度、速度、音色、结构形式等表现手段来描述客观世界、表达人的思想情感。因此，倾听是音乐欣赏的基础，音乐欣赏应以听觉通道的参与为主，在幼儿充分倾听、感知与体验音乐的基础上，创设各种条件，采取各种方式，丰富幼儿对音乐作品的感知与体验。

表达是为感知和体验服务的。因此，在引导幼儿欣赏音乐作品时，教师宜将音乐作品的理性分析减少到最必要、最低的程度，同时十分谨慎地避免纠缠在音乐性质的表述与结构分析等方面，应多花力气和时间来引导幼儿感受、体验和享受音乐作品。

研究表明，幼儿运用大肌肉运动参与音乐感知是增强音乐感知与表达效果的重要途径。同时，除了大肌肉运动以外，不同的感知者还可能采用不同的其他感知通道来辅助和加强听觉感知的效果，如创设环境、语言辅助等。心理学研究表明，人在感知一个事物时，开放的通道越多，对感知对象的理解、记忆就越全面、越精确、越丰富、越深刻。音乐欣赏活动不仅是听觉感知活动，而且是多通道感知协同工作的感知活动。因此，在音乐欣赏活动中，教师应努力引导幼儿的听觉、视觉、运动觉等多种感知觉共同参与音乐的感受与体验中，对音乐作品进行全方位、多层面的感知与体验。

1. 用多元化的美术手段架起音乐与幼儿经验之间的桥梁。

音乐属于听觉艺术，美术则属于视觉艺术，二者在材质与表现上有一定的差异，但是在表现思想情感和让人的内心产生共鸣等方面具有极大的一致性。“绘画是视觉的音乐”，“雕塑是凝固的音乐”，音乐与美术在意义、色彩、旋律、节奏等方面存在诸多的内在联系。在幼儿园音乐教育过程中，利用美术手段辅助音乐教学，可以较好地迁移幼儿的生活经验，形象、直观地帮助幼儿理解抽象的音乐，使抽象的音乐形象化，并将流动的音乐定格，从而有

效地支持幼儿对音乐的感受与理解。

（1）运用画面展现音乐情境。

在音乐教育活动中利用视觉图像唤起幼儿的生活经验、激发幼儿的联想与想象，有利于帮助幼儿直观地理解音乐作品，更快地进入音乐的意境中。例如，为了帮助幼儿感受著名作曲家舒伯特《音乐的瞬间》轻快活泼的音乐风格与AB两段的变化，根据幼儿的生活经验，教师以快乐农场的画面导入，引导幼儿分别观察一群孩子在果园摘果子以及他们在果园打鼓吹喇叭、开心游玩的两幅图片，充分感受音乐欢快的旋律和稳定的四分节奏，并随着音乐做各种力所能及的大肌肉动作来表现在农庄摘果子、打鼓吹喇叭欢庆的快乐；为了帮助幼儿感受《蜗牛与黄鹂鸟》的歌词内容，教师通过边范唱边绘画的方式展现音乐的故事线索；为了帮助幼儿感受与理解德沃夏克《幽默曲》中A段音乐的乐句与节奏，教师采用现场绘画的方式，帮助幼儿形象感受与理解种子托比在春雨滋润与春风吹拂下慢慢成长的情境。这些画面可以帮助幼儿在相关生活经验的基础上建立对音乐的理解，有效地支持了幼儿对音乐的感受与理解。

（2）运用美术线条表现音乐织体。

美术线条是一种简约化的美术符号，可以较为生动、形象又简约地表现音乐的音列性质、和声织体、乐曲结构等音乐要素。运用美术线条，可以帮助幼儿将听觉与视觉形象建立联觉。如俄罗斯作曲家里姆斯基·柯萨科夫创作的《野蜂飞舞》这支曲子，描述的是野蜂袭击织布工和厨娘时的戏剧音乐，它是A小调，活泼的快板，乐曲从快速下行的半音阶开始，然后是上下翻滚的音流，生动地描绘了野蜂振翅疾飞，袭击那两个坏人的情景。为了帮助幼儿感受与表达音乐紧张的情绪以及上下翻滚的音流，教师可以通过让幼儿听音乐画线条的形式，引导幼儿借助各种螺旋线、涡轮线，较为自由地表现自己对音乐紧张情绪的理解。

（3）通过动画以及多媒体课件将音乐情境化、戏剧化。

现代化的教学手段，如Flash、Powerpoint、MV等动画方式，将视觉艺术同步融入到音乐作品的欣赏与理解中，营造了一种图文并茂、视听交融的情境，将音乐情境化、戏剧化，有利于幼儿在轻松愉快的气氛中理解音乐。如：为了帮助幼儿感受台湾幼儿表演《蜗牛与黄鹂鸟》风趣与幽默的动作风格，教师提供了台湾幼儿随乐表演的真实场景，引导幼儿观察与学习；为了帮助幼儿回忆生活中炸麻团的情景，教师播放了现实生活炸麻团的真实录像，让幼儿的感受更加直观，对之后随乐表现相关动作奠定了经验基础，中间播放“好吃的麻团”MV是根据《小花旦》ABC三段音乐来拍摄的，幼儿通过形象的视听结合，对音乐有了初步的印象，创设了良好的音乐氛围，为进一步欣赏和感受音乐做了铺垫。

2. 借助形象化的语言架起音乐与幼儿心灵之间的桥梁。

音乐与语言是一对密不可分的孪生姐妹，二者有着极多的相通之处，他们都有节奏、节拍，都有轻重、快慢、高低等变化。一支支欢快活泼的歌曲就是一首首琅琅上口的儿歌、童谣，一曲曲优美动听的音乐就如同一个个有趣的故事、一篇篇优美的散文。通过与音乐意境相贴切的文学手段的辅助，能更快地把幼儿带入音乐的意境，提高幼儿的音乐兴趣，给幼儿带来更多的审美感动。

（1）以故事引路，引领幼儿迅速走进音乐的世界。

幼儿最喜欢听故事。教师以符合音乐风格、生动形象的故事描述音乐，不仅可以有效调动幼儿的兴趣，还可以提供给幼儿感受音乐的线索，引领幼儿走进音乐的世界，提升幼儿感受与表现音乐主题的热情。如在欣赏《幽默曲》前，教师以故事引题，幼儿很快就进入了乐曲所蕴含的美好意境；在引导幼儿感受近段时间来持续在网络上蹿红、被网友称作神曲的《忐忑》这首歌曲时，教师将之与幼儿喜欢的《城市老鼠和乡下老鼠》的童话故事相结合，引导幼儿追随“乡下老鼠跟着城市老鼠进城”的故事线索感受与游戏，幼儿对音乐的理解就更加直接了。

（2）以美文烘托音乐，引领幼儿进入音乐的意境。

为了烘托音乐的意境与情感，教师在音乐欣赏中巧妙使用语言优美、文学性强、与音乐的情感基调相一致的语言材料，如含有艺术形象的散文、诗歌、儿歌、童谣等，有助于幼儿产生相似的情感体验，进入音乐的意境，从而达到艺术沟通的效果。如欣赏舒曼的《梦幻曲》时，辅以教师的配乐散文朗诵《梨子小提琴》，则有助于幼儿更好地理解音乐的意境，达到情感沟通与交流的效果。

（3）用语言提示音乐，加深幼儿对音乐的理解与表现。

音乐中有许多主要的旋律、重要的乐句，幼儿印象及其理解并不深刻，但如果教师恰如其分地配上符合音乐的节奏语言，能有效加深幼儿对音乐的

理解与表现能力。例如，引导幼儿欣赏法国作曲家圣·桑的《狮王进行曲》时，教师通过“我就是那森林之王，没有人能比我强；我就是那森林之王，没有人能比我壮”的语言提示，以及配合主旋律的生动演唱，幼儿很快理解了狮王威风凛凛的形象，并能够用生动形象的动作进行表现。引导幼儿随着音乐《忐忑》游戏时，教师辅以“左看看，右瞧瞧，1234567；左看看，右瞧瞧，1234567”的语言提示，幼儿很快就能跟随音乐的旋律与节奏，表现乡下老鼠进城时担心害怕、忐忑不安的心情与动作。引导幼儿感受《小花旦》音乐时，教师巧妙地用“白糯 米 | 白糯 米 | 石磨 里面 | 放糯 米”的语言，配合表现A段鼓点部分的板眼，即强弱拍，幼儿发出“白”、“石”、“放”等容易发出强音的字来提示语表现强拍；旋律部分则用“咻磨呀 磨 | 咻磨呀 磨 | 咻 咻 | 咻磨呀 磨”的语言提示，其中象声词“咻”形象地将石磨的转动和音乐的婉转巧妙地结合。语言节奏让幼儿在愉快的氛围中学习，并有效地加深幼儿对音乐的理解与表现。

3. 以多样化的肢体动作架起音乐与幼儿身体之间的桥梁。

动作与音乐一样，都是人类表达情感的一种方式。学前期是动作思维和表达发展的关键期，对于幼儿而言，身体表达要比语言表达更加容易，并更富吸引力。当幼儿听到音乐时，往往会不自觉地随乐手舞足蹈。身体动作的参与能够帮助幼儿更好地感受、体验与表现音乐，并支持幼儿展开丰富且富有个性的想象与创造。

（1）借助于体态动作，使音乐成为看得见的身体活动。

瑞士著名的儿童音乐教育家达尔克罗兹主张，儿童音乐教育应从身心两方面着手，不仅用听觉感受音乐，同时学习用身体肌肉与心灵去感受和表现音乐的节奏疏密、旋律起伏以及情绪变化的节律。体态律动是让幼儿通过充满生命律动的体态动作去体验音乐节奏的速度、力度与时值变化，使得音乐要素成为可以看得见的身体活动。如在引导幼儿感受《幽默曲》这首乐曲时，教师引导幼儿想象自己的整个身体就是一粒小种子，在雨点和风的帮助下，随乐自由表现出种子慢慢钻出地面、逐渐抽枝发芽长成大树的过程。幼儿在表现体态动作过程中，充分感受音乐的乐句、段落、节奏变化等音乐要素，才能将动作表现得尽兴而富有创意。

（2）借助于舞蹈动作，表达自己的审美感动与审美创造。

幼儿在理解音乐的基础上，常常会情不自禁地跟随音乐用熟悉的舞蹈动作或自己自创的舞蹈，表达自己的审美感动与审美创造。如在帮助幼儿感受舒伯特《音乐的瞬间》A段音乐时，教师通过指导幼儿跟随音乐节奏一拍一下地做摘果子动作，感受与表现活泼欢快的音乐旋律与节奏特点；而对于比较热闹的B段音乐，教师则引导幼儿用打鼓、吹喇叭等动作进行感受与表现。在“好吃的麻团”音乐活动中，教师引导幼儿用拍手、揉、双手手心向上同时朝上弹指三个简单的动作，分别表现音乐三种不同的情绪，使音乐与动作有机结合。在音乐活动“爱的传递”中，幼儿在充满温暖爱意的、用爱尔兰风笛演奏的英国著名歌曲《莎莉花园》音乐旋律中，借助于十分优美流畅的动作进行富有创意的肢体互动，从而体验“爱”的美好情感，获得审美感受。

3. 借助于游戏动作，使音乐活动成为快乐的音乐之旅。

游戏是幼儿最喜爱的活动。幼儿在快乐的游戏与轻松愉快的活动中，不知不觉地感受音乐之美，享受大胆参与和自由表现的乐趣，走进音乐的美妙世界。一个富有智慧的教师应善于根据音乐的特点以及幼儿的需要，编创适宜的游戏，引导幼儿在与音乐一起玩的过程中展开一个享受童年、充实生命、体验快乐的音乐旅程。如根据《野蜂飞舞》乐曲紧张、回旋的音乐特点，教师引导幼儿在“寻找带头人”的游戏中体验音乐的紧张气氛；为了帮助幼儿感受《忐忑》音乐的紧张、不安，教师精心设计了“乡下老鼠进城”的游戏，引导幼儿在进城、偷吃东西以及躲避猫捉的游戏中体验音乐各部分的情绪变化。

（三）尊重幼儿对音乐进行个性化的理解与表现

现代美学认为，艺术是无限开放的。音乐作品的意义不是固定不变的，同一音乐作品，在不同时代、不同场合、不同欣赏者的心中，都会显现出新的意义。在幼儿欣赏音乐作品的过程中，每个幼儿都有一套自己的解读，每个幼儿对音乐都有独特的感悟与体会。

因此，音乐欣赏活动不再是教师知识独白、传递信息的过程，而是创设情境，引导幼儿以自己的理解方式去解释信息、师幼共同参与交流碰撞的过程。在引导幼儿欣赏音乐作品、与音乐大师对话的过程中，教师应当拥有生成、开放的教学观，淡化活动过程中的预成性与统一性，克服那种对音乐作品约定俗成的解释和对艺术表演技能的模仿，注重欣赏过程中的再生性与多元性，不以有限的结果去锁定无限的对话进程。

（四）创设“浸润”式的日常生活音乐环境

日本著名的幼儿音乐教育家铃木认为，幼儿可以像学会本国语言那样自然地学会倾听和欣赏音乐。只要能为幼儿创造出一种像母语环境一样优良的音乐环境，让幼儿每日沉浸其中，任何幼儿都可以轻易地掌握那些最优秀的人类音乐文化遗产。“浸润式”音乐欣赏教育就是：通过创造良好的音乐环境，让幼儿反复听优美的音乐，使幼儿在潜移默化中理解和体会音乐的美。事实证明，在“浸润式”教育环境下，幼儿音乐能力的发展潜力是十分可观的。

幼儿园可以在一日生活中贯穿音乐旋律，教师以配合旋律的讲解随时回答幼儿对音乐的提问，在幼儿活动中、睡觉前、饭前给予内隐强化。幼儿园可在幼儿来园时播放轻声悦耳的音乐，使幼儿一入园就进入一个舒适、愉快的音乐艺术环境，激发幼儿愉快的情感；进餐、点心时，播放一些优美、轻松的背景音乐，以增强幼儿食欲，如同给幼儿食谱增添维生素一样创造愉快的进食氛围，养成幼儿自然不说话的习惯；体育锻炼时也可配以音乐，用音乐指挥幼儿，激发幼儿的运动愿望，调整活动量，提高锻炼的兴趣；午睡时为了消除幼儿午睡恐惧，播放些轻柔、宁静、抒情、舒缓的音乐，便于激发幼儿安静进入梦乡；在幼儿午睡起床时，可播放清新、悦耳的音乐，唤醒幼儿，让幼儿醒来时有好心情；在幼儿离园期间，可以播放优雅、抒情的音乐，放松幼儿的心情，引发幼儿对幼儿园生活的依恋。

小 资 料

阿部桂是一个接受铃木镇一教育的普通的日本小女孩。她出生不久，母亲就在她的卧室内播放莫扎特、海顿和其他大师的作品录音。6个月的时候，每当她听到熟悉的旋律时，就会发出咯咯的欢笑。这说明她对这些音乐不但已经记住而且能够再认了。有资料表明：在这种“浸润式”的环境影响下，许多10岁以下的接受铃木教学法指导的幼儿都获得了惊人的音乐记忆能力，他们能够准确地再认和再现具有相当规模的著名乐曲的全部乐章。

二、幼儿园音乐欣赏活动的教学障碍与消解

（一）障碍1：用其他感觉通道堵塞听觉通道

典型案例：教师在组织幼儿欣赏音乐《土耳其进行曲》，幼儿刚刚听第一遍音乐时，教师便要求幼儿边听音乐边跟着音乐节奏拍手，接下去引导幼儿

边听音乐边表演动作、用语言描述音乐，最后教师带领幼儿边听音乐边玩斗牛的游戏等。整个欣赏过程形式多样，幼儿参与积极热烈，也表现得很兴奋。

诊断分析：本次欣赏活动看似热闹，幼儿似乎也十分积极活跃。教师为了让幼儿多通道地感受音乐，安排了过于丰富的音乐实践操作活动与游戏，导致幼儿在教师的操纵下一直忙忙碌碌地玩个不停、动个不停，缺乏应有的时间去倾听、感受与体验音乐。幼儿的听觉通道几乎被动作、语言等其他感知通道堵塞了，幼儿对音乐缺乏应有的感受与体验。

消解策略：音乐欣赏应以听觉感受为主，适度结合视觉（图片、图谱、影视、多媒体等）、运动觉（动作感知、游戏表现等）、语言觉（讲述、诗歌等）等多通道参与。

（二）障碍2：用认知性的审美教育取代情感性的审美培育

典型案例：在一次欣赏《春节序曲》的音乐活动中，教师不断地提出问题，如：这首乐曲可以分成几段？哪一段音乐的速度快些？哪一段音乐的速度慢些？从音乐里你听出有哪些民族乐器在演奏？在教师的引导下，幼儿们认认真真地分析着音乐的结构与速度变化，分辨（更合理地说应是“猜测”）着音乐中出现的一些乐器，却难以感受到音乐所传递的快乐情感。

诊断分析：目前开展的很多音乐欣赏活动，尽管活动形式丰富多彩，教师的音乐技能高超精湛，策略精彩纷呈，但较偏重音乐教育过程中对节奏、速度、力度、曲式结构等音乐表现手段的感知与表现，忽视了审美情感这一内隐力量的焕发，使得音乐审美教育缺乏情感内涵。有时甚至在整个音乐活动中，缺少了音乐应当激起的审美感动，音乐活动像科学活动那样冷静、理性。幼儿在教师的引导下，感知与探索音乐的节奏、速度、力度、曲式结构等表现手段，冷静地思考采取各种策略记忆歌词的内容与顺序，探索节奏与乐器的演奏方案……在一首充满情感魅力的音乐面前，幼儿更多地进行着客观冷静的分析、思考与学习，缺乏应有的情感共鸣甚至起码的审美感动。这样的音乐教育把其教育目标主要定位于促进幼儿音乐知识技能以及学习能力等方面发展，对音乐的审美教育尤其是审美情感培育缺乏应有的重视。

消解策略：音乐是一门情感的艺术，从幼儿的身心发展特点出发，音乐审美情感培育可从以下方面着手。

1. 选择富有艺术感染力与情感内涵且能激起幼儿情感共鸣的音乐作品。

首先音乐作品必须富有生活情趣和艺术感染力，以音乐美的力量感染幼儿，激起幼儿的兴趣和学习需要，并能为幼儿的审美感受提供生动、感性的生活形象，引发情感共鸣；其次，作品应该贴近各阶段幼儿的经验、心理发展水平、情感理解能力与表现能力，切合幼儿的生活经验与理解水平，以激起幼儿的情感共鸣，帮助幼儿正确体验与理解不同的情感。目前教师们都开始注意为不同年龄幼儿选择符合其生活经验的音乐作品，如为2～3岁幼儿选择《亲亲我》，为刚入园的幼儿选择《我爱我的幼儿园》，为4～5岁幼儿选择《猜猜我有多爱你》，为5～6岁幼儿选择《小乌鸦爱妈妈》《我们的生活多么幸福》《喜洋洋》等。

2. 先行组织相关的情感经验，将音乐审美情感的感受体验与幼儿生活经验有机融合。

教师可以围绕音乐所蕴含的情感因素，先行组织相关经验，丰富幼儿的审美情感体验，这样在音乐活动中幼儿丰富的情感才能一触即发。如在欣赏《小乌鸦爱妈妈》之前，教师组织幼儿观看动画故事《不孝顺的鸟儿》，激起对长大后把妈妈赶出鸟巢的坏鸟的厌恶之情；通过故事讲述，了解小乌鸦反哺的科学故事；组织幼儿收集"爸爸妈妈关爱我成长"的照片与事件，开展班级照片展览，并请幼儿进行讲解；让幼儿收集《孝顺的好孩子》的故事，在晨区活动中讲述等等。幼儿有了丰富的生活与情感经验，在欣赏《小乌鸦爱妈妈》过程中，他们的情感体验就一触即发、水到渠成，显得十分真切、自然而深刻。

3. 以情激情，以教师真挚的情感激起幼儿的情感共鸣。

幼儿的情感具有易感性，易被教师带动与感染。教师在教育中应以自身真挚的情感激起幼儿的情感共鸣，点燃幼儿情感的火种。教师情感的感染作用胜于其他任何的情境，教师首先应有饱满的情感投入，并要善于运用各种技巧把他们的对音乐情感的理解正确地表达出来。

因此，教师应认真领悟与挖掘音乐作品中内含的情感因素，努力将其升华为自己的情感，通过教育过程中充满感情的语言、表演、体态、情绪等激发幼儿的审美期待，激起幼儿的情感共鸣。如教师在歌唱活动"迷路的小花鸭"时，范唱到迷路的小花鸭"呷呷呷呷，呷呷呷呷，哭着叫妈妈"时，教师投入的神态、略带哭腔的歌声与生动的表情激起幼儿强烈的情感共鸣，幼儿不自觉地跟着教师唱起这首歌曲，心中与歌声中流露出的对小花鸭的同情与关爱之情。

4. 以境染情，在可触可感的音乐情境中体验与升华音乐所渗透的情感。

环境是重要的教育力量，正如蒙台梭利所言，“在教育上，环境所扮演的角色相当重要，因为孩子从环境中吸取所有的东西，并将其溶入自己的生命之中”。音乐情境的创设不仅要体现音乐的内容，更要起着渲染、烘托音乐的情绪、风格与情感色彩的作用。因此，音乐环境的创设应是情感基础第一，而不是认知第一。据此，教师在创设情境时，应重视环境的情感特征，努力创设能够渲染与烘托情感的音乐教育情境。

音乐是一门听觉的艺术，听觉环境对于烘托音乐情感的作用十分重要。因此，音乐教育应十分注重音乐的音响效果，音量应调控适宜，绝对避免嘈杂、吵闹，周围的听觉环境要安静，使得幼儿能静心聆听音乐、感受音乐所蕴含的情感。

多媒体技术与光电设备在营造形象性的音乐情境与气氛方面能发挥较为独到的作用。如感受音乐《欢乐颂》时，可运用多媒体技术营造欢乐祥和的气氛，使幼儿置身于幸福温馨的氛围之中；欣赏交响乐《四季》，在播放春天片段时将灯光设置成绿色，使整个音乐情境春意融融；播放夏天片段时将灯光设置成红色，使幼儿感受夏日的热烈；播放秋天音乐片段时将灯光设置成金黄，让幼儿沐浴在秋天中；在播放冬天音乐片段时将灯光设置成白色，使幼儿如同置身于白雪皑皑的冬日里……这样视听同构的音乐情境能很快感染、打动幼儿，有效提高他们对音乐情感的感受能力。

（三）障碍3：过分强调幼儿对音乐的个性化理解导致漫无边际的瞎想

典型案例：在没有任何引导地前提下，教师在给幼儿欣赏《狮王进行曲》后提问幼儿：“你觉得这首音乐是表现哪些动物的？”“你从音乐里听出森林里的哪些动物在干什么？”结果，有一幼儿说：“我听到小兔在跳。”教师为了鼓励幼儿大胆想象，马上予以表扬。结果，幼儿非常踊跃地表达自己的感受：“我听到蝴蝶在飞。”“是小马在跑。”“是小狗在快乐地游戏。”……

诊断分析：的确，音乐是一门个性很强的艺术，由于每个幼儿的生活经验、家庭背景、性别、性格不同，他们对音乐的理解、感受及表达方式都会有所差异，教师应允许并鼓励幼儿对音乐的独特理解与自我表达，同时注意在引导过程中的开放性、宽容性与低控制性。但是，从案例中我们发现，目前不少幼儿对音乐的想象表现出漫无目的的瞎想，无视音乐的基本特点。

尊重、鼓励幼儿的出发点是好的，但如果教师不能很好地把握幼儿、把握音乐教育的全过程，就很有可能在活动过程中放任幼儿，幼儿在高高兴兴玩乐之余，获得有意义的东西少，进步有限，甚至在所谓的自由自主的探索与想象活动中探索出一大堆对其现在和终身发展无益的“垃圾成果”。这不仅对于幼儿的发展毫无意义，同时还浪费了宝贵的时光，并且这样培养出来的、不能认真围绕一定线索思考与学习的幼儿，其学习习惯与思维方式令人担忧。

消解策略：个性化并不等于随心所欲，教师必须引导幼儿认真倾听音乐，并按照一定的音乐线索进行感知、理解与想象。幼儿年龄越小，音乐经验越薄弱，教师引导的线索越需要清晰。反之，幼儿的音乐知识经验越丰富，教师所提供的线索可以泛化。但是，如果发现幼儿可能在脱离音乐漫无目的瞎想时，教师应马上提出质疑，提醒幼儿。倘若发现幼儿自主想象存在困难，教师应及时予以支持。

第三章　幼儿园歌唱活动的设计与指导

歌唱是人类表达、交流思想最自然的方式之一，也是幼儿表达自己喜悦、兴奋、激动心情最常运用的一种艺术手段。凡是有幼儿的地方就有歌声，健康、快乐的幼儿都常常用歌唱的方式来愉悦自己、与人交流。歌唱一方面可以陶冶性情、启迪智慧、活跃思想、完善品格、锻炼身心，另一方面，歌唱是培养幼儿音乐感受力、表现能力以及鉴赏能力的重要途径。

幼儿园歌唱活动的目标绝不仅仅是为了教幼儿学唱几首歌，其价值追求更多地在于促进幼儿更加喜爱歌唱，学习用歌唱的方式表达心声、抒发情感与交流思想，会自我享受或与他人共享歌唱的快乐。因此，幼儿歌唱活动的目标主要着眼于指导幼儿学习用自然、好听的声音正确演唱歌曲，尝试用歌声表达自己的思想、抒发内心的情感体验。在歌唱活动中，幼儿的自主表现、情感体验的抒发与正确歌唱技能与方法的学习同样是必不可少的。

一般而言，幼儿园歌唱活动的实施目标体现在以下三方面。

情感、态度发展目标。即幼儿在歌唱活动中能够体验并积极追求参与活动的快乐，能够体验并积极追求唱出美好声音的快乐，能够体验并积极追求用歌声与同伴交流的快乐，能够体验并积极追求集体性歌唱活动中声音和谐与情感默契的快乐；能潜移默化受到歌曲的情感激励与教育影响等。

能力与知识技能发展目标。即幼儿能够感知、体验歌曲的美；理解歌曲所表达的内容、情感与意义；学习运用各种方式理解与记忆歌词；能够初步正确地演唱歌曲；学习较自然地运用声音、表情表现歌曲，知道并努力调整自己的声音与集体相协调；学习运用创造性的方式进行一定的歌唱表现；有保护自己嗓音的意识，知道保护嗓音的简单常识等。

学习品质培养目标。即幼儿愿意积极主动地参与歌唱活动，并敢于大胆表现；能初步养成认真观察、倾听教师范唱等良好的学习习惯；掌握一些理解记忆歌词的方法，初步养成学会学习的学习能力；初步学会运用歌声以及眼神、体态等与同伴合作交流等社会性行为能力等。该目标主要是结合在歌唱活动过程中进行渗透性的培养。

当然，上述目标绝非在一次歌唱活动中就要全部完成，或者每次歌唱活动都要完成各方面的目标，教师应根据歌曲内容、幼儿发展水平与发展实际等情况确定每次活动的主要目标。

第一节　幼儿歌唱能力的发展特点

歌唱能力主要体现在歌词、音域、音准、呼吸、情感体验与表达、合作性、创造性等方面。理想的歌唱活动应该全面、循序渐进地促进幼儿这些方面的发展，促使幼儿能够正确、舒适、有感情地歌唱其力所能及的歌曲。

一、歌词

幼儿歌词方面能力的发展是与其语言能力发展同步的。3岁前幼儿听辨与发出语音的能力较弱，发音错误现象十分普遍。他们已能部分再现一些歌词的片段，但对词意的理解十分有限。

3～4岁的幼儿已能较完整地再现一些短小的歌词以及较长歌词中的较为完整的片段。但由于受到听辨能力、理解能力与发音吐字能力的限制，他们歌唱时常常会唱错或缺漏个别他们难以理解与记忆的歌词。如，由于受到发音能力的限制，有的幼儿将“高”发成“刀”、“奶”发成“来”。对于他们不理解的歌词，发错音的频率很大，所以有时会出现小班初期的一些幼儿唱起歌来谁也听不懂的现象。

4～6岁的幼儿一般能较完整、准确地再现歌词，他们的发音吐字基本不存在问题，对歌词的听辨、理解、记忆能力也有了很大的发展。因此，幼儿唱错字、发错音的现象大大减少，只是仍会唱错不理解的歌词，如将“胜利的凯歌冲云霄”唱成“胜利的凯歌搓元宵”、将“敌人胆敢来侵犯”唱成“敌人胆敢来吃饭”等。

二、音域

幼儿的发声器官正处于生长发育阶段，他们的喉头体积不足成人的一半，声带短小、柔韧，容易拉伤，故而幼儿歌唱的音域要比成人窄得多。2 岁前的幼儿歌唱开始逐步从嗓音游戏中分化出来，很少有幼儿能完整歌唱；2～3 岁的幼儿大约可以唱出几个音域在 D1～G1 的音。

3～4 岁的幼儿一般能自然歌唱的音域为 C1～A1，其中最舒适的音域在 D1～G1 之间。4～6 岁的幼儿音域会有所扩展，向上可达到 B1、C2，向下可以达到 B 甚至 A。但是这些高音、低音尽量不要处在强拍或者长拍上，而且出现的频率也不宜太多，否则会出现唱不准的现象。一些教师试图对幼儿进行“专业的”声乐训练，盲目扩大歌曲的音域并要求幼儿努力唱上去，很容易对幼儿的声带造成伤害。儿童的声带一般要到 7～8 岁左右才能基本发育成熟，故而学前阶段不适宜进行超出他们声带力所能及的歌唱音域的强化训练。

三、音准

音准是幼儿歌唱中最难掌握的技能。虽然在良好的教育培养下，幼儿的音准会有较大的进步，但是音准是整个学前期幼儿发展最慢的音乐能力。音准能力的发展一方面与幼儿对发声器官的精确调控能力与发出声音的敏锐监听能力的发展有关，同时与所选歌曲的音域、音程特点也有密切关系。

一般来说，3 岁前的幼儿歌唱时音准很差，大致只能算是“近似歌唱”，即所唱出的旋律只能大致接近原曲调的旋律。3 岁的幼儿仍有相当一部分音准有问题，他们往往不能正确唱出歌曲的旋律，唱歌如同“说歌”，在无伴奏或者独立唱的情况下，走调甚至无调的现象是十分普遍的。在良好教育培养下，4～6 岁幼儿在琴声伴奏下，对难度适宜的歌曲大多能唱准音，而在独立歌唱或者无伴奏的情况下仍有部分幼儿歌唱时会走音。

四、呼吸

歌唱时要使声音能够延续，就必须要用较长的气息有控制地均匀持续冲击声带。

3 岁前的幼儿肺活量很小，呼吸也较表浅，气息控制能力尚未很好发展，故而歌唱时常常会出现一字一顿的现象。3 岁后的幼儿气息逐步增长，一字一顿以及唱两三个字就换气的现象逐渐减弱与消失，但他们常常会根据自己用气的情况来换气，从而时常造成因换气而中断句子、中断词义的现象。

4～6岁的幼儿在良好的教育影响下，对气息的控制能力有一定的提高，呼吸的方法较为规范、正确，一般能够在教师的提示下按乐句和情绪的要求换气。但即使到了6岁，幼儿的肺活量和控制气息的能力还是有限，如果歌曲的乐句太长、歌唱的速度太慢或太快，幼儿在歌唱时还是会感到困难。

五、表情

歌唱表情不仅仅只是面部表情与身体动作表情，更重要的是声音表情。与声音表情相关的歌唱能力主要有速度、力度、音色变化、咬字、吐字以及气息运用等方面。

3岁前以及3岁左右的幼儿大多缺乏歌唱的表现意识，初期还处在愉快的嗓音游戏阶段。在良好的教育影响下，3～4岁幼儿逐步养成初步的表现意识，到了末期，幼儿可以学会用速度、力度、音色的明显变化来表现熟悉歌曲中的不同形象与情绪。如在演唱《小马》时，能尝试用快而跳跃的声音表现第一段音乐小马快乐的情绪，用慢而连贯的声音尝试表现第二段音乐小马伤心的情绪。

4～6岁的幼儿逐步形成一定的表现意识，并能较好地运用一些简单的表现技能。幼儿不仅能积极主动地运用声音变化来表达感情，同时开始表现比较细致与复杂的音乐形象，如能较好地演唱出歌曲速度、力度的逐渐变化，较好地唱出跳音、顿音、连音等。

六、合作性

在集体性的共同歌唱活动中，要求幼儿在演唱过程中不仅要监听自己的歌声，还要倾听同伴的歌声及琴声伴奏，这对幼儿来说并非易事。

3岁前的幼儿与成人共同歌唱时，成人更多的是有意识地应和幼儿的歌声。3岁左右的幼儿仍普遍缺乏合作意识，常常出现有的幼儿唱得快、有的唱得慢、有的声音特别突出等情况。幼儿入园两三个月后，初步有了合作歌唱的意识，开始尝试调整自己的歌声使之与集体相协调。到了3岁末期，基本能做到整齐开始、整齐结束，并保持音量、音色、音高以及速度等与集体相协调，还能初步掌握简单的接唱与对唱。

4～6岁的幼儿逐步积累了一定的合唱经验，有了较强的合作协调意识与能力，他们能较主动地监控自己的声音，较多地注意声音、表情的整体协调性，逐步掌握独立的对唱、接唱、领唱齐唱、轮唱以及简单的二声部合唱等多种歌唱表演形式。

七、创造性

创造性的歌唱对于幼儿而言并非神秘，其实幼儿在婴儿期就有创造性歌唱的萌芽，并体验创造性歌唱游戏带给他们的快乐。

3岁的幼儿进入幼儿园后，逐步形成了较明确的创造性歌唱的意识，创造性歌唱的表现能力也获得一定的发展。对于简单的熟悉歌曲，幼儿能初步进行续编歌词、为歌词创编动作等创造性活动。

4～6岁的幼儿逐步积累了一定创造性歌唱的经验，有了较强的创造性歌唱意识与能力，并努力使自己的创造性表现更加独特、更完美。在教师的启发下，他们能很快地续编、改编熟悉歌曲的歌词，并进行即兴编唱。同时，幼儿还会将熟悉的歌曲进行演唱方式的改造、边唱边创造性地加上身体动作表演等。

第二节　幼儿歌唱材料的选择与分析

一、幼儿歌唱材料的内容

幼儿歌唱材料的内容主要包括：歌曲（含幼儿歌曲、节奏朗诵、歌曲说唱等）；歌唱的表演形式；歌唱的简单知识技能等。

（一）歌曲（含节奏朗诵、歌曲说唱等）

歌曲是音乐与文学联姻的艺术，是用音乐的方式表现出来的文学，是最为传统与常见的幼儿歌唱活动材料。幼儿可以演唱成人专门为其创作的歌曲、传统流传下来的民间童谣、动画片中的主题曲或插曲以及由幼儿自己创作或即兴创作的歌谣等。

节奏朗诵是一种语言艺术与音乐有机结合的艺术表现形式，也是既受幼儿喜爱又能有效培养幼儿节奏感的歌唱活动材料。它虽然没有歌曲那样清晰可辨的旋律，但同样含有高低、强弱、音色、速度、节奏以及结构等音乐形式要素，同样具有模仿、描述、比喻、幻想等艺术表现方法和内容。好的节奏朗诵具有很高的艺术感染力。节奏朗诵的具体内容可以是诗歌、歌曲、童谣、游戏语言，也可是词组、象声词、无意义的嗓音音节等，如《孙悟空打妖怪》就是较好的节奏朗诵的材料。

孙悟空打妖怪

唐僧骑马咚那个咚，后面跟着个孙悟空。
孙悟空，跑得快，后面跟了个猪八戒。
猪八戒，鼻子长，后面跟着个沙和尚。
沙和尚，挑着箩，后面跟着个老妖婆。
老妖婆，真正坏，骗过唐僧和八戒。
唐僧、八戒真糊涂，是人是妖分不出。
分不出，上了当，多亏悟空眼睛亮。
眼睛亮，冒金光，高高举起金箍棒。
金箍棒，有力量，妖魔鬼怪消灭光。

歌曲说唱是当今流行乐坛比较盛行的一种歌唱方式，该种歌唱活动材料既有伴随音乐进行的节奏说白，又有旋律的歌曲。既说又唱的歌曲说唱很受幼儿的喜爱，富有动感的节奏很符合幼儿活泼好动的天性。教师可根据幼儿的音域以及本班幼儿的兴趣，选择幼儿比较熟悉与喜爱的一些歌曲旋律，引导幼儿根据生活经验以及生活中发生的喜闻乐见的事件，创编说唱的歌词，编入歌曲进行说说唱唱。下面的《水果刨冰进行曲》和《动物猜谜语》就很适宜幼儿说唱。

水果刨冰进行曲

（说）X X | 0 0 | X X | 0 0 | X X | 0 0 | X X | 0 0 |
苹 果，（XX X）梨 子，（XX X）香 蕉，（XX X）草 莓，（XX X）

（唱）11 2·3 | 51 1 | 11 2·3 | 51 1 | 1 1 2 3 | 4 3 2 1 |
锉锉 锉　锉锉 锉　锉锉 锉　锉锉 锉，水 果 刨 冰 味 道 真 好，

75 67 | 1 1 ‖
大家 一起 品 尝。

动物猜谜语

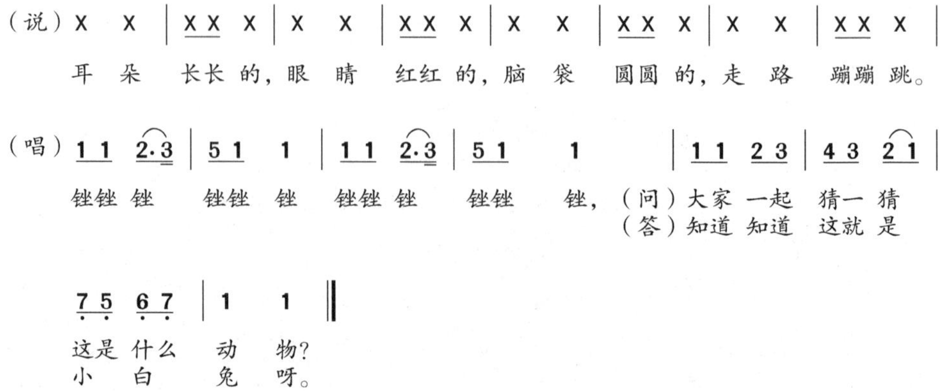

（二）歌唱的表演形式

歌唱的表演形式是歌唱活动中参加者的人数、全体参加者的合作方式以及歌唱时所伴随的表演方式（如动作表演、乐器演奏）的总和。根据幼儿音乐活动的特点与能力水平，幼儿歌唱的表演形式主要有以下几种。

1. 独唱：一个人独立或独自歌唱。

2. 齐唱：两个或两个以上的人在一起整齐演唱完全相同的曲调和歌词。

3. 接唱：包括个人对个人以及小组对小组的接唱，较为常见的是将一首歌进行半句半句的接唱或一句一句的接唱。

4. 对唱：包括个人对个人、小组对小组、个人与小组或集体之间问答式的歌唱。

5. 领唱齐唱：一个人或几个人唱歌曲中比较主要的部分或主歌部分，集体演唱歌曲中的配合部分或者副歌部分。

6. 轮唱：两个或几个小组（声部）一先一后地按一定的间隔开始演唱同一首歌。

7. 合唱：包括一个声部演唱歌词，另一声部用同一旋律唱衬词；一个声部演唱歌词，另一声部在休止或延长音处唱填充式的词曲；一个声部用哼呜的方式演唱旋律，另一声部按节奏朗诵歌词等。

8. 歌表演：幼儿一边演唱歌曲一边做身体动作表演。

（三）歌唱的简单知识技能

在幼儿歌唱活动中，幼儿需要掌握以下简单的知识技能。

1. 正确的歌唱姿势。幼儿在站着或者坐着唱歌时，应保持身体与头部的正直；两眼平视、两肩放松、两臂自然下垂或放在腿上；坐着歌唱时不把椅子坐满，背部不靠在椅背上等。

2. 正确的发音方法。幼儿自然地轻声唱，下巴放松，嘴巴自然打开，不大声喊叫与过分轻声，尽量保持“头面部共鸣”与“向前唱”的发音方法。

3. 正确的呼吸方法。歌唱中正确的呼吸方法是自然吸气、均匀用气，吸气时不耸肩，一般不在句子中间换气等。

4. 正确的演唱技能。主要指幼儿能唱准歌词、节奏与旋律，并能适当辅以自然的面部表情和身体动作表情进行有表情地演唱。“有表情地演唱”主要是指幼儿能十分粗浅地运用咬字、吐字、气息的断连、歌唱的速度力度等演唱技巧进行演唱，使得自己的歌声能初步表现出歌曲的情感。

5. 正确的合作技能。幼儿在集体歌唱过程中不使自己的声音突出，努力追求在音量、音色、节奏等方面与集体协调一致，同时还要注意面部表情、动作表情与歌曲匹配上的协调一致。

6. 保护嗓音的知识技能。幼儿应具备保护嗓音的意识，并在教师的指导下逐步掌握一些保护嗓音的基本常识，如平时以及歌唱时不大声喊叫，不能长时间歌唱，不在空气污浊的地方演唱，不迎着风唱，不在剧烈运动后马上唱歌，感冒、咽喉发炎时不唱歌等，逐步学会自我保护。

二、幼儿歌曲的选择要求

为幼儿选择的歌曲，总体上应具备审美性、教育性、适宜性以及内容、形式、风格的丰富性与多样性等要求。

（一）歌曲的审美性

审美是音乐的核心，为幼儿歌唱活动所选择的歌曲，应符合音乐艺术审美的基本要求。首先，歌曲的旋律应优美动听，能吸引幼儿学唱的兴趣，给欣赏者与演唱者美的享受。其次，歌曲的艺术审美要求不仅体现在歌曲的旋律上，还体现在歌曲歌词的艺术美，即歌词或琅琅上口、极具韵味，或优美抒情，或幽默诙谐、富有情趣。同时歌曲的词曲结合应和谐一致。如歌曲《老鼠画猫》，以小老鼠的眼光与想法来画它们最害怕的猫，显得特别诙谐幽默，旋律中的滑音唱法则正好有助于表现这种诙谐幽默的风格，词曲的完美结合突显出歌曲的艺术美。

老鼠画猫

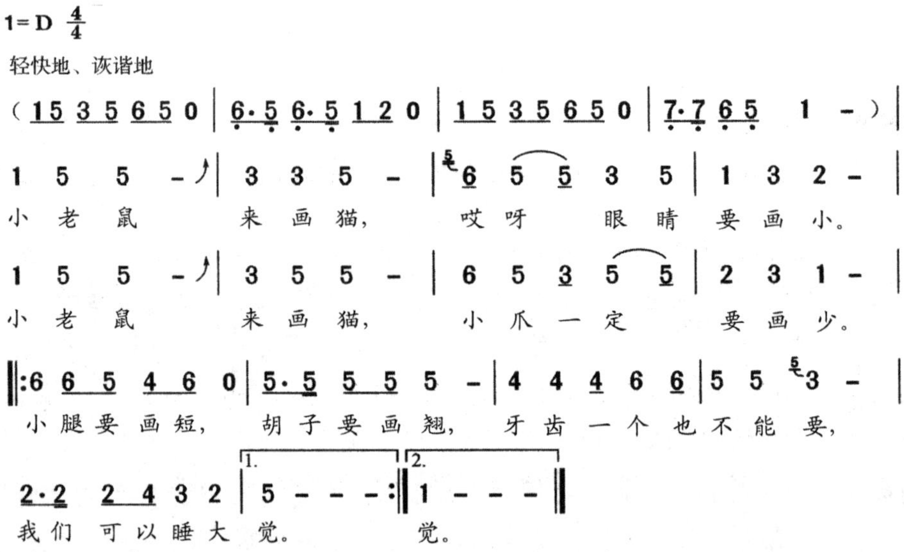

（二）歌曲的教育性

幼儿喜爱歌唱活动，歌曲对幼儿心灵的影响是潜移默化的。歌曲的教育性并非单纯指歌词一定要具有德育意义，而侧重于要求为幼儿选择的歌曲应该都是健康向上的，能激发幼儿对生活的热爱与向往，培养幼儿高尚美好的品行。如歌曲《小娃娃跌倒了》，幼儿无论在欣赏歌曲还是在演唱过程中，都能够感受到小娃娃跌倒时难过的心情及小朋友去帮助她后的快乐心情，从而体验到关心、帮助别人的快乐。

小娃娃跌倒了

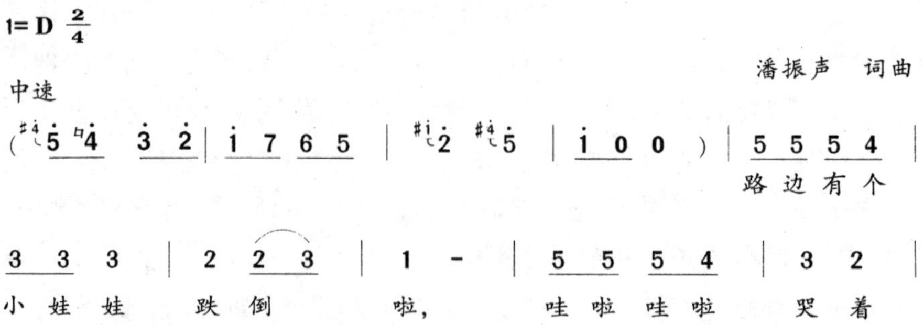

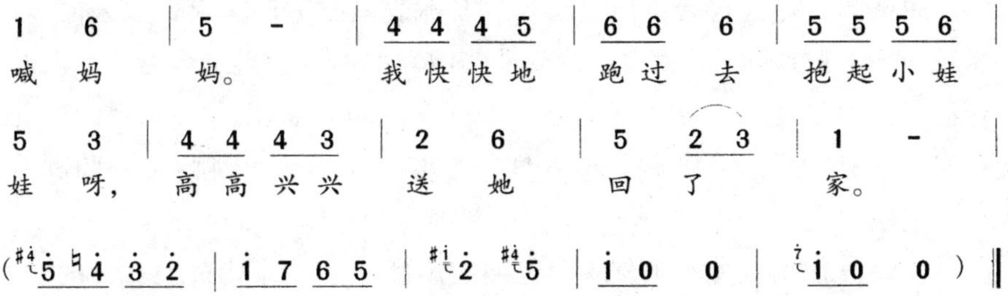

《迷路的小花鸭》《小蚂蚁避雨》《勤劳人和懒惰人》等歌曲也深受幼儿喜爱，这些歌曲对幼儿的行为养成教育正如春雨润物，自然而深远。

（三）歌曲的适宜性

为幼儿选择的歌曲，应适合他们歌唱能力的发展水平，并在此基础上逐步促进其歌唱能力的发展。

1. 歌词的选择。

为幼儿选择的歌曲，其歌词一般应具有以下几个特点。

（1）歌词反映的主题与形象应单一，并且是幼儿熟悉、能够理解并感兴趣的。幼儿的生活经验有限，只有选择一些幼儿熟悉、能够理解并感兴趣的歌曲作为歌唱活动的材料，才能吸引幼儿的兴趣，并易于幼儿理解接受。

（2）内容与文字富有童趣并易为幼儿所理解和记忆。歌词文字应简单，能为幼儿所理解，歌词结构简单多重复，歌词篇幅短小易记，有象声词等。这类歌曲幼儿学得快、记得快，同时也为幼儿提供了更多的续编歌词进行创造性歌唱的机会。

（3）歌词形象鲜明，适合用动作表现或进行游戏。幼儿天性好动，感情外露，因此唱唱跳跳、唱唱玩玩自然成为幼儿最喜爱的一种音乐表现活动。

2. 曲调的选择。

为幼儿选择的歌曲，其曲调一般应具有以下几个特点。

（1）曲调的音域应适宜幼儿演唱，有利于幼儿唱出自然优美的歌声。教师应根据各年龄班幼儿的音域，选择符合各年龄幼儿最佳音域的歌曲，以保护幼儿稚嫩的声带。

（2）曲调的节奏宜较简单，能适应幼儿的歌唱能力与成长的需要。为4岁以下的幼儿选择的歌曲，节奏应主要由二分音符、四分音符、八分音符组成；为4～6岁幼儿选择的歌曲，可以适当增加一些附点音符、十六分音符、切分音符等难度较大的节奏，末期还可选择带“弱起”节奏的歌曲。

（3）曲调的旋律宜较为平稳。幼儿一般不适宜演唱旋律起伏太大的歌曲，宜选择较为平稳的旋律。4 岁以下的幼儿演唱歌曲的音程跳进多为三度以及以下的音程，但小二度的音程并不适合 4 岁以下的幼儿演唱；4～6 岁的幼儿可以演唱四度、五度与八度音程，但六度、七度以及连续大跳的音程的歌曲幼儿都不易演唱。

（4）曲调的结构宜短小工整。幼儿一般不适宜演唱结构过长、大的歌曲。为 4 岁以前的幼儿选择的歌曲，以含 2～4 个乐句为宜，总长度 8 小节左右，而每一乐句的长度最好相当；为 4～6 岁幼儿选择的歌曲，可以有 6～8 个乐句，总长度增至 16～20 小节左右。

幼儿歌曲的结构一般比较工整，乐句与乐句之间在长度上是基本相等的，在节奏上是相等或相似的。大年龄的幼儿歌曲也偶尔可以有些不工整的乐句，但总体上应以工整为主。4 岁以前的幼儿所唱的歌曲，一般多为一段体或一段体的分节歌，之后幼儿可以演唱一些简单的二段体以及三段体的歌曲，但仍宜以一段体为主。

3. 内容、形式、情绪与风格的丰富性与多样性。

为幼儿选择的歌曲，题材应广泛，既要有反映幼儿喜爱的动物、植物以及自然界的变化的歌曲，也应有反映幼儿的日常生活、游戏、学习等题材的歌曲，还需要一些反映社会生活、节日、幼儿熟悉的成人劳动生活等题材的歌曲。

为幼儿选择的歌曲，形式也应多样，独唱、齐唱、对唱、接唱、轮唱、双声部合唱等多种演唱形式都应尽量让幼儿有所感受。

为幼儿选择的歌曲，情绪也应丰富多样。每一年龄段的幼儿最好都要有机会感受和表现活泼欢快、优美抒情、安静甜美、雄壮有力等各种情绪的歌曲，从而丰富幼儿的艺术体验，增强幼儿歌唱表现能力。

此外，教师还应根据本班实际，选择一些富有中国各民族风格以及国外脍炙人口且民族风格浓厚的幼儿歌曲，组织幼儿进行感受与表现。

三、幼儿歌曲的分析与演唱技能培养

（一）幼儿歌曲的分析与演唱处理

教师选择好歌曲后，必须先对歌曲进行熟悉与分析。

首先，教师要认真分析歌曲的内容、题材、曲式、情绪、风格以及演唱技巧等，然后要在反复练习的基础上能够达到熟练地演唱与弹唱，并且能够通过声音的强弱、快慢、音色、呼吸等各种技巧来准确、生动、细腻地表现歌曲的情感与内容，从而发挥审美感染与熏陶的作用。如歌曲《小娃娃跌倒了》一共四个乐句，前两乐句表现的是小娃娃跌倒时的情景，表达的是小娃娃摔跤后的难过心情，因此，教师在范唱第一句时要用相对比较弱的声音演唱，演唱第二句时要有点焦急；后两句表现的是小朋友去帮助小娃娃时的快乐心情，表达的是帮助别人的快乐，所以教师的音色要比较明亮，伴奏与演唱的节奏要比较轻快。

其次，教师还必须分析歌曲的重难点，在了解本班幼儿现有歌唱能力发展水平的基础上，找出该歌曲的重点与难点，并思考解决与突破的方法与策略。如歌曲《老鼠画猫》的重点是幼儿对歌词内容的理解与记忆，而难点是其中滑音的演唱。教师可以通过故事、提问、讨论等方式，帮助幼儿理解老鼠为什么要把猫的眼睛画小、小爪画少、小腿画短、胡子画翘、牙齿一个也不能要，并通过边唱边画的方式帮助幼儿理解记忆歌词；同时，教师可以通过范唱、绘画的箭头提示以及手势等方式，帮助幼儿突破演唱滑音的难点。

（二）幼儿歌曲的演唱技能培养

教师在演唱幼儿歌曲时，喉头应打开并放松，小腹用力，胸腔挂住，哼鸣带好；声音自然、甜美、收放自如，用轻声高位、优美童趣的声音有感情地歌唱，如法国儿童歌曲《小星星》。当然，具体的演唱方法要根据歌曲的情绪、风格进行选择与处理。

小　星　星

1=C $\frac{2}{4}$　　　　法国儿童歌曲

1 1	5 5	6 6	5 －	4 4	3 3	2 2	1 －
一 闪	一 闪	亮 晶	晶，	满 天	都 是	小 星	星。
5 5	4 4	3 3	2 －	5 5	4 4	3 3	2 －
挂 在	天 空	放 光	明，	好 像	许 多	小 眼	睛。
1 1	5 5	6 6	5 －	4 4	3 3	2 2	1 － ‖
挂 在	天 空	放 光	明，	好 像	许 多	小 眼	睛。

需要指出的是，同一首歌曲也可以有不同的演唱方式与处理方法，如演唱《小星星》时，教师既可以慢速演唱，以抒情优美流淌的声音表现出歌曲的优美与抒情；也可以稍快的速度，以活泼欢快的声音表现歌曲的活泼可爱；也可以轻声高位、遐想式的空灵声音，表现小星星在天空闪烁的浪漫与幻想；还可以多声部、多形式（如加上动作、情节等）演唱。

第三节　多模式、多样化歌唱活动的设计与指导

在《纲要》颁布之前，幼儿歌唱活动的设计与组织的模式大多比较单一，歌唱活动的主要目的常停留在教会幼儿唱一首歌。为了更好地贯彻《纲要》与《指南》的精神，幼儿园音乐教育活动应走出模式过于单一的桎梏，逐步形成系统化与多样化相统一的歌唱活动模式。下面介绍的几种幼儿园集体性歌唱活动常见的组织模式，各种模式有其相适宜的歌曲类型、幼儿的音乐基础与歌唱水平以及教师的教学风格，旨在为幼儿歌唱活动的设计与指导提供一个多元的选择平台。

一、“体验—学习”模式

“体验—学习”模式十分重视幼儿对歌曲的欣赏与体验，强调幼儿在对歌曲反复自主体验的基础上进行的渗透性学习。

（一）基本程序

1. 创设情境，引发幼儿对歌曲的兴趣。

2. 教师有感情地弹奏音乐旋律、进行情境表演或范唱歌曲，幼儿反复欣赏与倾听，并伴随音乐进行各种相匹配的活动或游戏，从而逐步感受与体验歌曲的旋律、节奏、内容、情感与意境。

3. 幼儿回忆歌词，并借助图谱、手势、体态等方式理解与记忆歌词。

4. 幼儿完整学唱歌曲，教师根据幼儿演唱情况进行有针对性的指导。

“体验—学习”模式的歌唱活动重视幼儿对歌曲的反复体验以及幼儿对歌曲的自主与个性化的表现。该模式有助于培养幼儿内在的音乐听觉与创造性的歌唱能力，比较适合那些歌唱表现力、组织能力较强的教师以及自律性较好、自主能力与歌唱能力发展水平较高的幼儿。

（二）活动案例

小老鼠上灯台（小班）

活动目标

·感受音乐的节奏与强弱，理解歌词内容，初步学唱歌曲。

·能用动作表现向下滚动的动态，体验边唱边表演的乐趣。

活动准备

·物质准备：小老鼠的操作图卡，小猫头饰；灯台道具，实物投影仪；音乐《小老鼠上灯台》、播放器。

活动指导

1. 随乐玩手指节奏游戏，初步感受音乐的旋律与节奏。

（1）教师出示小老鼠的操作图卡，引导幼儿观察。

教师：今天有一位小客人到我们班来，它是谁呀？

（2）播放音乐伴奏，教师边示范边带领幼儿在手指游戏中感受音乐的旋律与节奏。

教师：小老鼠带给小朋友一首好听的歌曲《小老鼠上灯台》，我们一起伸出手指和音乐一起玩。

游戏玩法：第一遍，左右手各伸出食指，①～④小节时听音乐一拍一下有节奏地交替上叠，⑤、⑥小节时双手食指相互对碰，⑦、⑧小节时双指绕圈自上而下地滚动，在最后一拍时，双手食指滚到地上。第二遍，左右手各伸出食指与中指，听音乐有节奏地玩游戏，游戏玩法与第一遍同；第三遍，左右手握拳，听音乐有节奏地玩游戏，游戏玩法与第一遍同。

2. 以故事与表演的方式，引导幼儿在欣赏表演过程中感受歌词与歌曲。

教师：有一天，一只小老鼠爬上灯台偷油吃。“啊，真香呀！”它正吃得津津有味时，来了一只猫。你们猜，小老鼠怎么了。

（1）教师边投影边操作灯台教具，有节奏地念歌词，引导幼儿感受歌词的韵律，理解歌词内容。

（2）教师边操作教具边演唱歌曲，引导幼儿进一步感受歌曲，创编小老鼠滚下来的动作。

引导幼儿讨论：小老鼠滚下来时发出什么声音？滚下来的动作要怎样表演？（如慢慢蹲下来，双手在胸前做环绕滚动状。）

在表演中，帮助幼儿直观体会到“叽里咕噜”这一象声词的含义以及与之相对应的滚翻动作。

（3）教师再次操作教具边演唱歌曲，引导幼儿听歌曲有节奏地玩游戏。

3. 幼儿学唱歌曲，并学习边唱边游戏。

（1）第一遍，教师放慢速度弹琴边大声范唱，幼儿小声跟唱。

（2）第二遍，教师放慢速度弹琴小声范唱，幼儿大声跟唱。

（3）第三遍，教师按照原速伴奏，幼儿独立演唱歌曲。

（4）第四遍，教师播放音乐伴奏，幼儿随乐边演唱歌曲边游戏。

4. 玩游戏“小老鼠和大花猫”。

玩法：幼儿当小老鼠，教师当大花猫，由教师来播放音乐。如果音乐的声音比较轻声，就是小老鼠出来偷油吃了，所以小老鼠们要听音乐轻轻地走出来偷油吃；如果音乐的声音变大了，就是大花猫出现了，小老鼠要赶快蹲下来不动。大花猫走一圈后没有抓到小老鼠就回家了。

活动建议

- 幼儿学唱歌曲的次数根据幼儿学习的情况看。
- 如果幼儿歌曲学习较慢，最后的游戏可以放到延伸部分进行。

（选自福建省幼儿园教师教育用书《领域活动指导》小班下册）

活动资料

小老鼠上灯台

1=C $\frac{2}{4}$　　　　佚名　词曲

中速、诙谐地

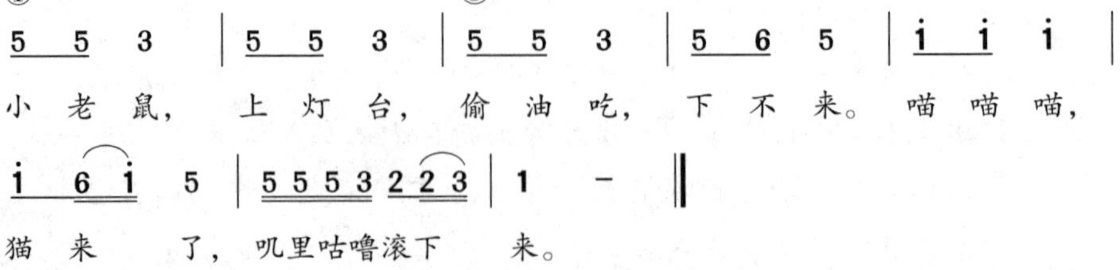

"体验—学习"模式十分重视幼儿对歌曲的体验，尤其是自主体验。该模式将体验作为学习的基础，强调将歌唱活动作为幼儿自主的、不留痕迹的渗透性的审美感染与熏陶的过程。这种模式对教师的音乐素质、观察与随机应变能力等方面的教育要求也较高，同时较适宜于结构简单工整、旋律优美动听且易于引发幼儿情感共鸣、适合进行各种随乐表现的歌曲。

二、游戏化学习模式

游戏化学习模式是一种幼儿边听歌曲边玩，并在游戏中潜移默化地学习演唱的组织模式。

（一）基本程序

1. 教师在特别设计的游戏情境中，用歌声来指挥和配合幼儿的游戏活动。

2. 幼儿在游戏中反复体验并熟悉歌曲，然后逐渐参与演唱其中的个别词句或者更多。

3. 当幼儿停止游戏时，幼儿已初步能演唱歌曲。

4. 教师予以适当的指导，提升幼儿歌唱的准确性与表现力。

（二）活动案例

小手哪里去了？（小班）

活动目标

· 能随乐有节奏地玩小手、小脚、小脸等部位的藏与露游戏，体验合作游戏的快乐。

· 初步学习边唱边游戏，提高动作的节奏感与反应的灵敏性。

活动准备

· 经验准备：幼儿在日常活动中已熟悉本歌曲。

· 物质准备：音乐《小手哪里去了？》、播放器。

活动指导

1. 教师范唱歌曲《小手哪里去了？》，幼儿感受与欣赏。

2. 在初步熟悉歌曲基础上，了解游戏玩法。

玩法：幼儿当小兔，听歌曲做动作。

动作建议：①～④小节，教师边演唱歌曲，边注视幼儿；幼儿把手藏起来，随乐一拍一下有节奏地左右摆头。⑤小节，幼儿边唱边注视着教师。⑥小节，幼儿边唱边伸出双手。⑦⑧小节，幼儿边唱边一拍一下地拍手。

教师需要引导幼儿认真倾听歌曲，找出何时藏、何时伸出；并引导幼儿想出能最巧妙地把小手、小脚、小脸等部位藏起来的办法。

3. 教师放慢速度演唱，幼儿边感受边随乐游戏。

教师提醒幼儿认真听歌曲，动作应尽量符合音乐的节奏，幼儿在第⑤小节时，才能伸出自己的小手、小脚、小脸等部位。

4. 幼儿游戏玩得比较熟悉后，教师提示幼儿在第⑤小节时轻声跟唱，边唱边游戏。

5. 教师对幼儿的演唱予以适当的指导，提升幼儿歌唱的准确性与表现力。

6. 播放音乐伴奏，教师与幼儿边唱边游戏。

活动建议

• 将音乐磁带与头饰投放在表演区，供幼儿日常游戏所用。

• 除了歌曲中的几个部位，教师还可引导幼儿继续想，还有哪些部位可以藏起来，藏在哪些地方。

（选自福建省幼儿园教师教育用书《领域活动指导》小班上册）

活动资料

小手哪里去了?

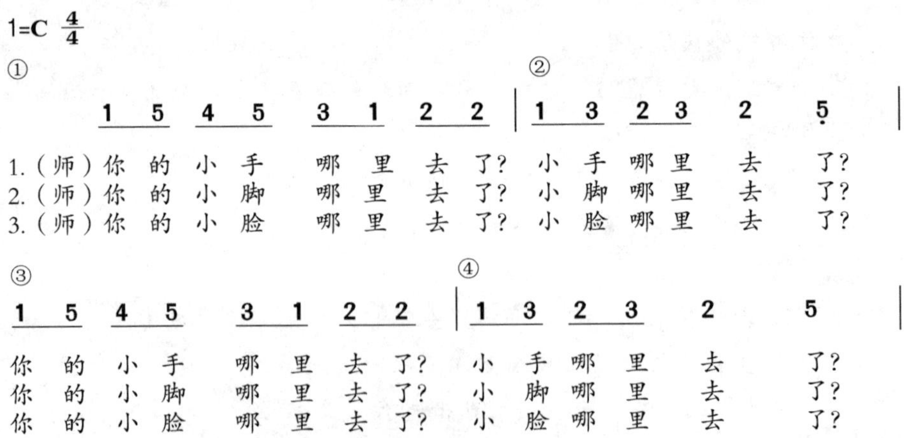

⑤ 6 6 5 5　4 4 3 3 | ⑥ 2 4 3 2　5　5 |

（幼）看 呀 看 呀　看 呀 看 呀，我 的 小 手　来　了，
（幼）看 呀 看 呀　看 呀 看 呀，我 的 小 脚　来　了，
（幼）看 呀 看 呀　看 呀 看 呀，我 的 小 脸　来　了，

⑦ 6 6 5 5　4 4 3 3 | ⑧ 2 4 3 2　1　1 :‖

我 的 小 手　拍 一 拍 呀，小 手 拍 一　拍　呀。
我 的 小 脚　跳 跳 舞 呀，小 脚 跳 跳　舞　呀。
我 的 小 脸　哈 哈 笑 呀，小 脸 哈 哈　笑　呀。

游戏化学习模式适合于那些动作性、游戏性强且歌曲结构简单、歌词短小易学的歌曲。

三、“感受—理解—表现”模式

“感受—理解—表现”模式是最为传统也是广大幼儿园教师较为广泛采用的一种歌唱活动设计组织模式。

（一）基本程序

1. 教师运用幼儿感兴趣的各种方式（如故事、谜语、教具等）引出将要学习的歌曲主题，激发幼儿学唱的兴趣。

2. 教师通过各种方式（主要以教师范唱为主）表演歌曲，引导幼儿认真倾听并感受歌曲的音乐形象与歌词内容。

3. 教师引导幼儿分析、理解并初步掌握歌词、节奏等基本要素。

4. 幼儿跟随教师完整学唱歌曲。

5. 根据幼儿学习情况，对个别重难点乐句进行单句教唱。

6. 教师伴奏，采取不同的演唱方式组织幼儿演唱歌曲，最后幼儿能在琴声伴奏下基本独立演唱歌曲。

（二）活动案例

老鼠画猫（大班）

活动目标

- 初步熟悉歌曲的旋律，理解歌词，学会演唱歌曲《老鼠画猫》。

·积极参与歌唱活动，尝试用说唱形式演唱歌曲，体验用滑音唱法表现歌曲诙谐幽默风格的乐趣。

活动准备

·物质准备：画有猫轮廓的纸、粗水彩笔、音乐《老鼠画猫》（曲谱见第 84 页）、播放器。

活动指导

1. 设置情境，谈话引题。

教师模仿老鼠的形象动作，发出“吱吱吱”惊慌失措的叫声，提问：是谁来了？它为什么这么害怕？

2. 引导讨论，了解特征。

提问：老鼠最怕谁？老鼠为什么最怕猫？老鼠最怕猫身上的哪些地方？

3. 启发想象，理解歌词。

（1）通过提问引发幼儿想象：有一天，小老鼠梦见自己有一只神奇的画笔，它要用这只画笔把猫都画成不会抓老鼠的猫。小朋友猜猜看，小老鼠画的猫会是什么样的？

（2）鼓励幼儿大胆表达自己的想法，并用动作把猫的样子给比划出来。

（3）教师：我们来看看小老鼠到底画了一只什么样的猫。

教师边范唱，边在图画纸上画出歌词中所描述的猫的样子，帮助幼儿理解歌词内容。

4. 学唱歌曲。

（1）教师指着画面，引导幼儿跟随音乐学唱歌曲，着重练习“小老鼠”和“胡子翘”的滑音唱法。

（2）帮助幼儿理解歌曲中“哎呀”一句的含义。启发幼儿唱好歌曲中几句能表现小老鼠很得意的样子的歌词。

5. 动作表达。

（1）提问：你们喜欢这首歌吗？为什么？

（2）教师：那我们也来当当小老鼠，一边唱一边跳起来，要把小老鼠的得意、滑稽的样子唱出来。

6. 尝试增加“哈哈”“嘻嘻”“呵呵”等衬词，进一步表现歌曲诙谐幽默的风格。

(1) 提问：小老鼠画了一只这样的猫，它的心情会怎样？如果你是小老鼠很得意，你会怎么笑？

(2) 尝试将衬词带到歌曲中完整地演唱，如：教师唱歌词幼儿唱衬词，或一半幼儿唱歌词另一半幼儿唱衬词。

(3) 鼓励幼儿听音乐用动作和加衬词来表现歌曲中诙谐幽默的风格，大胆地表演唱。

7. 在游戏中演唱歌曲，体验歌唱与游戏活动的乐趣。

(1) 讲解游戏玩法：幼儿集体演唱完歌曲后要马上坐下或蹲下不动，表示安全钻回到自己的老鼠洞里了，扮演小花猫的教师或幼儿，发现还在动的幼儿就可以抓住他。

(2) 请个别幼儿扮演小花猫，教师带领其他幼儿边玩游戏边用适当的动作、表情和神态完整表演歌曲。

活动建议

· 在美工区投放材料，并启发幼儿想象：还可以把猫画成什么样的呢？试着自己画一画，画好了以后，把它唱到歌曲里去。

（选自福建省幼儿园教师教育用书《领域活动指导》大班上册）

在“感受—理解—表现”的模式的组织过程中，教师容易调控幼儿学习的整个过程，幼儿更多是按照教师预设的过程有条不紊地进行，并且也能较好地学会歌曲。因此，这一模式比较适合篇幅较长、歌唱难度较大的歌曲，以及组织经验较缺乏的教师、歌唱基础较差的幼儿等。当然，这一模式在具体使用过程中，教师应特别重视幼儿学习的主体性与积极性的激发与调动，并根据幼儿的学习情况灵活调整教学流程。

四、逐层递加模式

（一）基本程序

1. 教师先将歌曲中的节奏、歌词、曲调、副歌、主声部等典型的元素分解出来，先行导入进行操作，引导幼儿初步掌握。

2. 引导幼儿完整学习整首歌曲。

（二）活动案例

春天里来（大班）

活动目标

·感受歌曲欢快活泼的情绪，初步学唱歌曲。

·在教师的引导与提示下，探索使用图示理解、记忆歌词的有效策略。

·体验通过自己探索学会唱歌的快乐。

活动准备

·物质准备：歌曲图谱一张，歌曲内容小图片若干。

活动指导

1. 欣赏教师范唱，初步感受歌曲《春天里来》。

提问：今天老师带来一首好听的歌曲，仔细听，歌里唱了什么？

2. 初步感受、理解歌曲主歌部分的歌词。

（1）欣赏教师范唱，幼儿感受并讨论：你听到歌里唱了什么？教师根据幼儿回答出示歌曲内容小图片。

（2）再次欣赏教师范唱，师幼共同讨论歌里有哪些内容，并出示相应的小图片。

3. 利用拨浪鼓的小图片，学习歌曲的副歌部分。

（1）教师引导幼儿根据范唱，仔细观察辨别不同的拨浪鼓的小图片的区别，探索学习歌曲的副歌部分。

（2）教师演唱主歌部分，幼儿随乐演唱副歌部分。

4. 记忆歌曲主歌部分的歌词并学习演唱。

（1）幼儿根据反复倾听的印象记忆歌词的顺序，并选择相匹配的小图片贴在图谱的相应位置。

（2）根据教师的范唱，幼儿自主检查歌词顺序的正确情况。

（3）幼儿在音乐伴奏下，跟随教师演唱歌曲。

5. 师幼共同看图谱完整演唱歌曲，并根据幼儿演唱情况进行重点练习。

6. 尝试开展合作演唱。

（1）幼儿分成两组合作演唱。

（2）幼儿和教师合作演唱。

（本活动由南京市第一幼儿园倪琳设计执教）

活动资料

春天里来

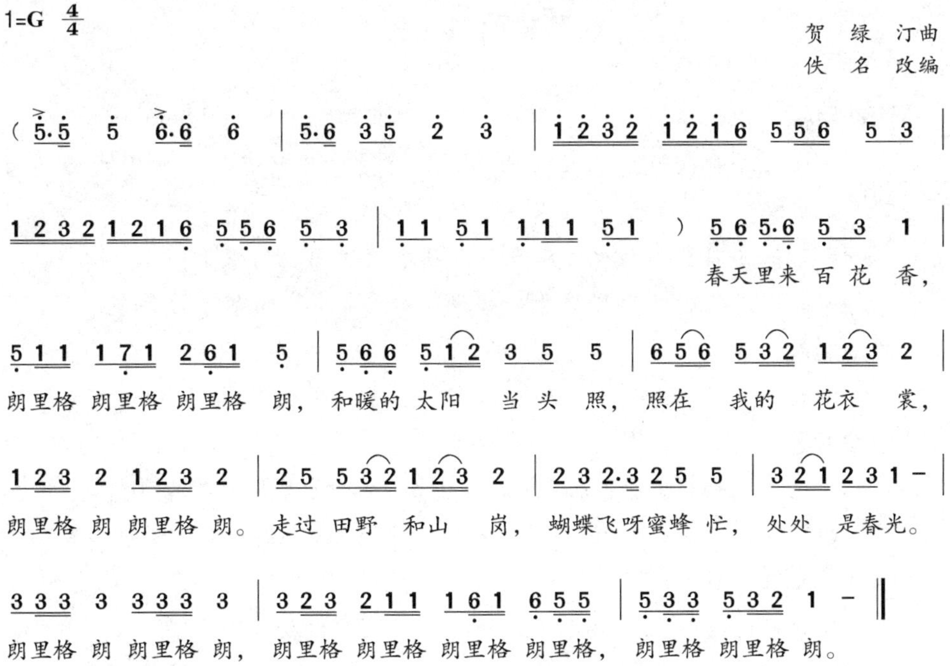

逐层递加的模式将歌曲中的歌词、节奏、曲调、主副歌、声部等内容进行分解，作为节奏活动、语言活动、韵律活动等材料进行单独操作，再过渡到整体学习。这种方式有利于将重难点化整为零，便于幼儿学习与记忆。该模式要求教师对歌曲进行深入分析，适用于那些在歌词、节奏、曲调等方面富有特色的歌曲。

五、生活化歌唱（说唱）模式

生活化歌唱（说唱）模式重在鼓励幼儿运用歌唱或者说唱的方式表达生活经历与情感体验。

（一）基本程序

该模式的基本程序为：教师在特别创设的生活化情景中，引导幼儿回忆某一生活经验，并引导幼儿大胆用语言表达自己的感受，配上幼儿熟悉的某首歌曲的旋律，进行即兴的说唱活演唱。教师在此过程中予以适当的启发、引导与调整，逐步完善与提高歌曲的艺术性与幼儿的歌唱能力。

（二）活动案例

水果总动员（中班）

活动目标

·学习并尝试用自己喜欢的水果，通过“你问我答”的形式随乐有节奏地说唱。

·尝试演唱自己创编说唱歌曲，体验说说唱唱的快乐。

·能认真倾听歌曲与节奏，寻找规律，养成良好的学习品质。

活动准备

·物质准备：图谱、各种水果、小皇冠、音乐等。

活动指导

1. 以谈话的形式引导幼儿回忆自己喜欢各种水果，激发活动的兴趣。

（1）教师：夏天到啦，许多美味的水果聚集在一起，准备开展一次水果总动员。说说你最喜欢的水果。

（2）教师逐一出示幼儿所说的各种水果，摆放好。

2. 教师以游戏的口吻，引导幼儿欣赏范唱，熟悉旋律，理解歌曲中“唱”的部分。

（1）教师：歌曲里数字的顺序有什么规律?

（2）鼓励幼儿说出自己喜欢的一种水果，并说出推荐理由，尝试编到歌曲中唱一唱。

3. 玩听辨游戏“寻找水果王后”，并尝试用“你问我答”的游戏形式有节奏地“说”。

（1）引导幼儿倾听稳定的节奏型。

（2）向幼儿介绍教师是如何找出水果王后的，启发幼儿认真倾听稳定的节奏型，找到一个变化后不同的节奏型。

（3）引导幼儿认真倾听音乐，学会“找不同”，鼓励幼儿大胆地用“你问我答”的游戏形式有节奏地“说”。

教师：水果王后的节奏跟别人的都不一样，它就藏在里面，小朋友要仔细听才能找出来。

4. 游戏升级，引导幼儿根据教师声势的变化，找出不同节奏相应的水果，并用“你问我答”的形式有节奏地说。

（1）引导幼儿认真倾听，找出不同节奏的水果。

（2）鼓励幼儿随乐进行“你问我答”的游戏。

5. 感受完整说唱的音乐，鼓励幼儿将选出的水果王后编到歌曲中，体验说唱的快乐。

（1）启发幼儿将找出的水果王后编入歌曲中，和教师一同说说唱唱。师幼边看图谱，边尝试完整说唱。

（2）听音乐完整说唱。

6. 邀请配班老师通过拍手、跺脚等声势与幼儿互动，鼓励幼儿大胆表现。

（1）指导配班老师看教师的指挥与幼儿互动，激发幼儿再次说唱的热情。

说唱：拍拍手、× × ×，跺跺脚、× × ×，拍拍手、× × ×，跺跺脚、× × ×。你就是 NO. 1，大家都是 NO. 1。

（2）鼓励幼儿和配班老师根据手势提示进行互动，活动自然结束。

活动建议

· 鼓励幼儿将自己喜爱的水果编到歌曲中说说唱唱，除了水果，还可以将自己平常喜欢的人或事编到歌曲中，体验说说、唱唱、玩玩的乐趣。

（本活动由福建省幼儿师范高等专科学校附属第二幼儿园游万玲设计执教）

活动资料

水果总动员

1=F $\frac{4}{4}$　　游万玲　改编

One，two，three，go!

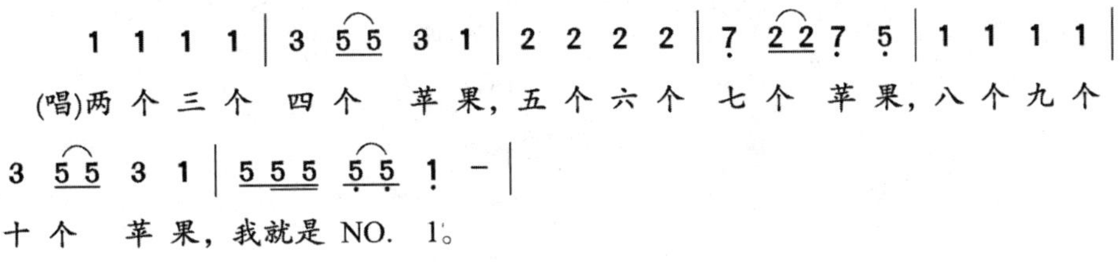

XX X XX X | XX XX XX X | XX XX XX X |

(问) 小朋 友，我问 你，好吃 水果 这么 多，哪个 才是 NO. 1?

XX XX XX X | XX XX XX X |

(答)老师 老师 我知 道，苹果 才是 NO. 1，

XX X XX X | XX X XX X |

(互动)拍拍 手，×× × 跺跺 脚，×××

5 55 55 | 1 - - - | 55 55 55 | 1 - - - ‖

(唱)你 就是 NO. 1， 大家 就是 NO. 1。

5 55 55 | 1 - - - | 55 55 55 | 1 - - - ‖

(唱)你 就是 NO. 1， 大家 就是 NO. 1。

《水果总动员》图谱

生活化说唱活动有利于幼儿用歌声表达自己的生活经历与思想感情，有助于幼儿创造性歌唱能力的发展。该模式要求幼儿积累相关的生活经验，并有一定的歌曲创编能力。同时，本模式对说唱歌曲的原型也有较高的要求，幼儿必须比较熟悉说唱歌曲的原型，且歌曲必须适合说唱、节奏简单，其音域、速度必须适合幼儿的实际能力等。

六、创造性歌唱模式

歌声是蕴藏于幼儿心灵的一种内在语言。歌唱是幼儿用来表达感情、表征对世界认识的一种工具，歌唱活动也是幼儿自主、创造性地抒发情感、表达心声的过程。创造性的歌唱活动就是要努力创设让幼儿敢唱、想唱、有机会唱并积极应答的歌唱环境，让幼儿在自主、创造性的歌唱过程中自由创编歌曲，相互交流情感，大胆抒发心声，不断提高创造性歌唱的兴趣与能力。

（一）基本程序

在创造性歌唱活动中，教师应重点引导幼儿迁移歌唱经验与生活体验，尝试通过自主创编或续编歌词、边唱边即兴表演动作、自主编创词曲等各种形式，创造性地表达自己的生活经验与思想感情，凸显创造性歌唱活动中自主与快乐的情感体验。同时，教师应充分考虑到幼儿的歌唱能力，提供积极有效的支持，鼓励幼儿愿意唱、喜欢唱、敢于大胆张嘴唱。

1. 通过图片、图谱、故事、情境等方式，引发幼儿的音乐经验与生活体验，激发幼儿歌唱的愿望。

2. 通过教师示范、同伴引领等方式，帮助幼儿掌握自主创编歌曲的形式与基本方法。

3. 创设情境，引导幼儿自主、创造性地进行歌唱。

4. 通过分享、交流，引导幼儿对自己的创造性歌唱活动进行反思与提升。

（二）活动案例

你看我呀像什么（小班）

活动目标

· 能认真观察教师与同伴的动作并猜出正确的动物形象，尝试创编到歌曲中。

·养成认真观察以及与同伴互动的能力，体验边创造边歌唱的乐趣。

活动准备

·经验准备：幼儿事先已熟悉本歌曲的旋律，对各种动物的常见动作已经有一定的经验基础。

·物质准备：常见的动物图片若干，音乐《你看我呀像什么》，播放器。

活动指导

1. 教师播放音乐伴奏，随乐边唱边做小猴的动作，引导幼儿观察。

2. 幼儿猜出答案，教师引导幼儿配上旋律演唱：像只猴子。

3. 教师继续边唱边表演另一小动物的动作，幼儿欣赏、观察，并尝试演唱出答案。

4. 请幼儿自由创编各自想表现的小动物，并初步合乐演唱。

5. 请个别幼儿边唱边表演，其他幼儿猜、回答。

6. 教师播放音乐伴奏，幼儿两两合作，一个做一个猜。

7. 幼儿交换角色游戏。

活动建议

·教师可以把幼儿常见动物的图片贴在墙面上，引导幼儿自主编唱。

（本活动由程英设计）

活动资料

你看我呀像什么

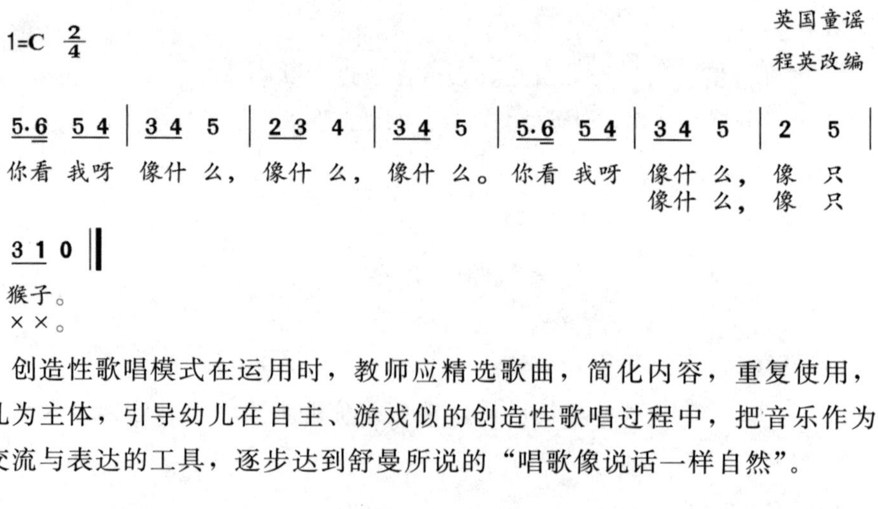

创造性歌唱模式在运用时，教师应精选歌曲，简化内容，重复使用，以幼儿为主体，引导幼儿在自主、游戏似的创造性歌唱过程中，把音乐作为一种交流与表达的工具，逐步达到舒曼所说的“唱歌像说话一样自然”。

第四节 幼儿园歌唱活动的指导要点与障碍消解

一、幼儿园歌唱活动的指导要点

（一）作好活动前的各项准备工作

1. 物质材料的准备。歌唱活动的物质材料主要包括：有助于幼儿理解与记忆歌词、节奏等内容的图谱以及其他各类教具等；幼儿表现歌曲或游戏所用的各类玩具、操作材料等；伴奏的乐器、音像材料及播放器材等教学用具。

2. 必要的经验准备。歌唱活动前，教师可以根据需要，事先丰富幼儿有关歌曲主题的知识经验；根据需要事先教会个别幼儿演唱歌曲；熟悉歌曲的曲调或主要的节奏型等。

3. 环境创设。创设与歌曲意境相匹配的环境，合理有效地利用家庭与社区资源等。

（二）循序渐进地发展幼儿的歌唱能力

幼儿歌唱能力的发展应渗透在歌唱活动的全过程，无论教师采用哪一种组织模式、无论是新歌学习还是复习歌曲，教师都应以幼儿能够喜爱与接受的方式，全面地、循序渐进地促进幼儿歌唱能力的发展，使幼儿能够正确地、舒适地、有感情地歌唱。

教师在任何一次歌唱活动中都应逐步培养幼儿用自然、动听的歌声歌唱的能力与习惯。这主要包括以下几方面的要求。

1. 养成幼儿正确的歌唱姿势。教师应注意幼儿舒服与挺拔的歌唱姿势的养成。歌唱活动比较适宜的站姿是：两脚分开、左脚稍前，右脚在后，两脚跟距离约五厘米。这样容易站得稳且有挺拔感，又有利于用气。不要立正，或两脚尖并拢，否则不易站稳，又显僵硬。幼儿一般都是两脚平分与肩同宽开站，这种站法左右虽稳，但前后不稳，没有挺拔感且不利于气息的运用。无论站还是坐，整个身体都要挺拔不要松垮。两肩平展放松，并带动后背、胸以及两臂一起放松，而脖子在随之放松的同时应直立，头部摆正，这样才能保持气息顺畅。

幼儿的这些姿势养成的关键在于教师正确的示范与指导，教师不要提太多的语言要求，重在自己的榜样作用，并随机引导幼儿体会并形成这一习惯。

2. 培养幼儿正确的发音位置与发音方法。教师应培养幼儿尽量用“头声”歌唱，避免追求歌唱的音量，要引导幼儿尽可能用弱声与优美的声音歌唱，追求优美的音质。教师应引导幼儿自然地轻声歌唱，下巴放松，嘴巴自然打开；使幼儿安静、柔和地歌唱，不大声喊叫与过分轻声，尽量保持“头面部共鸣”与“向前唱”的发音。

教师可以通过练声活动来帮助幼儿领会头声发声，下行音阶是值得提倡的练习法，即从各年龄段适宜的最高音一直下行使用到C1，这是十分安全的练声方式。幼儿比较适宜的练声曲目一般为短小的问答歌，如下面这首问答歌：

1=C-F $\frac{2}{4}$

1 2 3 4 | 5 - | 5 4 3 2 | 1 - ‖

师：小 朋 友 们 好。 幼：老 师 您 好。
师：我 吹 小 喇 叭。 幼：滴 滴 滴 滴 哒。

需要强调的是，童声训练的首要目标是获得干净、柔和的声音，而不是追求演唱的音量和力度。著名的幼儿歌唱发声法权威哈蒂警告说，一般幼儿在他们未受到相当好的训练之前，绝不允许他们大声歌唱，否则美好的音质就会消失。教师在培养幼儿正确发声过程中的榜样作用十分重要，教师也要养成正确的发声方法，避免声嘶力竭地大声喊叫。

3. 培养幼儿良好的音准感。

音准是幼儿学习歌唱的难点，但科学的培养能有效增强幼儿的音准感。

首先，清晰、准确的听觉表象是形成与培养音准感的重要前提。因此，教师不要急于让幼儿马上跟着教师演唱，应积极创设情境，引导幼儿反复专注地倾听正确、优美的歌唱后，再进行跟唱。

其次，可以通过“回声歌”的方法训练幼儿的音准。“回声歌”即教师演唱一句或一小段歌曲，幼儿用较弱的声音回应。

再次，教师应认真倾听幼儿的演唱，及时发现幼儿发音错误的地方并予以及时的纠正。

此外，在幼儿已经较熟练演唱歌曲的基础上，教师有时可以采取无伴奏演唱的方法组织幼儿复习，减少幼儿对琴声伴奏的依赖，培养幼儿内在的旋律感与音准感。

（四）帮助幼儿正确理解与记忆歌词

歌词是歌曲的重要组成部分，教师应采取各种策略帮助幼儿理解与记忆歌词，从而达到正确的歌唱。

由于幼儿缺乏文字阅读能力，因此，理解与记忆歌词的常见方式是图谱法、图片法、游戏法等。

（五）循序渐进地发展幼儿创造性的歌唱能力

歌唱活动的最终目的不仅仅是为了学会几首歌曲，更重要的是为了幼儿能够学习运用歌声自主、生动地表达自己的情感与思想感情，充分体验歌唱活动的乐趣，使音乐成为幼儿生活中不可或缺的重要内容。

因此，在幼儿歌唱活动中，教师应重视幼儿想象力与创造性的培养。幼儿创造性歌唱活动的方式主要有以下几种。

1. 为歌曲增编歌词。引导幼儿为学过的歌曲增编歌词是一种十分常见并深受幼儿喜爱的一种创造性歌唱活动。此类歌曲一般比较简单且多重复，歌词内容大多是幼儿熟悉与理解的事物，易于记忆与替换。所替换与改变的分量可随着幼儿年龄的增长逐步增加，歌词的表现可由具体的形象性向较为抽象的情感性表现过渡。如《我爱我的小动物》这首歌曲，幼儿很容易联想到小狗、小猫、小鸭、小鸡等各种小动物，幼儿在教师的启发下也能很好地编出新的歌词。类似的歌曲还有《小朋友想一想》《秋天》《勤劳人和懒惰人》《颠倒歌》等。

2. 为歌曲创编动作。这也是十分常见的创造性歌唱活动。那些具体形象、动作性强的歌曲都能巧妙地引发幼儿的联想与想象，并为歌曲编出生动、形象的动作。如《小手拍拍》《小鸭小鸡》等歌曲形象鲜明、动作性强地歌曲，歌词对动作具有很强的提示性，幼儿能够根据个人的想象与理解，创造性地为歌曲创编动作。

3. 创编丰富的演唱形式。对于同一首歌，不同的演唱形式能获得不同的歌唱体验，表现不同的演唱效果。引导幼儿为同一首歌创编不同的演唱形式，可以增强幼儿对歌曲的理解，培养幼儿的发散思维能力以及创造性表现能力，提高幼儿的歌唱表现力。教师宜选择那些内涵丰富、适合变换多种演唱方式的歌曲，启发、引导幼儿创造性地进行创编。

4. 创编曲调或即兴歌唱。教师可以引导幼儿改变熟悉歌曲的节奏、节拍，或者创设、回忆一定的情境，引导幼儿用熟悉的歌曲旋律或者即兴创编旋律，唱出自己想到或者看到的事情，表达自己的所思所想以及思想感情。

二、幼儿园歌唱活动的教学障碍与消解

在幼儿歌唱活动中，常常发生以下一些问题，阻碍幼儿歌唱能力的发展，教师应采取有效的策略予以消解。

（一）障碍1：幼儿歌唱嗓音沙哑，声音质量整体偏差

典型案例：目前不少幼儿和教师平时唱歌大喊大叫，声音嘶哑，声音质量差，声带水肿普遍，甚至出现部分的声带小结。

诊断分析：造成上述问题的原因是多方面的，而教师的嗓音保护意识不足以及发音方法不当等是其中很重要的原因。教师的发音方式是幼儿模仿的榜样。不少教师尽管音乐素质不错，但平时说话、唱歌的发音方法不当，喜欢大声喊叫，有的声带闭合不紧，这不仅影响歌唱时的审美效果，也潜移默化地让幼儿习得错误的发声方式。

消解策略：在日常教育过程中，教师应通过自己的正确示范为幼儿提供正确的共鸣位置和美好自然声音的良好榜样。正确的发声与共鸣位置首先应是头面部共鸣和向前唱，这既能有效保护教师自己的嗓音，也是使幼儿获得童声清澈明亮音色的最自然的方法，更是使幼儿避免将声音压在喉咙里或压在胸腔里最自然的防范措施。其次是轻声入手和有控制地进行情感表达。不少教师自己唱歌时大声喊叫，还要求幼儿也要唱大声，结果搞得一个原来很不错的歌唱活动噪音一片，影响教师和幼儿的身心健康。所以，轻声是幼儿歌唱的入门要决，教师和幼儿应通过不断的练习养成这种发音习惯。此外，教师讲解的发音方式以及提供的琴声伴奏也应尽量保持轻声高位的标准。

（二）障碍2：幼儿的歌唱水平没有得到循序渐进的提高

典型案例：走进幼儿园歌唱活动现场，常常发现教师所要教的歌曲是幼儿十分熟悉的，有的幼儿已经初步会唱。但教师辛辛苦苦地开展一次集中教学活动后，不少幼儿不会唱的地方还是唱不好，原先唱错的地方还是不断错误。如在学唱卡通片《机器猫》中的主题曲《哆啦A梦》时，教师一开始唱，幼儿马上就兴致勃勃地跟唱，结果，幼儿在“还要编个都是漫画、巧克力和玩具的家”等地方自始至终都是唱错了。又如，幼儿在演唱《打电话》时，第二段的“喂喂喂”幼儿始终唱成第一段的“哎哎哎”等。

诊断分析：究其原因，与不少教师刚开始范唱就允许或者鼓励幼儿马上

跟唱不无关系。幼儿在开始歌唱之前，头脑缺乏正确范唱的清晰表象。

消解策略：教师应保证幼儿演唱前安静地反复倾听数遍清晰、自然而富有感情的范唱，不要急于做动作或者马上模仿、跟唱。同时，教师还应注意认真倾听幼儿的演唱，一旦发现问题应及时采取策略阻断并纠正幼儿的错误，不要等幼儿的错误基本定型后再予以纠正。

（三）障碍3：幼儿的音乐记忆能力不断下降

典型案例：在歌唱活动中常常有这样情况，幼儿听着琴声、看着图谱，好像都会唱了。活动结束不久，幼儿似乎已经基本忘记所学的歌曲，让他们单独唱，没有几个幼儿能唱出一首完整的歌曲。

诊断分析：教师在歌唱活动中，常常满足于不断地教新歌，较少巩固、复习学过的内容。

消解策略：教师不要急于教唱新歌，应及时开展各种巩固与复习活动；同时，提倡老歌新唱，经常启发、鼓励幼儿运用学过的歌曲旋律创编新的歌词，进行自主演唱；教师还可把歌曲的图谱贴在活动区，让幼儿在自由活动时间反复看、唱，此后，应逐步减少幼儿对图谱的依赖，等幼儿初步会唱以后，逐步撤走一些图谱，最后可让幼儿凭记忆表象歌唱等等，以培养幼儿的音乐记忆力。

第四章　幼儿园韵律活动的设计与指导

韵律活动是指伴随音乐进行的并与音乐相协调的有节奏的身体动作。节奏是音乐的骨骼与灵魂，对音乐节奏的感受与表现是幼儿园音乐教育的重要内容。在音乐活动中，音乐与身体动作常常是不可分离的，随音乐进行的身体动作是幼儿体验与表达情感的最自然的方式之一。韵律活动能有效地培养幼儿身体运动的能力，发展幼儿借助身体动作感受和表现音乐的能力，提高幼儿的动作协调能力等。韵律活动还能培养幼儿的身体探究能力及对音乐的探究能力，以及幼儿的想象、联想与创造性表达能力。

幼儿园韵律活动主要包括律动、舞蹈等，其主要目的在于发展幼儿身体动作的节奏感与协调性，培养幼儿随乐动作能力以及创造性地运用身体动作表现生活经验与个人情感的能力等。具体来讲，不同的内容，其价值追求的侧重点有所不同，如：律动的教育价值主要体现在帮助幼儿能运用身体动作与音乐相呼应以及发展身体动作的协调性、反应力等方面；创造性韵律活动的教育价值主要体现在引导幼儿大胆、创造性地运用身体表现生活中的各种形象以及自己对音乐的理解与想象；集体舞的教育价值侧重于能在集体中找到自己的正确位置，会正确处理自己与同伴的关系，学习合理运用身体动作、表情、眼神等与同伴交流情感等方面。

幼儿园韵律活动的实施目标具体体现在以下几方面。

情感、态度发展目标。包括幼儿乐于参与韵律活动，喜欢用身体动作探索音乐，喜欢随乐律动；能够体验并享受参与节奏活动、律动、舞蹈以及音乐游戏的快乐；能够体验并积极追求运用身体动作大胆模仿生活、表达自己情感体验的快乐；能够体验并积极追求与同伴共同表演、合作表演的快乐。

知识技能与能力发展目标。包括幼儿能够感受与理解韵律动作所表达的内容与情感，并认真地学习与再现；初步积累一些生活经验以及简单的动作语汇，初步掌握用自己身体表现周围生活中常见的动植物、游戏动作等的动作表现方法与创编能力；能注意自己的动作协调性，注意体态以及身体的姿势美；能恰当运用道具辅助动作表现等。

学习品质培养目标。包括幼儿愿意主动积极地参与韵律活动；养成认真倾听音乐、认真观察教师示范与同伴表演的学习习惯；愿意主动、创造性地运用身体动作表达自己对音乐作品的理解、联想与想象以及情感体验等；初步养成与同伴共享活动空间的习惯与能力，学习与同伴交往、合作，并运用身体动作、表情、眼神与同伴交流的习惯与能力。

第一节　幼儿随乐运动能力的发展特点

一、身体动作能力

研究表明，幼儿随意的身体动作发展有一定的顺序：先发展躯干、四肢的大动作，再发展手部、脚部以及关节等部的精细动作；先发展非移位动作，再发展移位动作；先发展单纯动作，再发展联合动作。

3岁前的幼儿，其身体动作经历了未分化的不随意动作阶段，逐步进入了初步分化的随意动作阶段。

3岁的幼儿，大多数已经掌握了拍手、点头或摇头、摇动手臂、用手指身体部位、小幅度且慢速度地运动躯干等简单的非移位动作，能比较自如地走路。在良好的教育影响下，幼儿能逐步学会更自如地运用手、臂、躯干来做各种单纯动作，学习一些简单的联合动作，如边拍手边点头、边拍手边摇动身体等。到了3岁末期，幼儿已能较自由地做些单纯的连续移动动作，如走路、小碎步走跑、小跑步等，并出现了上下肢联合的简单复合动作，如边走路边吹号、边小碎步走跑边学鱼游等。

4～6岁的幼儿，动作获得较大的发展。幼儿可以做较精细的手部、脚部动作，可以较随心所欲地根据需要变化上下肢和躯干的动作幅度和速度，可以做比较复杂且更加协调的联合动作，可以学会较复杂的连续移动动作，如垫步、华尔兹步、进退步、弹簧步、秧歌十字步等。到了6岁末期，部分幼儿尤其是女孩，还会主动追求姿态和动作美。

二、随乐运动能力

随乐运动能力是指在韵律活动过程中使动作与音乐协调一致的能力。幼儿在这方面的发展有一个较为缓慢的发展过程。

3岁以前的幼儿，已产生初步的随乐意识，在听到喜欢或者熟悉的音乐时，常会自发地跟着音乐踏脚、扭胯或挥动手臂等，他们喜欢跟着熟悉的成人边哼唱边做一些简单的游戏性的动作。

3岁的幼儿虽已产生初步的随乐意识，但尚未形成将自己的动作与音乐一致起来的明确愿望。在良好的教育影响下，幼儿首先注意到音乐的节奏，并努力使自己的动作逐步与音乐的节奏相一致，逐步学会跟随音乐节奏做动作。他们还能学会对音乐的总体结构做出反应，如耐心等待前奏、整齐地随音乐的开始或结束做动作等。到了3岁末期，部分幼儿能对音乐的段落、句子做出反应，如乐段改变时及时变化动作、按音乐的乐句逐句做动作等。

4～6岁的幼儿，随乐运动能力有了明显的提高。他们在做动作时开始主动关注音乐的节奏变化，能较敏锐地用动作反应音乐的速度、力度等变化，逐步自如地随音乐的轻、重、快、慢等变化调节自己的动作，并对音乐的结构做较细致的反应，如用动作反映乐段与乐句的开始与结束、乐段或者乐句之间的重复变化等。

三、合作协调能力

韵律活动中的合作协调是指运用动作与他人配合、沟通、共享活动空间等。

3岁前的幼儿在韵律活动中的合作协调能力只是一颗尚未发芽的种子。3岁幼儿进入幼儿园后，在良好的教育影响下，幼儿能很快学会“找个伙伴一起跳舞”，他们逐步学会运用表情与体态，邀请或说服同伴一起跳舞，并能初步学会在移动中不与人相撞。3岁末期，幼儿能学会两人甚至更多人合作表演，如表演许多小蚂蚁一起搬豆、扶老爷爷走路、猫捉老鼠等。

4～6岁的幼儿，可以获得更多合作表演的机会，幼儿的合作协调意识更加明确，合作协调技能也更加熟练、复杂。如幼儿能迅速找到共舞的伙伴，接纳没有舞伴的伙伴，学会小组合作创编表演动作，进行集体动作合作造型等。幼儿能在很多小组共同活动时，顾及与同伴共享空间，顾及小组与小组之间的空间和谐等。

四、创造性表现能力

韵律活动中的创造性表现是指幼儿运用身体动作创造性地表现自己的生活经验和思想情感的活动。

3 岁前的幼儿已有一些运用动作进行表达交流的经验，但尚未形成用动作进行创造性艺术表达的意识。

3 岁的幼儿初步获得了用身体动作进行创造性艺术表达的积极体验，开始主动追求创造性动作表达的机会。到了 3 岁末期，幼儿已经能学会用自己想出的动作表现自己的日常活动以及熟悉的动植物、玩具、用品、交通工具等，并创造性地运用动作表现自己对音乐的联想与想象等，如听到高音区演奏的跳跃音乐就主动地表现小兔跳，听到低音区演奏的缓慢的音乐就用身体动作表现大象、笨熊等，听到进行曲音乐就学解放军走路，听到缓慢轻柔的摇篮曲音乐就学妈妈摇着宝宝等。

4～6 岁的幼儿，在良好的教育影响下，不仅获得更多的创造性表现的经验，还可能使用较丰富的动作语汇以及较为复杂的表现方式，动作表现的积极性及其表现能力越来越强。如同样是鸟飞，他们可以用动作区分是鸟儿在晴朗的天空飞翔还是在暴风雨中飞翔；他们创编的巫婆与魔术师，有的是优雅的，有的是可怕的，有的是魔法无边的……

第二节　幼儿园韵律活动内容及其材料的选择

幼儿园音乐教育实践表明，伴随音乐进行的有节奏的身体动作，不仅是幼儿学习舞蹈、学习音乐最自然的方式，同时也是幼儿体验和表达情感的最自然方式之一。幼儿园韵律活动主要包括律动、舞蹈、音乐游戏等方面内容。

一、幼儿园韵律活动的主要内容

（一）律动

律动是指运用身体随音乐进行的有节奏的模仿动作。模仿动作则是表现特定事物的外在形态和运动状况时所用的身体动作。

一般，幼儿常见的模仿动作主要包括以下方面的内容。

1. 动物的动作，如兔跳、鸟飞、鱼游、大象走、猴子爬树等。

2. 日常生活以及游戏的动作，如走路、跑步、拍球、坐跷跷板、刷牙、洗脸、包饺子等。

3. 成人的劳动，如摘果子、采茶、种植、纺织、开飞机、解放军操练等。

4. 自然界的现象，如风吹、树摇、花开、植物生长、下雨、水波荡漾等。

（二）舞蹈

幼儿舞蹈主要由基本舞步、简单的上肢动作以及队形变化等部分组成。幼儿舞蹈常见的基本舞步主要有小碎步、小跑步、跑跳步、踏跳步、垫步、华尔兹步、进退步、秧歌十字步等。幼儿舞蹈常见的上肢动作主要有两臂摆动与划圈，手腕转动与压、拧、提等。幼儿舞蹈常见的队形变化有圆形、半圆形、八字形、竖排、横排、斜排等。

1. 幼儿舞蹈的分类。

根据幼儿舞蹈活动的不同价值取向，可将其舞蹈分成以下几类。

(1) 自娱型（娱己）：该类舞蹈比较注重幼儿对音乐自主、自由与个性化的身体动作表现，幼儿的舞蹈动作表现即兴性强，富有创造性，结构化程度较低。在自娱型舞蹈活动中，幼儿十分兴趣，但容易兴奋过度导致疲劳或者纪律失控。该类舞蹈以满足幼儿运用身体动作自由探索音乐的需要以及创造性表现为主要价值。

(2) 技艺型（娱人）：该类舞蹈比较注重舞蹈的表现技艺，追求整个舞蹈设计的完美艺术感以及幼儿在舞蹈中的体态美与表现力。在技艺型舞蹈活动中，幼儿的学习任务较重，结构化程度较高。该类舞蹈以满足人们对舞蹈美的追求以及通过舞蹈活动塑造形体、提高舞蹈表现技巧为主要价值。幼儿园节日演出活动中较常开展此类舞蹈活动。

(3) 交际型（集体舞）：该类舞蹈重在追求幼儿在舞蹈活动过程中的人际交往与情感交流，以及舞蹈活动中幼儿空间概念培养的价值。为了实现上述教育价值，教师应尽量降低动作难度，尽量创设多种机会，引导幼儿运用体态、动作、表情与舞伴交流，获得人际交流的快乐。

2. 幼儿园集体舞的常见类型。

(1) 邀请舞：请几名幼儿担任邀请者，站在圆圈当中；其他幼儿担任被邀请者，拉成一个圆圈或自由散坐在四周。音乐开始时，邀请者边听音乐边做有关动作四处寻找被邀请者，当音乐到某一特别处时，邀请者开始做邀请动作，与被邀请者进行身体、眼神等交流。之后，二者互换位置，或者被邀请者搭上邀请的队伍，舞蹈继续进行。幼儿园常见的邀请舞有《找朋友》《开火车》《蓝鸟》《猜拳游戏舞》等。

找　朋　友

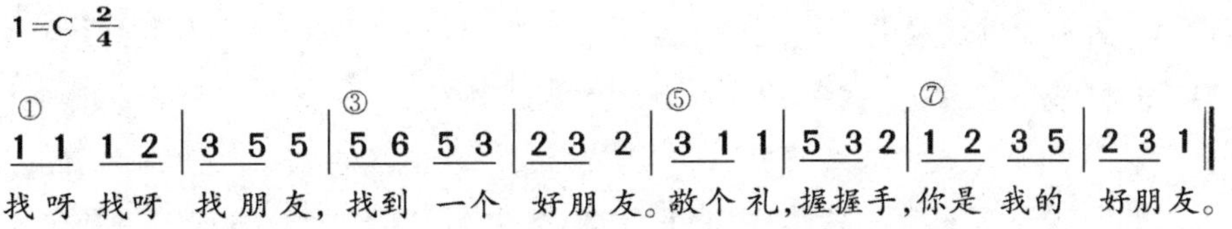

动作建议：全体幼儿坐成半圆形，请 2～3 个幼儿做邀请者。①～②小节，邀请者边唱边拍手踏步走到所要邀请的幼儿面前。③～④小节，邀请者向被邀请者做邀请动作，左右各一次，被邀请者同时站起。⑤～⑥小节，两人随歌曲相互敬礼、握手。⑦～⑧小节，两人手拉手互换位置，邀请者坐在被邀请者的座位上，被邀请者成为邀请者，游戏继续进行。

（2）双人舞：幼儿两两结对，两人手牵手结成舞伴，跟随音乐做动作。

和快乐在一起

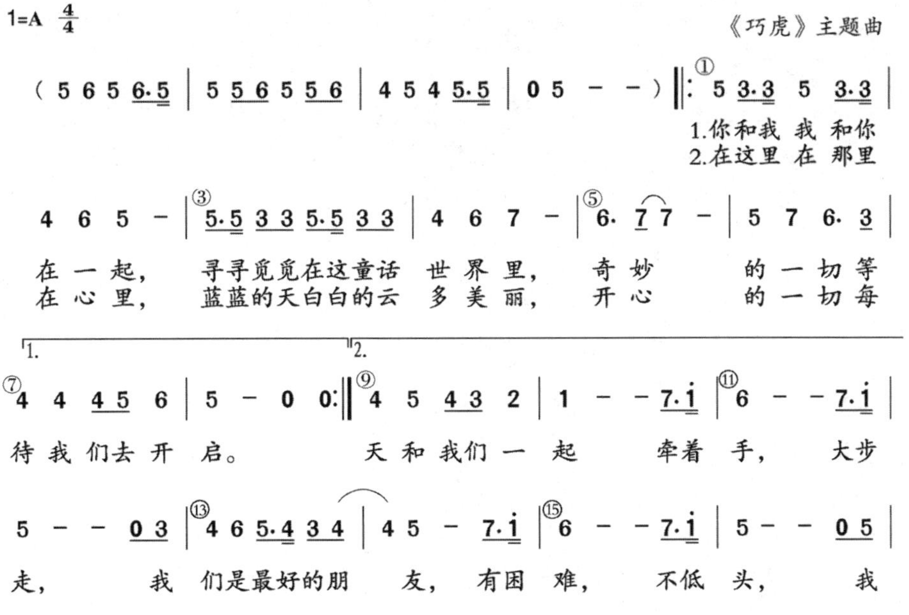

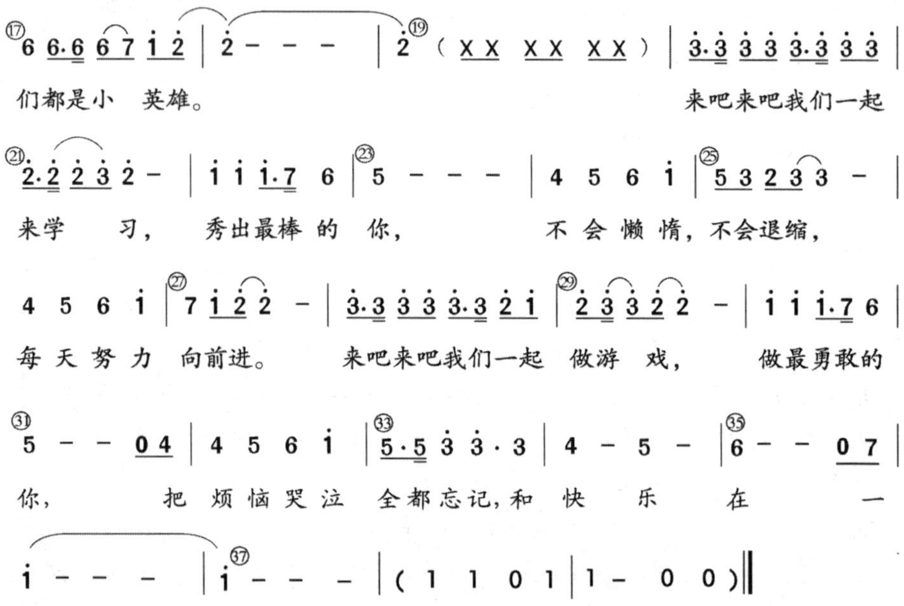

动作建议：

前奏：两名幼儿手牵手随音乐节奏踏步；

①～②小节：左右手分别做邀请状后叉腰一次；

③～④小节：动作同①～②小节；

⑤～⑥小节：左手扩指从胸前往下打开后停在左脸旁，右手同样动作一次；

⑦～⑧小节：双手在头顶上方交叉后双手打开同时摇晃手掌；

⑨～⑩小节：动作同⑦～⑧小节；

⑪～⑭小节：两名幼儿手牵手踏步两小节后做拥抱状；

⑮～⑲小节：动作同⑪～⑭小节；

⑳～㉑小节：双手举高分别向左右两边做招手状四次；

㉒～㉓小节：左右手先后伸出做大拇指称赞状；

㉔～㉕小节：踏步；

㉖～㉗小节：右手叉腰，左手想右上方伸直做前进状；

㉘～㉛小节：动作同⑳～㉓小节；

㉜～㉝小节：踏步；

㉞～㊲小节：两名幼儿做拥抱状。

（3）双排舞：幼儿面对面站两排，随音乐进行舞蹈、队形变化与交流。如大班舞蹈《墨西哥草帽舞》，就可以双排舞的方式进行舞蹈。

墨西哥草帽舞

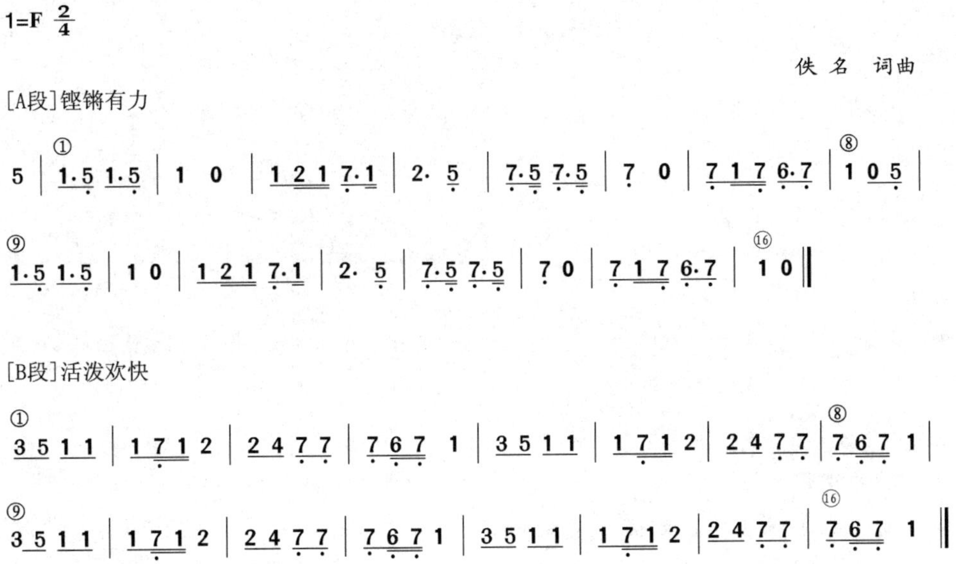

动作建议：

①预备队型：男女孩分左右两列对面而站。

②两步一跺动作要领：左脚起步，左右脚轮流走，四拍走两步，第三拍脚跟跺地发出声响，第四拍保持舞姿。

A 段动作

①～⑧小节：男孩左手叉腰，右手抓握草帽放在左肩，做两步一点，进两次退两次；女孩双手提裙，随音乐节奏同时向前向后摆动，双脚原地提踵。

⑨～⑯小节：男孩手动作不变，脚随音乐节奏做原地提踵；女孩双手提裙在体侧不动，脚做两步一点，进两次退两次。

B 段动作

①～⑯小节：男孩左手叉腰，右手在每个乐句的前两小节（即第①～②、⑤～⑥、⑨～⑩、⑬～⑭小节）抓握草帽上举抖动，在其余小节则轻轻将帽子盖在头上，脚随音乐节奏原地提踵；女孩双手提裙在体侧不动，右脚起步走步，第一句走到男孩右侧，第二句走到男孩后面，第三句走到男孩左侧，第四句走到前一个男孩面前，完成交换舞伴。

（4）圈舞：幼儿可围成单圈或者双圈进行舞蹈。如可以用《宾果》的音乐在大班开展快乐双圈舞。

快乐双圈舞

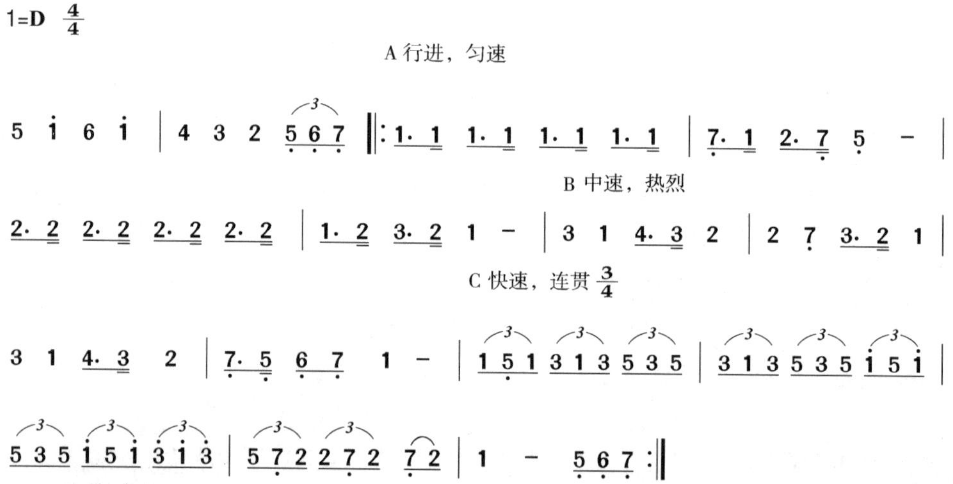

动作建议：

幼儿一一对应排成双圈，逆时针站好。

A段音乐：幼儿一对一手牵手随乐一拍一下向前走。第四小节的最后一拍时面对面站好。

B段音乐：幼儿一对一面对面站立，随乐有节奏自由做拍掌、拉面、牵手、等各种动作，第四小节的最后一拍时回到原位站好。

C段音乐：外圈幼儿每小节一次向前移动位置交换舞伴，里圈幼儿不动，等新朋友到时与新朋友握手、点头一下。

舞蹈重新开始。

二、韵律活动材料的选择

韵律活动的材料主要包括动作、音乐与道具，因此，在为幼儿选择韵律活动材料时应着重考虑以下三个方面。

（一）动作的选择

为幼儿选择韵律活动的动作，主要需要考虑的是幼儿的兴趣与能力。因此，应着重考虑动作的类别与难度。

1. 动作的类别。幼儿园韵律活动的动作主要有模仿动作、基本动作与舞蹈动作三类。

3～4 岁幼儿最感兴趣的是模仿动作，因此，在为该阶段幼儿选择韵律活动的动作时，应以该阶段幼儿熟悉与兴趣的模仿动作为主，如梳头洗脸、打鼓吹号、打枪开炮、各种动物的行走、交通工具的运转等。3～4 岁的幼儿对跟着音乐做熟悉的动作也较感兴趣，故而教师可多选择走路、拍手、点头、拉耳朵、用手指点等基本动作。3～4 岁幼儿的舞蹈动作宜选择一些简单的舞步配上幼儿熟悉的模仿动作，如小碎步开飞机、小碎步学小老鼠跑来跑去等。

4～6 岁幼儿对模仿动作仍然抱有浓厚的兴趣，只是该阶段幼儿模仿动作的主题与内容应有所扩展，如幼儿十分喜爱模仿与创编动画片卡通形象孙悟空、哪吒、花仙子、机器人等的动作。同时，为中大班幼儿选择韵律活动材料时，可以逐步增加舞蹈动作的内容，以满足幼儿发展的需要。

2. 动作的难度。为不同年龄幼儿的韵律活动选择动作的难度应依据幼儿身体动作的发展顺序以及动作能力的发展水平。

（二）音乐材料的选择

为幼儿园韵律活动选择的音乐材料，总体上应具有以下特点。

1. 节奏清晰、结构工整。韵律活动是一种有秩序、有节奏、有规则的活动，而节奏清晰、结构工整的音乐能激发幼儿进行韵律活动的愿望，也更适宜用动作来表现音乐。

2. 旋律优美、形象鲜明。除了少数特殊需要的舞蹈之外（如无旋律的节奏舞蹈），幼儿韵律活动的音乐应旋律优美、形象鲜明。因为旋律优美的音乐容易吸引幼儿，更易激发幼儿韵律活动的欲望，而形象鲜明的音乐能有利于幼儿用动作模仿与表现音乐形象。

3. 速度适宜。韵律活动的音乐速度不宜太快太慢，否则幼儿动作难以与音乐配合。尤其在小班，教师适宜以音乐伴奏主动配合幼儿的动作。在整个学前期，韵律活动的音乐应以中速为宜，待幼儿控制动作的能力增强后，才可适当选择稍快、稍慢以及速度逐渐变化的音乐。

4. 一曲多用或同一动作选择同性质的多首曲子。为了更好地发展幼儿听音乐表现动作的能力，发展幼儿的音乐感受能力以及应变能力，在韵律活动的音乐选择中，提倡“一曲多用”以及同一动作选择同性质的多首曲子。

（1）“一曲多用”，是指音乐的基本旋律不变，改变旋律的音区、速度、力度以及节奏等要素，使得音乐的整体情绪、性质发展改变，从而改变韵律活动的动作。如改变《苹果》这首歌曲的节奏与演奏力度，该韵律活动的内容就从摘苹果改变为抬苹果、休息等。

苹　果

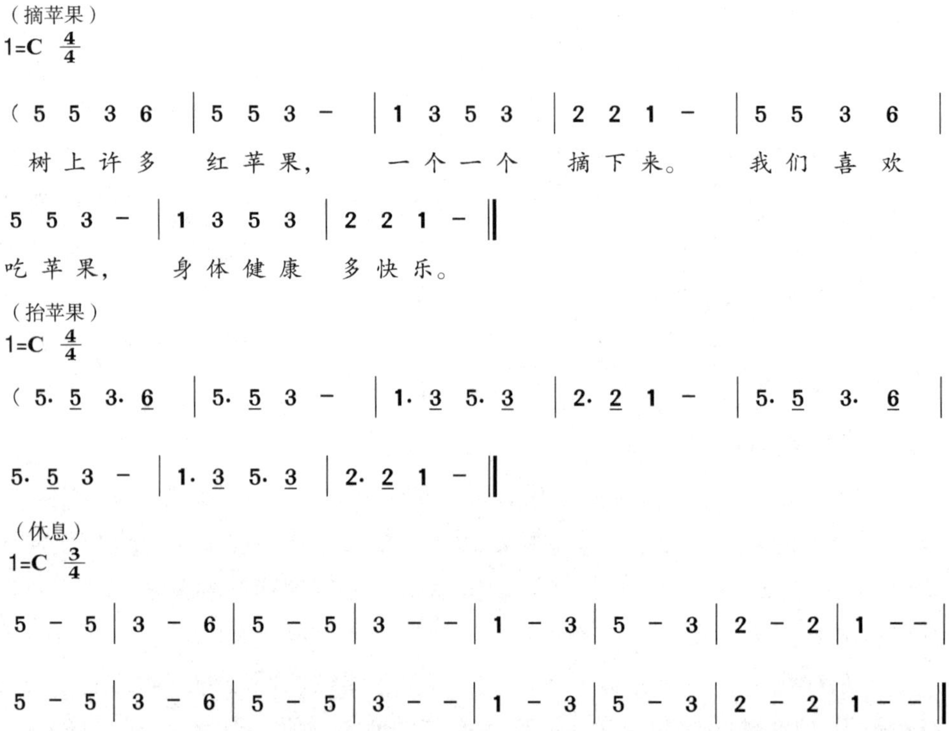

（2）同一动作选择同性质的多首曲子是指同样的动作不必固定配合某一特定的乐曲，而是选择多首曲子以发展幼儿的迁移能力。如同样是表现鸟飞的动作，教师可以任意选择几首抒情优美的音乐引导幼儿即兴演奏。

（三）道具的选择

在幼儿园韵律活动的过程中，大部分情况下并不使用道具。如若需要，选择使用的道具应具备以下的特点。

1. 能增加活动的趣味性，增强动作的表现力。所选的道具应比较新颖有趣。

2. 操作简便，不妨碍幼儿做动作，不应干扰幼儿的音乐表现，不会分散幼儿的注意力。道具不可太大、太重，使用应方便。

3. 道具不可过于粗制滥造，造型、色彩等方面应美观，增强幼儿的美感，引发和丰富幼儿对音乐、动作及其动作方向理解、联想与表现。

4. 安全卫生，经济实用。道具不应耗费太多的财力与精力，应尽量利用废旧材料制作，同时道具不应存在潜在的人身伤害的危险。

第三节　多模式、多样化韵律活动的设计与组织

一、生活化律动创编模式

幼儿在生活中积累了关于动植物、游戏、生活等各种题材的动作经验与生活体验，生活化律动创编模式就是引导幼儿迁移其生活经验与动作经验，随乐想象并借助于身体动作进行创造性的艺术表现。

（一）基本程序

1. 认真倾听音乐，感受音乐的旋律、节奏等并想象音乐所表现的主题。

2. 用各种方式引发幼儿的生活体验，并通过直观的方式（如图片、幻灯、录像等）再现生活经验，激发幼儿探索的愿望。

3. 幼儿自由探索用身体表现生活的方式，教师予以观察与引导。

4. 通过同伴间的观察、学习与评价，丰富幼儿的动作表现形式。

5. 通过教师示范（或者播放视频），幼儿欣赏、感受艺术美，提升动作表现的水平。

6. 幼儿大胆随乐进行创造性的表现。

（二）活动案例

天　鹅（大班）

活动目标

· 认真倾听音乐，体验音乐的旋律美，感受音乐的乐句。

· 感受天鹅的优雅，能借助天鹅的图片和传递游戏，尝试用肢体创造性地表现天鹅的各种造型。

· 在随乐即兴表现的各层次游戏中，体验即兴创编带来的乐趣。

活动准备

· 经验准备：幼儿已经到动物园参观过天鹅并拍下各种造型的照片；欣赏过有关天鹅的纪录片；听过《天鹅》的故事与音乐。

· 物质准备：不同姿态的天鹅图片；边长 1.5 米的方形纯色布单一块；音乐《天鹅》、播放器。

· 环境创设：将幼儿参观的照片以及网上收集到的天鹅的各种照片张贴在墙面上，供幼儿欣赏、模仿。

活动指导

1. 教师出示天鹅的图片，引发幼儿的记忆与经验。

教师：天鹅美吗？小朋友到公园里看到过的天鹅是什么样子的？

2. 倾听音乐，随乐想象并尝试用身体律动感受音乐。

教师用简单、对称的身体律动引领幼儿来感受音乐的旋律美。

教师：在这么优美的音乐里，天鹅在干什么？

3. 教师引导幼儿分三个层次欣赏不同姿态的单只天鹅图片，借助图片的支持，引发幼儿模仿、创造单只天鹅的动作造型。

图片一：教师结合对幼儿关于天鹅的描述进行简单的小结，边说边来用肢体动作来诠释。

图片二：教师引导幼儿表现天鹅翅膀张开的力度与美，鼓励幼儿探索飞翔时翅膀的不同空间位置（高矮、前后、翅膀的张开程度）的表现。

图片三：教师引导幼儿感知天鹅的不同姿态美，鼓励幼儿在模仿的基础上创编出不同的天鹅造型。

4. 借助传递游戏，引导幼儿通过散点上的传递及圈上的单人传递，尝试合乐舞动并造型。

（1）引导幼儿欣赏双只天鹅造型的图片，从模仿上升到自主探索双人合作肢体造型。

（2）通过与配班老师的合作示范双人天鹅舞蹈与造型，引导幼儿进一步感知与同伴合作时需要关注的舞蹈要素：空间位置的变化与利用、舞者间的身心交流、肢体动作的多样化等。

（3）幼儿尝试与同伴合作听音乐舞蹈并造型，教师借助眼神、动作、语言等给予幼儿支持、认可与启发。

（4）圈上的逐一传递。

5．欣赏教师用舞蹈讲述的关于天鹅的故事，引导幼儿进一步感知肢体动作的魅力，喜欢上这样的表达方式。

活动建议

·引导幼儿自己用绘画或肢体动作等再次感受音乐乐句。

·继续借助图片，幼儿通过已有的单人到双人的造型经验模仿、创造多只天鹅的动作造型。

·将音乐放在音乐表演区内，让幼儿运用教师提供的材料，如头饰、纱巾或服饰等道具进行表演。

（本活动参考湖南省委新湘幼儿园兰娇的设计方案）

活动资料

天　鹅

1=F $\frac{4}{4}$　　　　圣·桑　曲

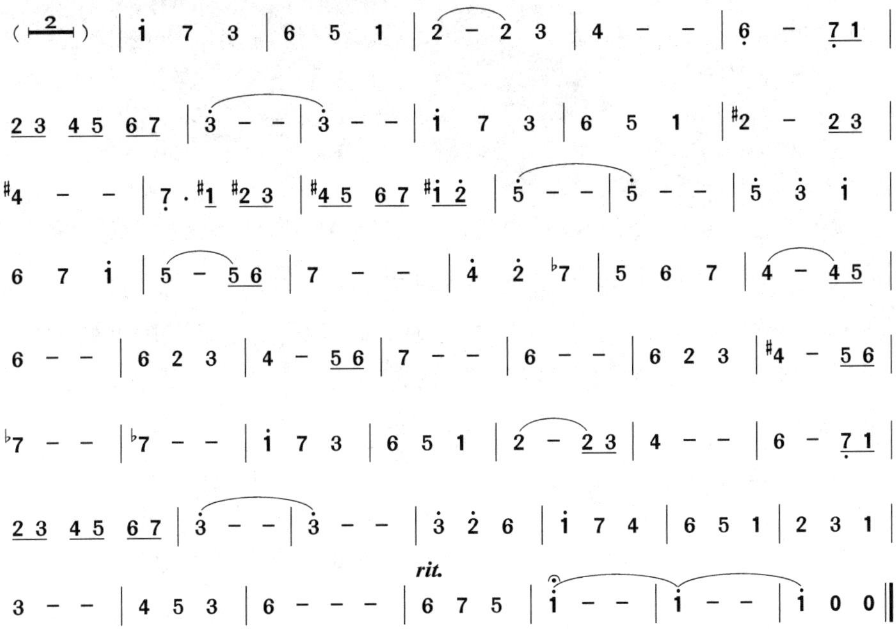

运用该模式的关键在于幼儿已经积累了相关的生活经验与动作基础，具备一定的运用身体动作表现音乐的能力。教师主要的作用在于鼓励、启发、引导，并对幼儿创编的动作进行必要的艺术加工与提升，使得幼儿的动作更具创造性与美感。

二、支架学习模式

韵律活动常常离不开动作的学习，支架学习模式旨在提供幼儿能够直观感受、理解并喜爱的学习支架（可以是图片、图谱、动作语言等材料），引导幼儿通过对这些支架材料进行主动的学习和自主的探索，掌握韵律活动的基本动作，并能够根据自己对音乐的理解连贯而富有表现力地表现。

（一）基本程序

1. 创设情境，引导幼儿欣赏音乐，感受、体验、理解音乐的情绪与内容，丰富幼儿的音乐经验，诱发幼儿学习、探究的愿望。

2. 教师提供直观的学习材料，并帮助幼儿理解材料的意义与使用方法。

3. 幼儿跟随材料（音乐背景）自主学习。

4. 教师引导幼儿相互分享、交流与学习各自学习的体会与成果。

5. 幼儿在音乐伴奏下完整表演整个作品。

（二）活动案例

小　哪　吒（大班）

活动目标

· 体验舞蹈活泼的情绪，初步感受舞蹈的音乐美和动作美，体会作品表现的“小哪吒”的艺术形象。

· 认真观察动作图谱，自主学习舞蹈动作，尝试根据音乐节奏编排动作，完整表演舞蹈。

· 萌发对舞蹈活动的兴趣，体验参与的快乐。

活动准备

· 经验准备：幼儿事先看过动画片《小哪吒》，并熟悉歌曲《小哪吒》。

· 物质准备：乾坤圈道具人手一个；动作图片一组，张贴图片的架子若干；音乐《小哪吒》、播放器。

活动指导

1. 出示乾坤圈道具，引发幼儿的兴趣。

教师：这是什么？你们在哪里见过乾坤圈？

2. 迁移幼儿的经验，引导幼儿讨论对小哪吒艺术形象的认识。

教师：小哪吒是个怎样的小英雄？你来学学小哪吒。

3. 教师与个别幼儿示范表演。幼儿完整欣赏舞蹈表演，初步感知舞蹈的音乐形象。

教师：你喜欢哪个动作？来学学看。

3. 引导幼儿观看动作图片，播放《小哪吒》背景音乐，引导幼儿自主学习舞蹈动作。

4. 组织幼儿交流、分享各自的动作，并共同练习典型的舞蹈动作，教师予以鼓励和提升。

5. 分段倾听歌曲，讨论、编排、学习舞蹈动作。

6. 引导幼儿欣赏、创编双人造型动作，激发合作表演的兴趣。

7. 幼儿手持乾坤圈道具，随音乐表演1～2遍，同时尝试与同伴造型表演。

（本活动由福建省儿童保育院吴凌云设计执教）

活动资料

少年英雄小哪吒

1=♭A 转 A
每分钟132拍

乔 羽 词
李海鹰 曲

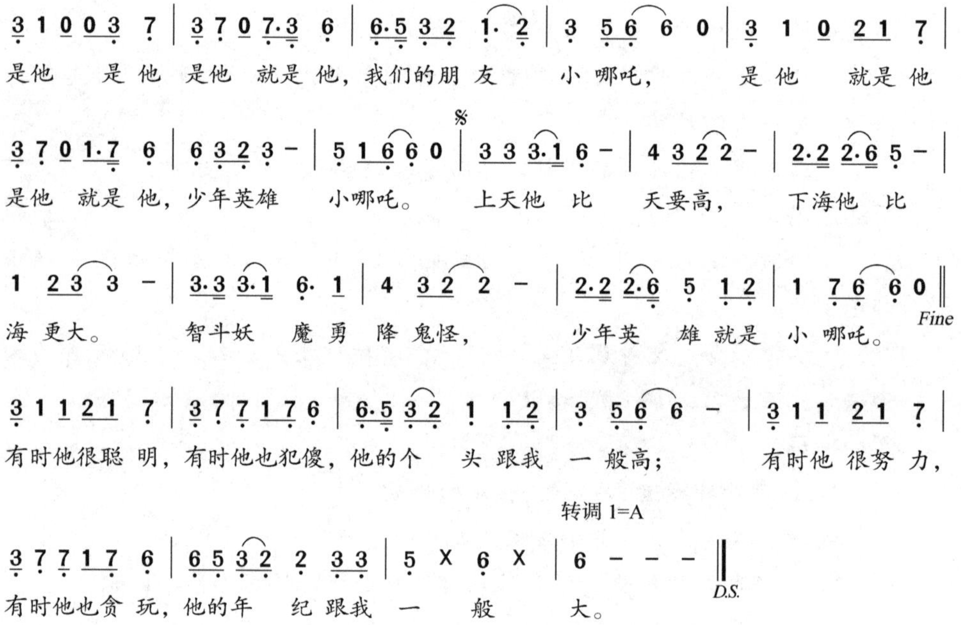

动 作 图 谱

《小哪吒》的歌曲幼儿耳熟能详，少年英雄小哪吒的艺术形象大班幼儿既熟悉又喜爱，年纪又与幼儿相仿，所以幼儿一听到音乐就会不由自主地手舞足蹈。该舞蹈动作主要是手臂和腿部的动作，舞蹈表现的内容就是歌词中表现的各种动作形象。所以，教师通过提供各种动作图谱的学习支架，引导幼儿根据歌词内容自主选择、学习模仿，之后再集体交流，最后幼儿伴随音乐完整表演。由于学习支架的直观生动，整个学习活动显得自主、轻松与快乐。

三、游戏学习模式

游戏学习模式是引导幼儿感受音乐并与音乐玩游戏为主的一种韵律活动模式。

（一）基本程序

1. 引导幼儿进入游戏的情境中。

2. 引导幼儿感受音乐，重点感受音乐的节奏以及音乐中的游戏情节、规则等相关的部分。

3. 引导幼儿对某些角色动作进行练习。

4. 幼儿在教师指导下伴随音乐进行游戏。

5. 幼儿听音乐（或边随音乐歌唱）自主游戏。

（二）活动案例

小瓢虫飞（小班）

活动目标

· 学习用简单的身体动作表现歌曲的内容和节奏，熟悉身体各部位。

· 乐意参与韵律活动，在随乐活动中体验音乐的美好与快乐。

活动准备

· 物质准备：小瓢虫玩具及手饰；音乐《小瓢虫飞》、播放器。

· 环境创设：创设花、草、树等活动场景。

活动指导

1. 欣赏活动场景，激发幼儿参与活动的兴趣。

教师带领幼儿随着音乐入场，引导幼儿欣赏花、树等美丽的场景。

教师：小朋友快瞧瞧这多美呀！有高高的苹果树，还有许多好看的花儿和绿色的草……这里是一个美丽的大花园，我们今天就在花园里一起做游戏吧。

2. 玩互动游戏“小瓢虫捉迷藏”，初步感知、表现身体律动。

（1）出示小瓢虫玩具，以情境性的游戏口吻，引导幼儿熟悉歌曲所涉及的身体各部位，感知点点头、耸耸肩、拍拍膝盖、扭扭屁股等身体律动。

小瓢虫飞到头上——点点头向它问好；

小瓢虫飞到肩膀——有点痒痒动动肩；

小瓢虫飞到膝盖——拍拍膝盖欢迎它；

小瓢虫飞到屁股——扭扭屁股和它交朋友。

教师：有一只小虫飞进花园了，它要和大家捉迷藏，宝宝们快找找它在哪儿。

教师：小瓢虫飞到头顶，多可爱的小瓢虫呀，我们点点头向它问个好；小瓢虫飞到肩膀，哎呀呀，有点痒，快动动肩膀；小瓢虫飞到膝盖，我们拍拍膝盖欢迎它。最后，小瓢虫飞到哪儿了？（屁股。）宝宝们扭扭屁股和它交朋友吧。

(2) 启发并鼓励幼儿在与小瓢虫的互动中，用身体动作表现相应的语境。

教师：小瓢虫要和小朋友们一起玩，小瓢虫飞到头上（点点头、点点头），小瓢虫飞到肩膀（动一动、动一动），小瓢虫飞到了膝盖（拍一拍、拍一拍），小瓢虫飞到屁股（扭一扭、扭一扭）。

3. 学习律动“小瓢虫飞”，尝试用身体动作表现歌曲。

(1) 欣赏歌曲《小瓢虫飞》，引导幼儿理解和表现歌曲的内容。

教师：小瓢虫玩得好开心呀，它要请你们听一首好听的歌曲，宝宝们听听歌曲中的小瓢虫飞到我们身体的哪里？

(2) 引领幼儿跟随音乐，用优美而有节律的身体动作表现歌曲的内容和情感。

教师：让我们听着音乐和小瓢虫一起做游戏吧，小瓢虫停到哪儿，小朋友们别忘了和它打招呼。

4. 玩游戏“小瓢虫找朋友”，体验韵律活动的有趣与快乐。

(1) 幼儿戴上小瓢虫的手饰，在游戏情境中运用身体律动进一步感受和表现音乐、节奏。

教师：小朋友们玩得真开心，有许多的小瓢虫都飞进花园里，也想和你们一起游戏。小朋友们快把小手伸出来，让小瓢虫飞到手上和你们交朋友吧。

(2) 教师即兴创编歌词，引导幼儿倾听小瓢虫飞到身体的哪些部位，并用动作积极互动。

教师：小瓢虫等会儿会飞到哪儿呢，飞到哪儿我们就让小瓢虫停到那儿，碰一碰它。(飞到手臂、肚子、耳朵、鼻子等部位)

5. 借助活动场景，在音乐声中自然结束。

幼儿跟随教师与“小瓢虫”，自然地融入活动场景，在音乐声中飞过

"草地""大树""花园",飞回家……

教师:小瓢虫想飞到花园里去玩一玩,来吧,让我们和小瓢虫一起飞进美丽的花园……

(本活动由福建幼儿师范高等专科学校附属第一幼儿园吴端萍设计执教)

活动资料

小瓢虫飞

1=C $\frac{2}{4}$ 吴端萍 改编

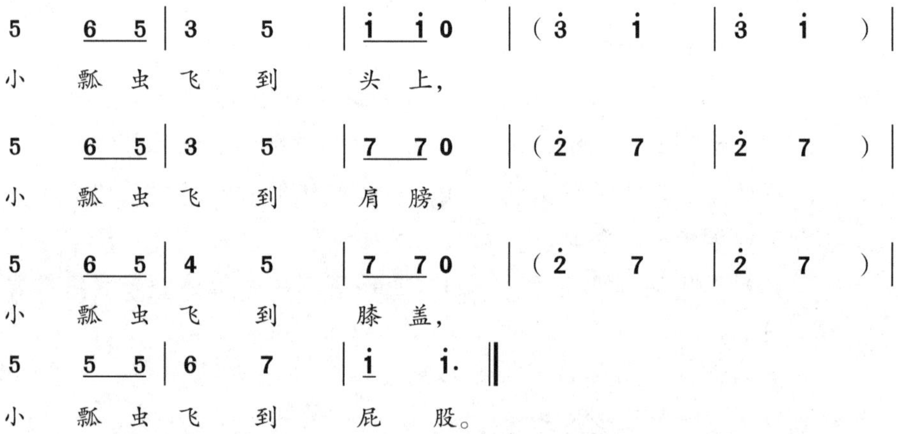

本次活动中,教师营造了富有童话色彩的游戏氛围,巧妙利用各色雨伞,将其装饰成既美观大方又便于摆放的道具,创设出与音乐形象、游戏情境相呼应的草地、花园等游戏场景。同时,针对小瓢虫这可爱的音乐形象,教师制作了生动形象的道具,将"捉迷藏""和小瓢虫交朋友""听一听做一做"等以小瓢虫为主题的系列小游戏作为活动的载体。正是这种带有鲜明主题的连续的、持久的、丰富的游戏情境,深深地吸引了幼儿的注意力,使幼儿自然而然地融入游戏情境,从而获得快乐的情绪体验。整个活动贯穿游戏,但每一个环节的实施重点和指导策略,都清晰地隐含在游戏之中,通过循序渐进及由浅入深的引导,支持幼儿在愉快的游戏过程中不知不觉、轻松自然地与音乐互动,随乐有节奏地用身体律动表现音乐的内容与情感。

四、“示范—模仿—练习”模式

“示范—模仿—练习”模式是韵律活动比较传统的模式，该模式主要是将教师事先编好的舞蹈动作，通过有组织的教学活动，层次清晰地教给幼儿。

（一）基本程序

1. 教师运用儿童感兴趣的各种方式（如语言、教具等）引出主题，引起幼儿的注意与兴趣。

2. 教师示范，幼儿欣赏。教师通过自然而富有表现力的示范，引导幼儿完整感受、体验整个韵律活动，激发幼儿学习的愿望。

3. 通过语言讲解、图示等方式帮助幼儿理解掌握韵律活动的基本动作以及动作的顺序，初步学习基本动作。

4. 教师边示范边带领幼儿练习。

5. 幼儿在音乐伴奏下完整地表演整个作品。

（二）活动案例

摘　果　子（中班）

活动目标

• 感受乐曲欢快的节奏，初步学会摘果子的动作和踵趾小跑步。

• 能学会用手腕转动做摘果子的动作，感受与同伴一起舞蹈的兴趣。

活动准备

• 经验准备：幼儿能围坐成一个圆圈，幼儿和教师均取左侧靠椅背坐姿，使自己的右侧对着圈里的位置；幼儿已有转动手腕的经验（手心对自己→手心对外）。

• 物质准备：果园的图片；音乐《摘果子》、播放器等。

活动指导

1. 幼儿复习手腕转动的动作，重点帮助幼儿巩固转手腕的方向（手心对自己→手心对外）。

教师：我们一起听着音乐来玩一玩转手腕吧。

2. 教师示范，幼儿观察。

教师出示果园的图片，教师以谈话的形式，将“转手腕”迁移成“摘果子”的动作，激发活动的兴趣。

教师：秋天到，果园里的水果都丰收了。我们一起去摘果子吧，看看我是怎么摘的。

3. 引导幼儿学习摘果子的动作。

（1）教师播放音乐《摘果子》，引导幼儿有节奏地摘果子。

（2）教师通过语言提示与示范，指导幼儿从高、中、低三个方位摘果子，巩固摘果子的动作。

教师：果园里有哪些水果？他们长得高度一样吗？那我们该怎么摘？

4. 引导幼儿观察学习踵趾小跑步。

教师：老师是怎么跳着舞去摘果子的？（注意用右脚镜面示范。）

（1）引导幼儿观察，教师及时总结，归纳出“脚跟、脚尖、跑跑跑”的语言提示。

（2）引导幼儿边说边学着跳一跳。教师哼唱音乐，带领幼儿练习。

（3）幼儿随乐练习踵趾小跑步。

5. 幼儿上下肢配合随乐练习。提醒幼儿均取左侧靠椅背坐姿，使自己的右侧对着圈里的位置后站起，顺时针方向练习踵趾小跑步。

（1）幼儿跟随教师的哼唱学习表演摘果子，按第一句、第二句做踵趾小跑步，第三句、第四句做手腕转动摘果子的动作。

（2）教师播放音乐，引导幼儿听音乐朝顺时针方向集体表演摘果子。

（3）幼儿反思自己在活动中遇到的困难，探索解决困难的办法。

（4）幼儿随乐完整表演。

活动资料

摘　果　子

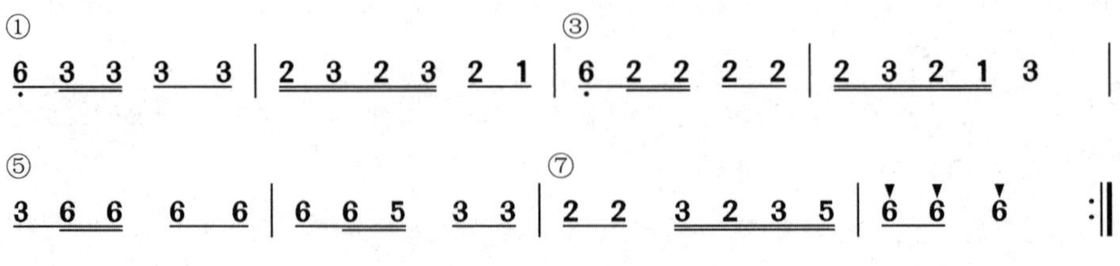

韵律活动“摘果子”基本上就是采取了“示范一模仿一练习”模式。由于教师富有感染力的示范以及生动的语言讲解，能有效提高幼儿学习与记忆动作的速度与效果，幼儿学习的积极性很高。

“示范一模仿一练习”模式适合运用于韵律活动中以基本动作学习为主的活动，对帮助幼儿学习基本动作、提高动作的协调性与表现力等方面有较积极的作用。但是，教师在运用时应摆脱机械灌输与训练的方式，注重调动幼儿主体性与积极性。

五、“合作—互动”模式

幼儿园集体舞蹈活动不应以动作与队形的学习训练为主，而应以幼儿在随乐动作中的交流、互动为主。动作与队形是为了集体舞蹈活动中的交流而存在，而不仅仅是为了动作而动作、为了队形变化而训练变化队形。

（一）基本程序

1. 引导幼儿学习一组双人舞的基本动作（四个三拍），并随乐练习。

2. 指导幼儿两两自由结对，运用该组动作进行前进的练习；重点体验两位舞伴之间的空间位置变化以及动作、眼神等的交流。

3. 每对舞伴运用该组动作自由探索不同方向的运行方式，如后退、向左、向右、原地转动等；教师予以指导。

4. 幼儿感受集体舞蹈中探索空间的意义：“跳舞时，我们要前进、后退、转弯，但却要不碰到其他同伴，该怎么办?”“我怎样提醒我的舞伴跳舞的方向?”

5. 幼儿完整和乐练习。

6. 自由交换舞伴，再次配合练习。

（二）活动案例

快乐舞会（大班）

活动目标

· 能认真倾听音乐，并找出音乐中的“× 0 | ×× ×0 |”的节奏，在理解音乐节奏和结构的基础上学习集体舞。

· 体验与同伴合作的快乐。

活动准备

·经验准备：请一老师或幼儿事先学会合作跳集体舞。

·物质准备：与班级幼儿人数相同数量手腕花（或牛筋）若干；音乐《快乐舞会》、播放器。

活动指导

1. 以圣诞节引题，激发幼儿学习舞蹈的兴趣。

(1) 以圣诞老爷爷邀请大家参加舞会的情境，引发幼儿参与的兴趣。

教师：你们知道圣诞节吗？喜欢圣诞老爷爷吗？今天圣诞老爷爷要邀请小朋友去参加一个舞会，被圣诞老爷爷邀请的人，要用“| 嘿 0 | 在这 里 0 |”回答他。

(2) 玩节奏问答游戏，帮助幼儿掌握“× 0 | ×× ×0 |”的节奏。

教师以圣诞老爷爷口吻问“聪明的孩子在哪里?”，幼儿有节奏地回答“嘿 0 | 在这 里 0 |”。

2. 倾听音乐，了解音乐的节奏和结构，在观察教师示范的动作中理解舞蹈的基本动作元素。

(1) 找找音乐中“× 0 | ×× ×0 |”的节奏。

教师：这里有段好听的音乐，里面藏着“嘿 0 | 在这 里 0 |”，请聪明的孩子仔细听，找一找。

幼儿倾听音乐，教师跟着音乐的节奏，做以下动作予以提示：①伸出双手举起、放下；②踩一下脚、拍三下手；③伸出右手握两下，伸出左手握两下。

(2) 再次倾听音乐，理解舞蹈的基本动作元素。

教师：“嘿 0 | 在这 里 0 |”跟在什么动作的后面？请小朋友边听音乐边观察老师伸出的手找了身体的什么地方做朋友。

教师随乐做如下动作予以提示：①伸出双手举起、放下；②踩一下脚、拍三下手；③伸出右手往里绕叉腰，伸出左手往里绕叉腰。

(3) 用肢体动作表现对音乐结构和节奏的理解。

教师：手向前伸出后找了身体的什么地方当朋友？先伸出有花环的手，还是没有花环的手呢？

教师由局部动作过渡到全身动作进行示范：坐着做简单的小幅度的动作→站着做大幅度的舞蹈动作→引导幼儿探索移动空间位置做舞蹈动作。

3. 引导幼儿观察两人合作舞蹈，感知双人挽手转圈的动作模式。

(1) 引导幼儿整体观察教师示范。

教师：这是两个人合作跳的集体舞，请小朋友看看我们是怎么合作的。

①引导幼儿观察两位教师（或师幼）合作展示完整的舞蹈动作和双人舞蹈的配合。

语言辅助：快乐地搭起可爱的小屋，我的朋友在哪？（双手抬起往前走两个人搭起小屋形状，放下往后退）/嘿，在这里！（跺一下脚，拍三下手）/挽起花环来转个圆圈/换只小手来转个圆圈（两个人伸出有花环的右手挽起来，正反面肩并肩，以肩为圆心前进绕圈走，两人同时换只手挽起来，前进绕圈走）。

②引导幼儿发现并说说教师合作跳的舞蹈中什么地方最有意思。

(2) 引导幼儿重点观察挽手转圈的动作。

教师提出问题，引导幼儿讨论并形成一致意见：①我们是怎样转圈跳舞的？转圈的时候我们是自己转自己的吗？怎样挽手，两个人都先伸出哪只手和对方挽在一起？②在转圈的时候我们是面对同一个方向还是相反的方向？③当我们肩并肩时，两个人都朝什么方向走？

4. 幼儿尝试双人舞，并在合作中不断调整动作的变化与方位的交换。

(1) 启发幼儿在无音乐条件下自由探索方位。

(2) 启发幼儿在有音乐条件下自由探索合作。

在幼儿探索过程中，教师注意鼓励幼儿大胆尝试，遇到困难要试着自己去调整；提醒幼儿观察别人正确的动作，学会和舞伴互相帮助，调整自己的动作。

5. 完整舞蹈。

(1) 尝试完整舞蹈。教师用语言提示指导幼儿注意节奏和动作的美感。

(2) 尝试交换舞伴舞蹈。教师以语言提示幼儿注意舞蹈空间的有效利用，并注意和舞伴的眼神交流。

6. 和同伴分享集体舞带来的快乐。

教师：今天你开心吗？为什么这么开心？请你用自己的方式谢谢今天为你带来欢笑的人。

（本活动由福州市温泉幼儿园林莹设计执教）

活动资料

快乐舞会

佚 名 曲
林 芳 记谱

1=C $\frac{4}{4}$

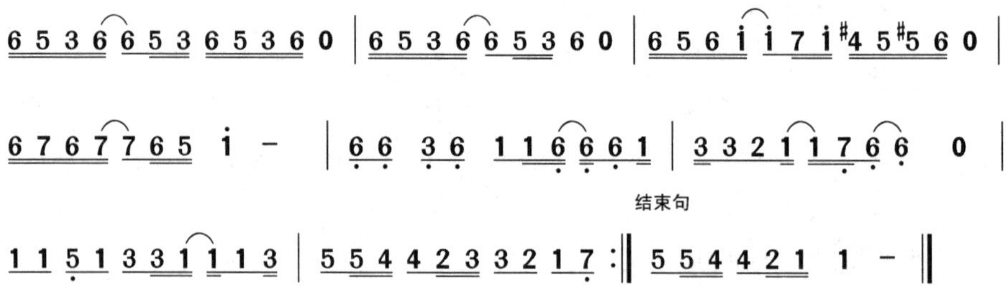

第四节 幼儿园韵律活动的指导要点与障碍消解

一、韵律活动的指导要点

（一）注重在日常生活中丰富与积累幼儿的节奏与动作图式

生活中充满各种各样的声音与节奏，教师要有意识地引导幼儿倾听与回忆，积累幼儿丰富的节奏表象。教师可与幼儿一起倾听与回忆生活中的声音，如水声“哗 啦啦 ｜哗 啦啦”、切菜声“切 0 ｜ 切 0 ｜ 切 0 ｜ 切 0”、炒菜声“嚓嚓 嚓嚓 ｜ 嚓嚓 嚓嚓”、客厅里的电话声“叮 铃铃 ｜ 叮 铃铃”、门铃声“叮咚——，叮咚——”、喝水声“咕 咚 ｜ 咕 咚”等。

生活中的动作是舞蹈动作的基础，教师应有意识地引导幼儿观察、模仿与提升生活中的各种动作，为韵律活动的学习与创编积累丰富的动作表象。

（二）适当降低动作难度，引导幼儿在韵律活动中进行合作与交流

相对而言，韵律活动是幼儿常常感到困难的一种音乐活动，主要原因就是许多韵律活动难度太大，动作复杂多变，幼儿难学易忘，教学单调枯燥。因此，教师应根据幼儿的实际情况选择音乐和动作，对于难度太大的动作就

应该坚决降低动作难度，使得绝大多数幼儿能较轻松地掌握。一般韵律活动的动作不要变化太多，如可以一段乐曲一个主题，允许幼儿运用几个基本动作进行有节奏地自由表现，从而把更多的精力投注在韵律活动中幼儿之间的相互交流与合作上。

（三）尊重幼儿动作的性别差异，为男性幼儿的韵律活动提供相应的动作材料与表演道具

目前幼儿园音乐教育存在的一个突出问题就是女性化倾向严重，尤其是舞蹈教学更是“柔性”十足。兰花指、小碎步等女性化的动作充斥着幼儿的韵律活动，使得男孩对舞蹈学习丧失兴趣，或娘娘态十足，严重影响他们的个性成长。因此，在选择韵律活动的内容时应充分考虑幼儿的性别或性格差异，适当选择富有阳刚之气的音乐及动作供男孩学习，如《小小男子汉》《中国功夫》等。在活动内容、形式上，教师应充分考虑幼儿的性别或性格差异，提供给幼儿更多的自主选择空间，如在韵律活动“老鼠嫁女”，幼儿可以根据个人喜好自主选择喜欢的道具，扮演唢呐手、轿夫、新娘、媒婆等角色进行艺术表演。

（四）注意动静交替及活动量的调控

韵律活动中，一次不要学习太多的动作，时间也不能太长，教师要注意调控幼儿的活动量，动静交替，避免幼儿过于疲劳。

有的教师组织活动时常常忽略了幼儿的活动量，整个活动始终让幼儿站着学习动作或者表演；也有的教师整个活动期间，让幼儿忽坐忽站，幼儿注意力容易分散并且极易疲劳。教师在组织韵律活动时，有时可让幼儿坐着学习或者创编上肢动作，再站起来学习或配合脚步；有时可让部分幼儿出来表演，其余幼儿观赏学习等。总之，教师应采取多种形式，动静交替，保证幼儿身心舒适地愉快活动。

二、幼儿园韵律活动的教学障碍与消解

教师在组织韵律活动中，常见的教学障碍有以下几种。

（一）障碍1：幼儿动作模式化严重，缺乏创造性与个性

典型案例：目前，幼儿园韵律活动中幼儿的动作存在严重的模式化现象，动作单一且千人一面。幼儿在表现小兔跳、鸭子走路、小鱼游、花开等律动

动作时，大多数幼儿的动作都是如出一辙。如在表演小白兔时，幼儿的动作几乎都是“两只耳朵竖起来，一蹦一跳往前跳”。

诊断分析：一方面教师常常忽视引导幼儿对自然界与生活中美的事物的感受与欣赏，幼儿在音乐表现尤其是创造性表现时缺乏必要的经验基础与动作图式表象；另一方面，许多教师在组织律动动作学习时运用“示范—模仿—练习”的教育模式，从而导致幼儿的动作图式单一，动作表现缺乏个性与创造性。

消解策略：幼儿动作表现中存在严重的模式化现象的主要原因，是幼儿对所表现的内容缺乏足够的感性经验与动作图式表象。幼儿表演小白兔就是把两只手竖直，食指与中指张开做耳朵状，一下一下地跳。幼儿对这些动作的学习仅是对教师示范的简单复制，并不是真正的音乐表现。这种模式化教学不仅会限制幼儿的音乐想象力与创造性表现能力，而且还会影响幼儿对音乐表现的兴趣。所以，在幼儿学习律动动作时，教师尽量不要先提供标准化的动作示范，而应先让幼儿充分与兔子接触，认真观察兔子的形态、神态以及跳动、吃食、玩耍时的各种动态，并以拍照、绘画等方式记录，然后用身体动作模拟兔子的各种动态并相互交流，最后选择匹配的音乐大胆想象并随乐表现。教师在此基础上再予以启发、提升。又如幼儿表演鱼游，可以是金鱼般悠然自得地游动，也可是箭鱼般迅速地游动，还可像跳跳鱼一样跳着游动……教师在丰富幼儿知识经验的基础上，开启幼儿想象的大门，提供不同的音乐，鼓励幼儿大胆创编。这样，幼儿的音乐表现才是本真的、真正具有活力与灵性的。教师应尽可能满足和支持幼儿通过直接感知、实际操作和亲身体验获取经验的需要，通过科学的设计与组织，引导幼儿通过“观察—欣赏—体验—发现—想象—表现—创造”等有序环节来进行音乐感受与表现。

（二）障碍2：由于过度兴奋与情绪失控而导致的秩序障碍

典型案例1：小班的王老师正在组织幼儿表演律动“猫走路”。她戴着可爱的猫头饰带领幼儿表演小猫走路、小猫吃鱼等动作。幼儿徒手学习动作之后，王老师拿出一个装满猫头饰的篮子，对幼儿说：“请每个小朋友拿一个头饰戴好。”但是幼儿们拿到头饰后 ，有的要吵着要红色的，有的找老师帮忙戴，有的一下子就把头饰扯坏了，哭着叫老师换新的…… 音乐响起了，可是全班幼儿乱哄哄的，再也没有幼儿注意到音乐与动作表演上。

典型案例2：某中班老师准备让幼儿一起玩一个刚刚学习的舞蹈。当幼儿在教室内比较自由地走动同时又不明确活动要求的情况下，教师又想起来要交代一些事情。在教师交代那些活动要点的过程中，自由活动的幼儿越来越多，教室内的情况也越来越混乱……

典型案例 3：中班幼儿在座位上学习了手部动作之后，教师组织幼儿手脚配合进行随乐练习。教师对大家说："请大家找个空地方站好"。幼儿兴奋地离开座位，都朝教师近一点的方向挤去……最后，幼儿们挤成一团。

典型案例 4：小班幼儿开展邀请舞活动，需要排成一个大圆圈。在组织幼儿排成圆圈队形时，教师提出要求："请小朋友手拉手，围成一个大圆圈。"结果幼儿动来动去，圈怎么也围不圆，最后教师一个一个地扯来扯去，这边扯圆了，那边又挤在一起……

典型案例 5：某大班教师组织幼儿开展创造性律动游戏"煮面条"。当进行到"面条在锅里翻滚"环节时，原计划是教师安排机会让幼儿借"面条在锅里翻滚"的情节自由模仿面条在开水中翻滚的即兴创造性动作，以满足幼儿自由表现的需要。结果，两个乐句后就开始有幼儿"出格"，整个乐段结束时幼儿已经乱成一团，怎么也安静不下来。

诊断分析：造成幼儿上述混乱状态的主要原因有以下几方面：(1) 韵律活动中幼儿的散点站位 。相对于坐立状态，韵律活动中的散点站位是最为松散的组织状态，幼儿没有座位的约束，脚步移动比较随意，容易产生混乱。(2) 幼儿自制能力、空间能力等发展水平有限，容易被道具吸引，喜欢与教师亲近，但缺乏主动调整与互享空间的能力。(3) 由于教师的语言提示时机不适宜，或是因为教师的语言指令不够明确、细化，导致幼儿不明确活动的要求与规则。(4) 教学组织的过分自由或是音乐速度太快导致情绪失控。由于有的活动自由度太大，缺乏有效调控机制，过分兴奋最终转成情绪亢奋。同时，个别幼儿混乱的状态未能及时制止，也容易在全体幼儿中弥散，造成全班性的混乱。另外，快速的音乐容易在听觉上刺激幼儿的兴奋感，导致幼儿激动。

消解策略：

1. 对于韵律活动中幼儿的散点站位等导致的混乱，教师应注意合理安排散点站位的时机，不要一开始就一直站着或忽站忽坐，必要时再让幼儿散点站立。同时，在幼儿散点站位时，教师仍应保持对幼儿的隐性控制，如用眼光注视每个幼儿等。

2. 对于幼儿挤抢道具或道具使用不当等导致的混乱，教师一要注意不要滥用道具，二是所提供的道具应质地精良，三要将道具分散放置，四要从小培养幼儿良好的取放道具的常规。

3. 对于幼儿挤到教师身边、相互挤成一团等导致的混乱，教师在幼儿年龄较小时可以先在他们经常活动的场所进行预先的空间定位，然后逐步培养幼儿共享活动空间的习惯。

4. 对于幼儿不明确要求而导致的混乱，教师事先要周密考虑幼儿的心理，语言提示应明确、细化。例如，“请大家找一个空位站好”等提示应是幼儿已经有了很好的空间概念以及共享空间习惯后使用的教学提示语。在初期，教师的语言应更明确，如“每个小朋友举起两臂，转一圈，不碰到别的小朋友的地方就是最舒服的位置了”。

5. 对于音乐速度较快、幼儿自由度大等因素导致的混乱，教师可以通过音乐与动作的巧妙设计来调控幼儿的自由度，保证活动自由、有秩序地进行。首先，音乐的速度不要太快，否则，一方面影响幼儿动作的质量，幼儿的动作无法跟上音乐的速度，只好草草了事；另一方面，太快的音乐容易扰乱幼儿的心境，使其心烦意乱，从而造成影响秩序感的形成。音乐尽量从较为安静或者节奏平稳、匀速的音乐开始，再转为节奏比较强烈、热烈的或者变化较大的音乐，使得幼儿的情绪容易安定，在音乐中感受到秩序感。其次，尽量从简单、重复、一致的动作开始，逐步到幼儿自由的即兴表现，最后再回到简单、重复、一致的动作；动作幅度尽量从小幅度的开始，再逐步加大幅度，最后再慢慢回到原速，这样幼儿的情绪容易安静，不会骚乱。同时，从一开始就要避免让幼儿随意、重重地跺脚，要养成幼儿尽可能轻轻地、有控制地接触地面，体现对大地母亲的尊重，从一开始就养成轻手轻脚跳舞的好习惯，这无形中会增强幼儿的纪律感。最后，教师可以巧妙设计游戏规则，适时调控幼儿的动作及情绪。如在“典型案例 5”中，教师可以通过设置泼水、关火等情节，建立幼儿的规则意识。

（三）障碍 3：许多男孩对舞蹈不感兴趣，不少男孩动作女性化

诊断分析：男孩的舞蹈动作表现方式与女孩有着较为明显的性别差异，而幼儿园里几乎是清一色的女性教师，她们的舞蹈动作语汇以及对舞蹈动作

的审美评价不可避免地打上性别的烙印。

消解策略：顺应不同幼儿的性别天性，促进幼儿更加全面、和谐地发展。首先，学前儿童舞蹈活动的内容、类别与形式应多样化，使得不同兴趣的幼儿都能找到自己感兴趣的内容；其次，因地制宜地实施性别化的舞蹈教学。在学前儿童普遍缺乏男性教师情况下，一方面女教师应增强男性化教育的意识以及双性化动作表现的能力，另一方面幼儿园还可利用家长、社区资源积极引进男性教育资源。

（四）障碍4：集体舞教学过分注重动作与队形，忽视幼儿间的交流

典型案例：集体舞教学活动中，过分注重动作与队形变化，使得教师教得累，幼儿又学得很辛苦，集体舞时忙于应付动作与队形，根本顾及不了交流。

诊断分析：部分教师对集体舞教学活动的价值认识不清，动作难度大，再加上队形变化过于复杂，幼儿当然无法将注意力分配到交流与互动上来。

消解策略：集体舞教学活动的首要价值是为了团体间的交流与互动，动作与队形是为了交流而存在，教师首先需明确这一价值定位。因此，集体舞的动作应尽量简单，是否变化完全依据幼儿的动作能力而定，队形变化也要适度，或是一段动作简单且有一定队形变化，另一段动作完全由幼儿根据音乐自主发挥，两段交替重复。

第五章　幼儿园演奏活动的设计与指导

演奏活动是幼儿园音乐教育的重要组成部分。每个幼儿都喜欢敲敲打打，对声音与节奏具有一种天生的敏感性，演奏活动非常适合幼儿这种与生俱来的本能。在演奏活动过程中，幼儿手、眼、脑、心并用，使大脑建立起复杂的神经联系，让头脑变得灵敏，聪慧。

幼儿园演奏活动的价值追求主要体现在幼儿演奏过程中身体各部分的协调、自己与同伴以及指挥等的合作与协调、对音乐整体音响效果的追求、对演奏状况的把握等，从而锻炼与发展幼儿的观察力、记忆力、想象力、创造力、自制力、合作协调能力等。

幼儿园演奏活动的目标具体体现在以下方面。

情感、态度发展目标。幼儿乐于参与演奏活动，体验并努力追求参与身体各部位演奏以及打击乐器演奏活动的快乐；能爱护乐器，体现对乐器负责的责任感；能够体验并积极追求运用打击乐器奏出美好音响的快乐；能够体验并积极追求与同伴共同合作演奏的快乐。

知识技能与能力发展目标。幼儿能够知道常见打击乐器的名称，初步辨别打击乐器的音色；能基本正确地掌握熟悉乐器的持、握、演奏、消除演奏余音以及收放乐器的方法等；比较自如地演奏常见的打击乐器与生活物品，努力奏出和谐、美好、有表现力的音响；能理解指挥的基本手势，并根据指挥的提示进行演奏；初步学习简单的指挥动作，能尝试作出“准备”“开始”与“结束”等基本指挥手势，初步学习用指挥动作表现节奏与音色的明显变化；感受并尝试运用节奏型的简单变化规律进行初步的创造性表现。

学习品质培养目标。幼儿能够积极探索身体各部位及各种生活乐器、打击乐器的演奏方法；积极探索生活中的一些物品以及打击乐器的各种演奏方法和音色变化的关系；能认真观察图谱，主动探索图谱所蕴含的演奏方案；在演奏活动中能与同伴相互配合，运用眼神等与指挥交流并积极响应指挥的要求；能遵守打击乐演奏的常规，养成追求活动秩序的审美态度与习惯；演奏结束后能收拾乐器并摆放整齐，树立对乐器负责的意识等。

第一节　幼儿园演奏活动的材料与配器

幼儿园演奏活动的材料很多，可以是幼儿自己的身体乐器，也可用专门的打击乐器或者自制的打击乐器，以及生活中会发声的各种生活物品等。

幼儿自己的身体就是最天然、方便的乐器，幼儿的小手、小脚、小嘴都是可以演奏的。奥尔夫的声势节奏训练主要是通过演奏身体乐器，如拍手、跺脚、拍腿、打响指、弹舌等为音乐伴奏，可有效地发展幼儿的节奏感与动作协调性，深受幼儿喜欢。

一、幼儿园常见的打击乐器

幼儿园常用的打击乐器有很多，根据乐器的材料性质来划分，可分为金属类、木竹类、皮膜类、混合类四种。金属类乐器主要有碰铃、三角铁、串铃、排铃、钹、锣以及铝片琴等。木竹类乐器主要有响板、木鱼、双响筒、蛙鸣筒、梆子、竹板以及木琴等。皮膜类乐器主要有鼓，包括大鼓、小鼓、手鼓、军鼓、爵士鼓等。混合类乐器主要有铃鼓、沙球、棒镲锣等。

幼儿园打击乐器的种类还可以根据乐器演奏的音量大小来划分。其中，音量较小的高音乐器有小铃、三角铁等，音量中等的乐器有响板、双响筒、沙球、铃鼓等，音量较大的低音乐器有鼓、钹、锣等。此外，还可根据乐器的音色以及演奏方式来划分。

一般来说，幼儿园常见的打击乐器主要有以下几种。

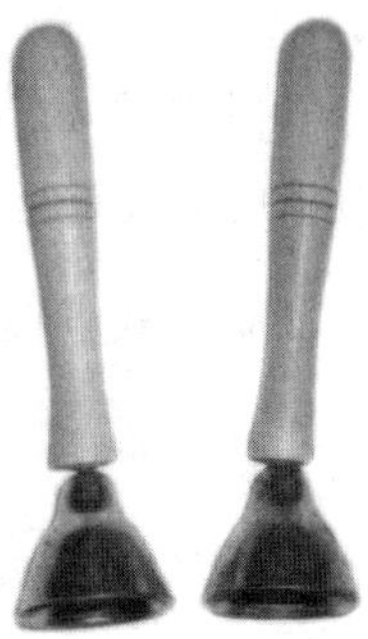

1. 碰铃：又名“小铃”，音色清脆、明亮，声音能延长。常用于演奏优美、悦耳的乐曲，气氛活泼；敲击不宜过多过重，以一小节一次为宜，或用于乐段、乐句的末尾。

演奏方法：两手各持一只碰铃，若是软绳则用绳索牵在手指上，互相碰击。如奏断音，奏后将铃贴在衣服上，音即止。

2. 三角铁：音色比碰铃更清脆、明亮，延长音也更长。音量略大于碰铃，但也能演奏弱音。三角铁也常用于演奏优美活泼的乐曲，像碰铃一样，可以一小节打一次，也可与碰铃交替运用或同时运用。

演奏方法：左手食指套在绳索上，拇指与中指捏住三角铁，右手持打锤敲击。当敲奏“颤音”或“震音”时，可将打锤放到三角铁里边转圈敲打；如需演奏断音，也是奏后将右手握住三角铁或将铃贴在衣服上止音。

3. 串铃：由一组小铃铛串在一起构成的乐器，音色比较清脆、明亮。串铃常用于演奏欢快、活泼与热烈的乐曲，像碰铃一样，既可演奏强拍，也可演奏弱音。

演奏方法：双手各执一铃，随音乐上下摇震，让小铃铛相互撞击发出音响；或是右手执一串铃，与左手掌敲击发出音响。

4. 响板：由一对手掌大小、贝壳形状的扁木片构成。两个木片上都拴有细绳，可套在拇指上。响板无固定音高。音色清脆、透亮，不仅可以直接为歌舞打出简单的节拍，而且可以奏出各种复杂而奇妙的节奏花样，别有一番特色。

演奏方法：响板的演奏方法有两种。一种是拍奏，演奏时将响板平放在左手掌上，右手掌拍击响板，使之发声；该演奏方法适宜年龄小的幼儿使用。另一种是捏奏，将两片响板像贝壳一样相对着挂在拇指上，用其他四个手指轮流弹击其中一片响板，使之叩击在另一片上发出音响。

5. 双响筒：又名“双响梆子”，音色比木鱼清晰，能先后奏出纯五度音程。双响筒的直径大小不同，奏出的音响音高均不同。双响筒演奏方便，在$\frac{2}{4}$拍音乐中的“× ×　× ×”可“左右、左右”演奏四个声音，可以表现马蹄声或跳跃活泼的舞曲气氛；如果乐曲是$\frac{3}{4}$拍，则“左右右”敲击。

演奏方法：左手握住双响筒的木柄（根音在左边，五度音在右边），右手持木棒，按拍左右敲。

6. 木鱼：呈团鱼形，腹部中空，头部正中开口，尾部盘绕，其状昂首缩尾，背部（敲击部位）呈斜坡形，两侧三角形，底部椭圆；木制棰，棰头橄榄形。木鱼常用于轻快活泼的乐曲中，有时可独奏简短的乐句，或用来模仿马蹄声的音响效果。

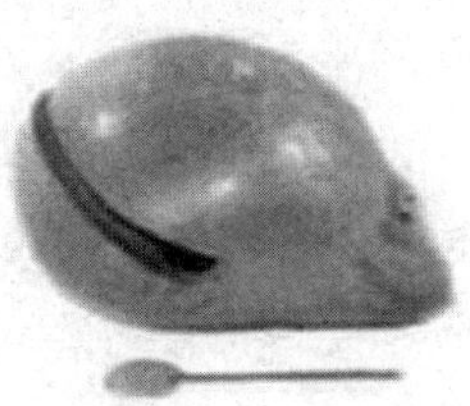

演奏方法：把木鱼平放在左手掌心，右手持小棰棒，敲击在木鱼的背部。

7. 沙球：由于沙子在球内互相冲击而发出一种清晰的沙沙声。沙球常用来演奏轻快、活泼的乐曲或歌曲，起着烘托气氛的作用。

演奏方法：双手各持一球的手柄向下摇动，常是左手往下击前半拍，右手往下击后半拍，形成“$\underline{\times\times}\ \underline{\times\times}$”“左右、左右”击拍。在$\frac{3}{4}$拍乐曲中，可按节奏“左右右”击拍。

8. 铃鼓：一种单面鼓边上装有多对小铃片的打击乐器。演奏时，既有清脆的片片铃声，又有皮鼓的共鸣声。铃鼓常用于跳跃、活泼、热情、奔放的舞曲中，来烘托热烈的气氛，表达欢乐的情绪。

演奏方法：右手提鼓身，中指从鼓边一圆孔中往外插入后握住铃鼓，鼓面对着左手。演奏时，常在弱拍上摇动铃鼓，发出沙沙铃声，也可在强拍上用左手敲击鼓面，可同时发出鼓声和钹声（甚至铃声）。如在$\frac{3}{4}$拍的乐曲中，可第一拍用左手敲鼓面，第二、三拍用右手摇鼓身两次。铃鼓还可发出急速而美妙的震音。

9. 钹：钹身为一对铜制的草帽状圆片，对扣在一起像一个梭子。钹的音响铿锵、热烈，余音回荡，可以传得很远。用于强奏时，极富气势，通常表现一种激情，常用于热烈的乐曲和舞曲，表现欢乐、热烈的气氛。

演奏方法：钹身的两个部分各系有一条钹巾。演奏者需站立，用双手通过钹巾持住钹身，使钹身的两部分碰撞发音；不宜用手心握住钹身，以免声音受阻。钹有延长音，需要时奏后可将钹贴在衣服上止音。

10. 鼓：由鼓身、鼓皮、鼓圈、鼓卡和鼓棰等部分组成。鼓的种类甚多，上述铃鼓、手鼓都是鼓的一种。此外，还有戏曲中用的“板鼓”，在十番锣鼓、民乐合奏中负有指挥任务的“堂鼓”，陕北流行的腰鼓队中的“腰鼓”，说唱音乐中为“单弦牌子曲”伴奏的、八角形的“八角鼓”，民间唱道情用的、用手指敲打的“鱼鼓”，北方说唱音乐大鼓伴奏用的“书鼓”，云南西部傣族人用的形状略似象脚的“象脚鼓”，军乐队用的大军鼓和小军鼓（即配有丝弦的小鼓），管弦乐队中采用的具有固定音高的定音鼓等。

幼儿园中常用的是小堂鼓。小堂鼓在戏曲中常用来表现战争场面，故又称战鼓或小鼓。小堂鼓大小不一。目前轻音乐演奏中采用的排列整齐、具有一定音高的堂鼓，称排鼓，表现力较强。在舞曲、乐曲或歌曲的演奏中，均可运用小堂鼓。在单独演奏打击乐，没有指挥的情况下，鼓能起指挥作用。

演奏方法：常用两鼓锤。不需要热烈的伴奏时，只需一根鼓锤敲击鼓面击出强拍声音；有时还可用鼓锤敲击鼓边，发出有节奏的音响。

除了专门购买的打击乐器外，幼儿园还可以利用各种生活用品以及废旧材料自制打击乐器，如锅碗瓢盆、碟子、杯子、筷子、各种矿泉水桶、易拉罐、竹子、木棒等，随乐演奏这些“乐器”，也可收到很好的效果。

二、幼儿园演奏活动材料的选择

（一）乐器

为幼儿选择打击乐器时应主要考虑：乐器的音质要好；乐器的形状、大小、重量要适合本年龄幼儿使用；乐器的特定演奏方法要适合特定年龄幼儿的动作发展水平。

教师在提供乐器及指导幼儿掌握乐器的演奏方法时，要考虑幼儿的动作发展水平，如：小班幼儿使用的碰铃应该是带有硬木棒的；系软绳的碰铃对手指的精细动作要求高，适宜大年龄的幼儿使用；响板在小班适宜用拍奏，在中大班则可指导幼儿学习用捏奏的方法演奏；使用铃鼓时，小班幼儿也适宜用拍奏，中大班幼儿则可以加入摇奏等演奏方式。

（二）音乐

为演奏活动选择音乐作品时宜符合以下基本条件：节奏明晰、结构工整、旋律优美、形象生动鲜明；幼儿比较熟悉的音乐作品；音乐作品的长度不宜太长，幼儿年龄越小选用的音乐长度应更短，节奏应十分简单清晰；音乐的结构不宜太复杂，小班一般适宜一段体，中大班的音乐可以是一段体，也可以是二段体或三段体，但段落之间的对比应较为明显。

下面分别以《一只哈巴狗》《瑶族舞曲》为例，比较幼儿园各年龄幼儿适宜选用的音乐作品。

一只哈巴狗（小班）

1=C $\frac{2}{4}$　　童谣歌曲

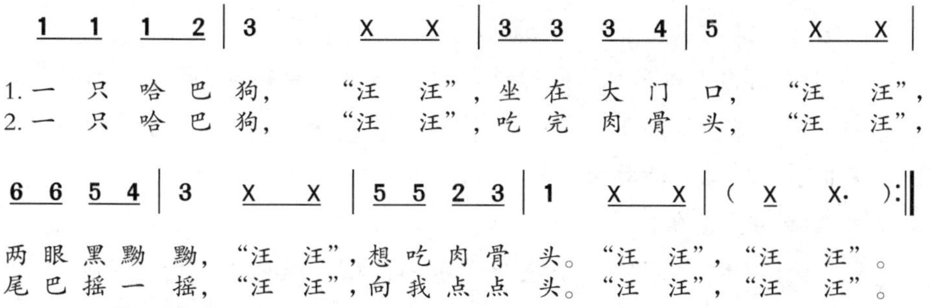

《一只哈巴狗》是幼儿十分喜爱的童谣歌曲，音乐强弱清晰、节奏明快，歌曲短小且朗朗上口，每段四句共八个小节，适宜小班幼儿边唱边用嘴巴、小手以及响板、碰铃等小乐器为歌曲伴奏。

瑶族舞曲（中班）

1=D $\frac{2}{4}$

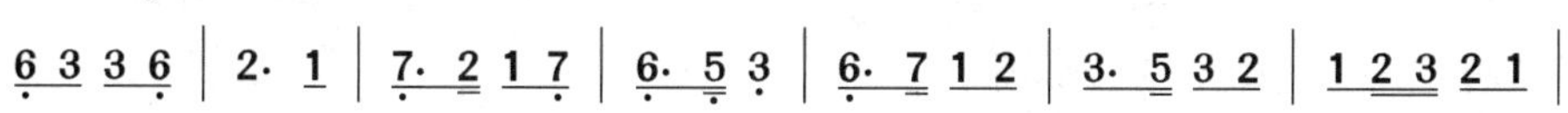

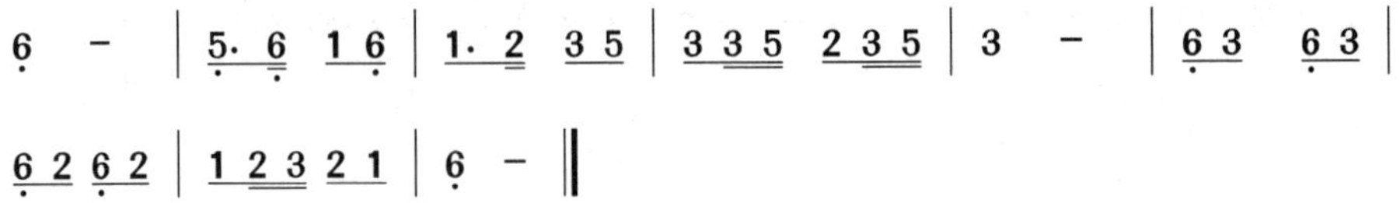

这是一段旋律优美、节奏感强的舞曲，一共四个乐句 16 个小节，适宜中班初期幼儿演奏。本段音乐前三个乐句节奏与情绪比较一致，可以选择同一种节奏型，第四乐句音乐比较轻快活泼，伴奏的节奏型可稍加变化以增强音响效果。

如果中班后期幼儿或者大班幼儿演奏《瑶族舞曲》，则可以再增加 B 乐段：

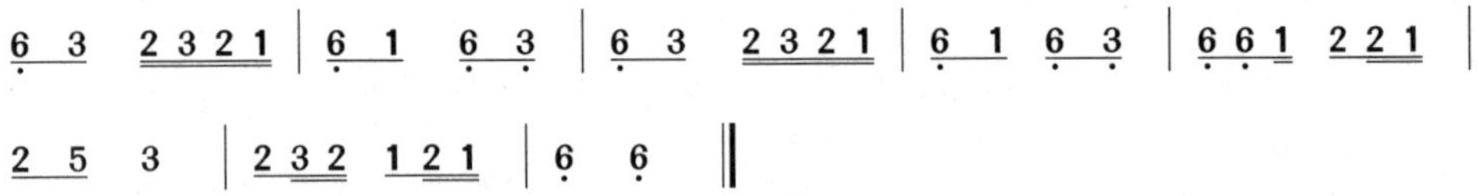

整首音乐构成 ABA 三段。B 段音乐节奏欢快，气氛热烈，可以适当加入鼓、钹等音量大的乐器。

（三）配器

在为幼儿演奏活动配器时应注意以下几个方面。

1. 适合幼儿的实际能力。指的是配器要适合各年龄幼儿使用乐器的能力以及幼儿对变化做出反应的能力，配器中的节奏变化、音色变化的频率与复杂程度应是该阶段幼儿能够接受的。

2. 配器要讲究艺术性。

首先，配器产生的音响效果应与音乐的性质、风格、结构相一致。如为《小星星》配器，宜选配声音清脆、明亮的碰铃或三角铁等乐器；而为《解放军进行曲》配器则宜选配声音洪亮有力、节奏清晰的鼓、钹、铃鼓、响板等乐器。

其次，配器产生的音响效果应有整体统一的美感，避免杂乱无章，同时尽量要有变化、有呼应、有对比，避免单调。如若进行强弱对比，音量大的低音乐器一般多用在强拍，而音量小的高音乐器一般适宜用在弱拍；如若进行音色的对比，以乐段或乐句为单位选择不同音色的乐器，达到对比的效果，也可进行节奏、力度的对比等。

下面以小班的《小星星》和大班的《木瓜恰恰恰》为例，分析演奏活动配器的基本要求。

小星星

1=C $\frac{2}{4}$

法国儿童民歌
程　英　配器

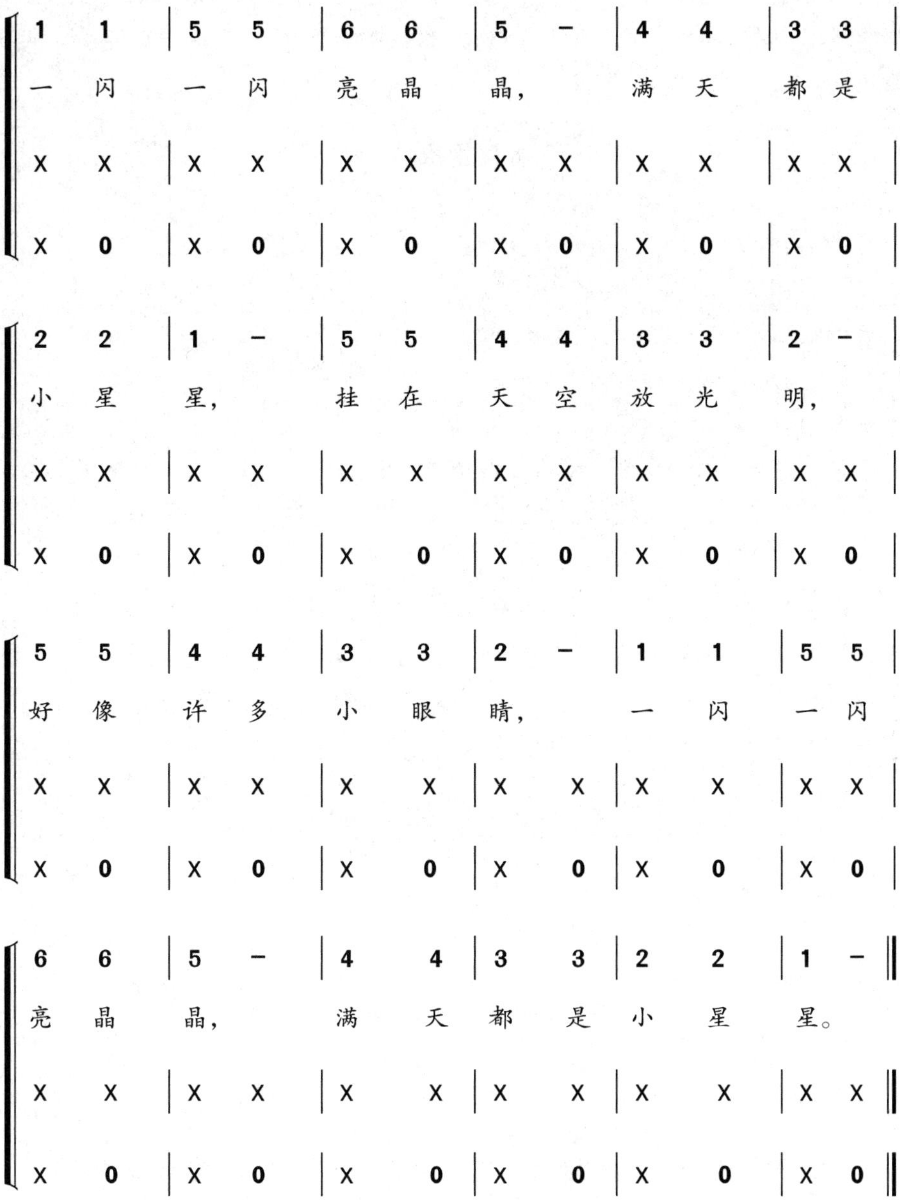

《小星星》是首法国儿歌，旋律优美、简单，节奏清晰、稳定，变化少，所以在为小班幼儿演奏配器时，适宜以稳定的节奏型进行齐奏；可以将全班幼儿分两半，各持碰铃、串铃为乐曲伴奏。第一次演奏时全班幼儿一起以“× × ｜ × ×｜”这种一拍一下的节奏为歌曲伴奏；幼儿稍微熟练后再以“× 0｜ × 0｜”的节奏一起齐奏；最后，演奏碰铃的幼儿以“× × ｜ × ×｜”的节奏演奏，演奏串铃的幼儿则以“× 0｜ × 0｜”的节奏演奏，两部分幼儿在教师指挥下随乐合奏。

木瓜恰恰恰

1=F $\frac{4}{4}$ 印尼民歌

诙谐有趣地 佚 名 曲

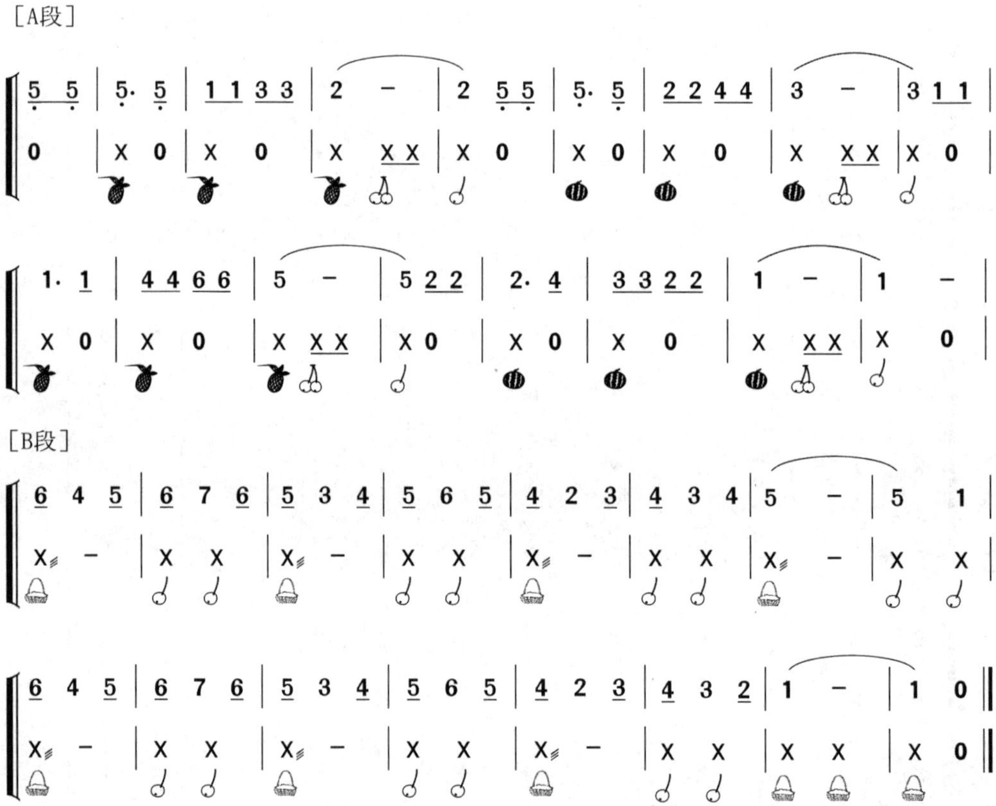

《木瓜恰恰恰》是一首印度尼西亚的民歌，音乐欢快活泼、诙谐有趣，表现了当地人民载歌载舞欢庆丰收的欢乐情景。本音乐分为 AB 两段，为大班

幼儿演奏配器时可根据每段音乐的风格、节奏型等特点予以不同的处理。

A段音乐强弱清晰，四个乐句结构比较一致，故而适宜配以统一的节奏型“× 0 | × 0 | × ×× | × 0 |”。为了让音响有一定的变化，前面的三拍由铃鼓与碰铃轮流演奏，后面的“×× | × 0 |”则由响板演奏，这样的演奏效果既有整体统一的美感，又有变化与呼应，每乐句后面由响板演奏的“×× | × 0 |”，突出了该乐曲“恰恰恰”的节奏特点，使得乐曲的音乐风格得以烘托。

B段音乐的风格发生较大的变化，所以演奏的节奏型与A段应有明显的变化。B段音乐基本由切分音构成，节奏有一定的难度，故而固定采用“× — | × × |”的节奏型，以降低演奏难度，使得幼儿能够较舒适地随乐演奏。在配器方面，可采用铃鼓与响板的轮奏构成音响的对比，“× — |”时用铃鼓摇奏的方式演奏，发出连续的铃声；“× × |”时则可配以响板有节奏地拍击，从而营造出富有美感、层次性很强的音响效果。

4. 制作演奏图谱

幼儿园打击乐曲配器方案的表述方式有两种，传统的是通用总谱，如简谱与五线谱；现在教师常使用变通总谱，目前幼儿园最普遍使用的变通总谱主要有“图形总谱”，“语音总谱”与“动作总谱”也经常配合使用。

下面，我们以《瑶族舞曲》《我的身体都会响》《苹果送给老师尝》为例。

《瑶族舞曲》图形总谱

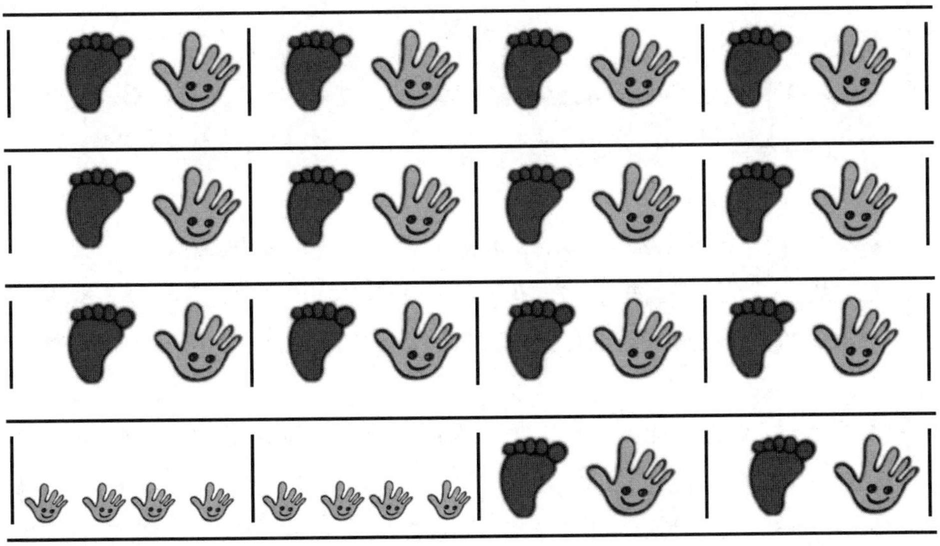

《我的身体都会响》语音总谱

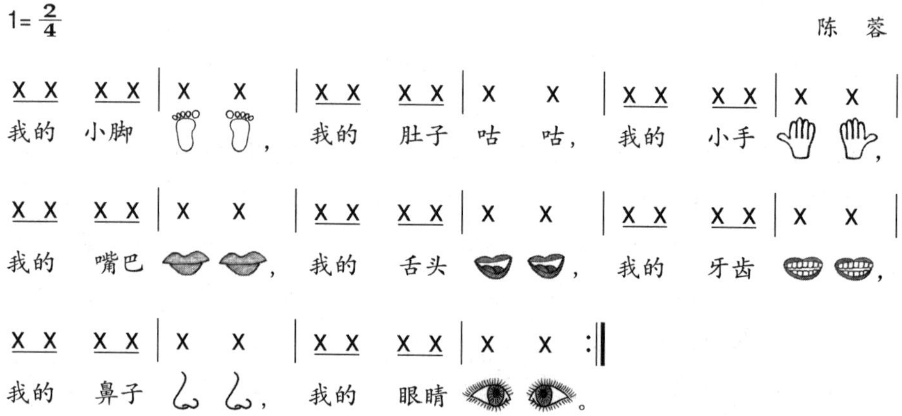

《苹果送给老师尝》动作总谱

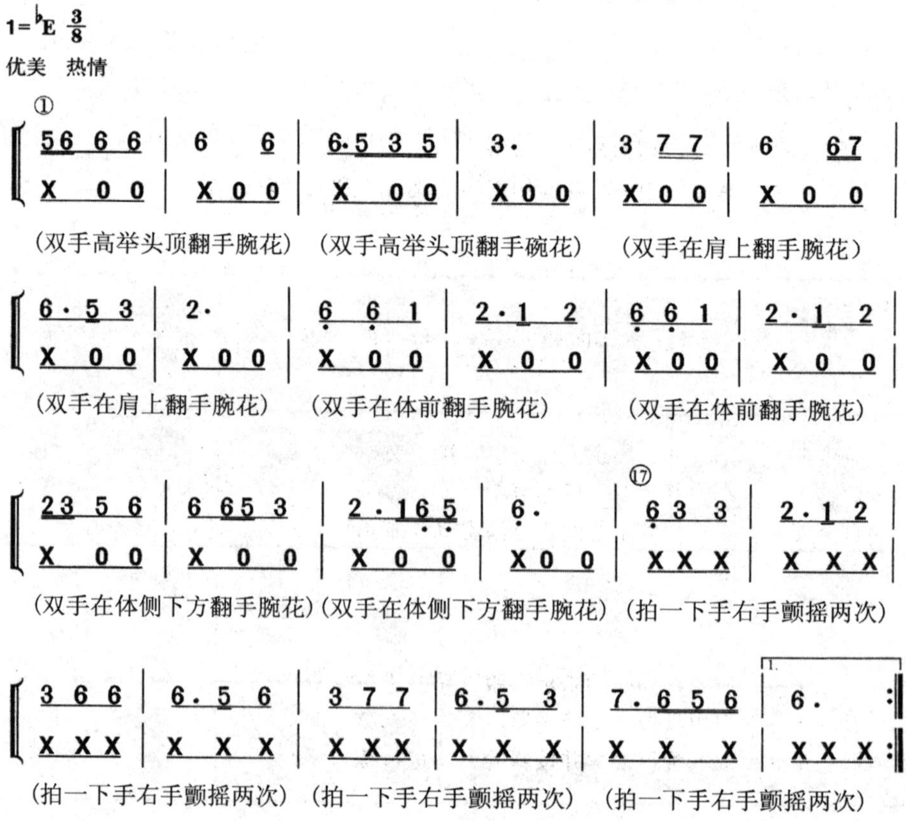

2.
6 0 0 | 0 0 0 | 0 0 0 | 0 0 0 ‖
X 0 0 | 0 0 0 | 0 0 0 | 0 0 0 ‖

{拍手
{跺脚

《苹果送给老师尝》动作图谱中一共有四个手腕花动作，分别在头顶、肩上、体前、体侧下方四个部位。教师提供碰铃、圆舞板、铃鼓、大鼓四种音色由高到低的乐器，引导幼儿探索把四种乐器音色的高低与四种手腕花动作的先后顺序结合起来表现。

第二节　幼儿打击乐器演奏能力的发展

一、乐器操作能力

乐器操作能力主要指运用打击乐器演奏出想要表现的特定音响的能力。

幼儿很小的时候就乐于探究自己接触到的玩具及各种物品，尤其对发声的玩具更是表现出浓厚的兴趣。3 岁的幼儿进入幼儿园后，在良好的教育影响下，已经逐步接触并掌握一些主要用大肌肉动作来演奏的打击乐器，如串铃、碰玲、铃鼓、大鼓、圆舞板等。3 岁幼儿演奏这些乐器的主要方式是拍奏，即一手持器，另一只手用拍手的方式拍击乐器。3 岁的幼儿使用的碰铃尽量用有把柄的，他们还不适宜用软绳串起的碰铃。除了用模仿的方式掌握乐器操作的方法外，3 岁的幼儿更愿意用探索的方式掌握同一乐器的不同演奏方法，并初步学会按需要调整演奏的力度。

4～6 岁的幼儿能接触到更多的乐器。该阶段的幼儿基本都已经接触并演奏过幼儿园所有常见的打击乐器，并能较熟练地掌握乐器的不同演奏方法。他们会逐步使用小肌肉的精细动作来演奏乐器，如运用手腕摇奏铃鼓和串铃，上下震动手臂演奏串铃和沙球，用手指运动的方式捏奏圆舞板等。同时，该阶段的幼儿更喜欢运用更多的方法探索同一乐器的不同演奏方法，能更有意识地控制、调整用力方式以奏出所需的音色和音量。

二、随乐演奏能力

演奏活动的随乐能力是指在演奏乐器过程中使奏出的音响与音乐协调一致的能力。

3岁的幼儿在敲击发声玩具时随乐意识与随乐能力都很差，大多数幼儿不能做到基本合拍地随乐演奏。在良好的教育影响下，3岁末期的大多数幼儿具备了初步的随乐意识，能基本合拍地随乐演奏，并在跟随音乐进行协调一致的演奏中获得愉快体验。

4～6岁的幼儿演奏乐器的随乐能力有了比较明显的提高，不仅能较自如地用简单的节奏跟随音乐演奏，还能初步使用几种不同的节奏型随乐合奏；能更加自觉地倾听音乐，努力使自己的演奏与音乐的速度、力度相一致。到了6岁末期，幼儿还能根据指挥手势的即兴变化随乐演奏。

三、合作协调能力

演奏活动中的合作协调是指幼儿在演奏过程中注意倾听自己、同伴与集体的演奏，并努力使自己以及每一声部的演奏都能服从于整体音响形象的塑造要求。

3岁的幼儿在良好的教育影响下，能够学会在演奏时与大家一起整齐开始和整齐结束；能初步理解指挥的简单手势，并努力做出正确的反应；能初步体验集体演奏中合作协调的快乐，愿意在演奏中用积极的情感与他人沟通、配合。

4～6岁的幼儿能进一步在多声部的合奏中主动关注整体音响，并努力保持整体音响的协调性；能较迅速地理解指挥的各种手势并积极准确地做出反应；能初步学习指挥，在指挥时以较明确的动作对演奏者做出指示，并运用眼神、体态等与演奏者进行交流与沟通等。

四、创造性表现能力

演奏活动中的创造性表现是指学前儿童运用节奏、音色、速度、力度的变化设计配器方案和进行演奏表现的过程。

3岁的幼儿用打击乐器表现音乐的意识并不强，在良好的教育影响下，幼儿逐步学会为熟悉的、性质鲜明的音乐形象选择比较合适的乐器和演奏方法，如在为《大雨和小雨》配器时，幼儿大多会选择铃鼓为大雨伴奏，选择碰玲为小雨伴奏。幼儿还会用不同的音色表现乐段与乐句的结构。

4～6 岁的幼儿积累了较多的打击乐器演奏经验，他们开始运用各种乐器、物品为熟悉的故事或者自己创编的故事伴奏；他们配器的节奏型更加丰富，并能运用音色的变化组织乐器的合奏；开始运用集体的合作智慧进行合作性的创编；利用自制乐器创编打击乐演奏方案等。

第三节　多模式、多样化演奏活动的设计与指导

在《纲要》《指南》颁布之前，幼儿园演奏活动的设计与组织模式大多比较单一，演奏活动常常为了追求整体的音响效果，而完全按照教师的演奏方案进行反复的训练。为了更好地贯彻《纲要》《指南》的精神，幼儿园演奏活动应走出教学模式过于单一的桎梏，逐步形成系统性与多样化相统一的教学模式。下面介绍几种较为常见的幼儿园演奏活动组织模式，各种模式有其相适宜的音乐特色、幼儿的音乐基础与演奏水平以及教师的教学风格，旨在为幼儿园演奏活动的设计与指导提供一个多元的选择平台。

一、从总体布局入手的模式

从总体布局入手的模式是幼儿园演奏活动组织中比较常见的教学模式。

（一）基本程序

1. 教师运用幼儿感兴趣的各种方式（如语言、教具等）引出主题，引起幼儿的注意与兴趣。

2. 教师引导幼儿完整欣赏整个音乐作品，感受、体验音乐的情绪、节奏与结构等。

3. 教师通过图形总谱或者语音总谱、动作总谱等方式帮助幼儿掌握打击乐演奏的总体方案，或者引导幼儿为乐曲设计配器方案并初步练习。

4. 幼儿分成若干小组，分别练习徒手演奏不同声部。

5. 教师指挥，幼儿跟随音乐手持乐器进行分组演奏练习。

6. 教师（或者幼儿）指挥，全体幼儿随音乐伴奏完整合奏。

（二）活动案例

木瓜恰恰恰（大班）

活动目标

·熟悉乐曲的旋律和结构，探索铃鼓的多种演奏方式，在演奏时注意自己声部在整体中的协调。

·学习看图谱合作演奏，体验集体演奏的乐趣。

活动准备

·经验准备：幼儿事先了解有关印尼的风俗民情，重点了解印尼盛产木瓜、菠萝、樱桃等热带水果。

·物质准备：演奏图谱一张；铃鼓、碰铃、圆舞板各若干；音乐《木瓜恰恰恰》（曲谱见第 146 页）、播放器。

活动指导

1. 完整欣赏乐曲，感受富有浓郁印尼色彩的民歌风格。

2. 听音乐看图谱，感知乐曲结构与演奏方案的关系。

（1）教师："恰恰恰"出现在音乐的什么地方？你能用身体发出的声音把它表现出来吗？

（2）教师操作图谱，强调切分音时的动作，重点帮助幼儿学习切分音节奏，引导幼儿再次倾听乐曲，并随着音乐拍节奏。

3. 学习看图谱演奏。

（1）探索铃鼓的演奏方法。

教师：铃鼓可以拍身体的哪里？你能拍出图谱上的铃鼓节奏吗？

（2）探索碰铃的演奏方法。教师指图，幼儿听音乐先徒手练习，后再持碰铃练习。提醒幼儿演奏时眼睛要看碰铃的演奏图谱。

（3）探索圆舞板的演奏方法。

4. 幼儿随乐看图谱演奏，提醒幼儿乐器的拿法和演奏要求。

5. 幼儿看教师指挥，按设计的配器方案进行演奏并倾听整体效果。

6. 幼儿交换乐器，看教师指挥，完整演奏。

活动建议

·在表演区中张贴图谱、提供音乐、乐器、围巾等道具，让幼儿自由练习配器演奏、表演印尼歌舞。

二、从主要声部入手进行累加的模式

（一）基本程序

1. 教师运用幼儿感兴趣的各种方式（如语言、教具等）引出主题，引起幼儿的注意与兴趣。

2. 教师引导幼儿完整欣赏整个音乐作品，感受、体验音乐的情绪、节奏与结构等。

3. 教师采用“示范—模仿”的方式帮助幼儿认识并掌握乐曲中某一典型乐段或者主声部节奏的演奏方案，并指导幼儿随乐徒手练习与持器练习。

4. 以学习或者引导创编的方式，引导幼儿掌握打击乐曲的其余部分或者另一（辅助）声部的演奏方案，并进行徒手练习与持器练习。

5. 放慢音乐，在教师的指挥下，幼儿跟随音乐，手持乐器进行完整演奏练习。

6. 幼儿跟随音乐伴奏完整演奏。

（二）活动案例

小　星　星（小班）

活动目标

· 喜欢演奏打击乐器，初步养成在演奏中倾听自己与他人演奏声音的习惯。

· 学习正确的演奏方法，初步养成看指挥演奏的习惯。

活动准备

· 经验准备：幼儿初步学会演唱歌曲《小星星》。

· 物质准备：节奏图卡两张；串铃、碰铃各若干；木鱼、大鼓各一。

活动指导

1. 教师范唱，幼儿欣赏。

教师：天黑了，天空中出现了很多可爱的小星星。它们眼睛一眨一眨，深情地唱起一首动听的歌。

2. 幼儿边欣赏歌曲《小星星》边用动作伴奏。

(1) 引导幼儿认真倾听音乐，一拍一下轻轻、有节奏地拍手，为歌曲伴奏。

(2) 引导幼儿认真倾听音乐，一拍一下轻轻、有节奏地拍腿，为歌曲伴奏。

3. 引导幼儿选择乐器，以主要的伴奏型为音乐伴奏。

(1) 教师逐一出示并演奏碰铃、串铃、木鱼、大鼓等乐器，提问：这么优美动听的音乐，哪些乐器比较合适为它伴奏？为什么？

(2) 教师出示节奏图谱一，引导幼儿徒手练习节奏，并为音乐进行伴奏。

(3) 指导幼儿看图谱与教师指挥，随乐演奏乐器。

第一遍，教师放慢速度演唱，指挥幼儿边唱边一拍一下地随乐演奏。教师注意提醒幼儿看指挥，注意演奏姿势并学习倾听演奏效果。

第二遍，播放歌曲录音，教师指挥幼儿随乐演奏。

4. 教师出示节奏图谱二，引导幼儿为音乐伴奏。

第一遍，教师放慢速度演唱，指挥幼儿边唱边一小节一下地随乐演奏。教师注意提醒幼儿看指挥，注意演奏姿势并学习倾听演奏效果。

第二遍，播放歌曲录音，教师指挥幼儿随乐演奏。

3. 教师将幼儿分为两组，随乐进行合奏。

碰铃组先演奏节奏型一，串铃组演奏节奏型二；之后交换。

活动建议

· 尽量将活动室布置得像静谧的星空，有条件的幼儿园可运用多媒体手段辅助教学，以帮助幼儿领略音乐的意境。

· 开始时教师可以放慢速度边哼唱边带领幼儿练习，幼儿熟悉后逐步恢复原速。

· 教师应注重培养幼儿取放乐器的良好常规以及正确的演奏姿势。

（注：音乐及演奏方案见第 147 页）

三、自主学习模式

自主学习模式是一种教师提供演奏方案，但由幼儿自主学习演奏方案进行演奏的教学模式。

（一）基本程序

1. 幼儿完整欣赏整个音乐作品，感受和体验音乐的情绪、节奏与结构等。

2. 教师提供幼儿自主学习的支架，如演奏图谱、体态动作，引导幼儿认真观察、自主探索其中的演奏规律。

3. 幼儿依据所提供的学习支架，进行自主的徒手练习。

4. 在音乐伴奏与教师指挥等辅助下，幼儿随乐手持乐器进行完整演奏练习。教师对幼儿的演奏进行整体评价，并对部分内容进行讲解、示范与引导。

5. 在教师指挥下，幼儿随乐完整演奏。

（二）活动案例

凤阳花鼓（大班）

活动目标

·能认真观察演奏图谱，发现图谱蕴含的演奏规律。

·用自然的体态动作表现乐曲欢快活泼的节奏特点，并用筷子和碟子为音乐伴奏。

·喜欢演奏活动，体验探索的成就感以及与同伴合作演奏的快乐。

活动准备

·经验准备：利用晨间、餐前、离园等安静活动时间，有意识地播放音乐，引导幼儿欣赏乐曲，自由地用体态动作表现乐曲的节奏。

·物质准备：节奏图谱一张、小碟子和筷子各若干；画有眼睛的小卡片八张；小鼓一面，铃鼓、串铃、沙球各若干；音乐《凤阳花鼓》，播放器。

活动指导

1. 欣赏音乐，引起幼儿对音乐的回忆，引导幼儿用体态动作表现音乐活泼欢快的节奏特点。

（1）教师：请你们看看我在做什么？（教师哼唱第一乐句并表演动作，引发幼儿的兴趣和表现欲望。）

（2）引导幼儿跟随音乐节奏并大胆地用身体动作表现音乐。

2. 倾听音乐，看图谱自主探索、发现第一段乐曲小碟的演奏特点。

（1）展示第一段乐曲的节奏图谱，引导幼儿探索图谱中小碟的颜色、大小及位置排列不同所代表的意义。

①教师启发幼儿思考：你看到图谱上的小碟有什么不一样的地方？小碟不同的颜色代表什么？（引导幼儿发现红、绿两种颜色的小碟分别代表两个演奏小组。）

②教师：为什么有的碟子大，有的碟子小？（启发幼儿迁移过去的学习经验，知道大的碟子演奏的时间长，小的碟子演奏的时间短。）

③教师：除了颜色、大小不同还有哪里不一样？有的小碟位置错开排列表示什么？有的小碟上下对应排列又是什么意思？（引导幼儿通过观察和对比知道小碟错开排列表示两组交替演奏；小碟上下对应排列表示两组同时演奏。）

（2）幼儿听音乐、看图谱、拍节奏。

①将幼儿分成红、绿两组。请红组的幼儿看图谱中的红碟子，绿组的幼儿看绿碟子。图谱中碟子错开排列时红组的幼儿双手在脸的左侧拍手，绿组的幼儿双手在身体腰部的右方拍手；图谱中碟子对应排列时两组的幼儿双手同时在身体的正前方拍手。

②引导幼儿回忆第一次活动中学过的体态动作，理解已学过的体态动作与节奏图谱的共同之处。

（3）幼儿持小碟练习。

（4）请幼儿欣赏两位教师示范演奏第一段音乐，引导幼儿发现两位教师是怎样配合以及用眼神相互交流的。

（5）幼儿持小碟再次练习。重点引导幼儿尝试伴随着自然的身体动作用眼神与同伴交流，使演奏动作更好看，并感受其中的乐趣。

3. 幼儿迁移第一段乐曲的演奏经验，学习为第二段音乐伴奏。

（1）展示第二段图谱，启发幼儿边听音乐边观察第二段图谱中小碟子符号与敲击速度的关系，以及空拍时的小碟演奏方法。

（2）引导幼儿跟随音乐持小碟演奏第二段音乐，提醒幼儿注意前八小节空拍不演奏。

①第一遍演奏后引发幼儿讨论和交流：怎样使八个空拍时的演奏动作变得更好看？（启发幼儿运用伴随着自然的身体动作眼睛看着拿筷子的手的方法进行演奏。）

②将八张画有小眼睛的卡片贴在相应的空拍处，提醒幼儿演奏第四拍时眼睛要看手。

（3）请幼儿运用新的方法再次演奏第二段音乐。

4. 幼儿完整演奏乐曲。

（1）引导幼儿看图谱完整演奏两段乐曲，提醒幼儿演奏中运用眼神交流、眼睛看手的方法。

（2）引导幼儿看教师的指挥完整演奏两段乐曲。

5. 添加乐器，丰富演奏效果。

（1）出示铃鼓、串铃和沙球，请幼儿想想：哪种乐器的演奏动作适合红组来演奏？哪些乐器的演奏动作适合绿组来演奏？

（2）请红组幼儿拿铃鼓，绿组幼儿拿串铃或沙球为乐曲伴奏，感受其演奏效果。

（3）添加小鼓，由教师或请一名能力强的幼儿敲鼓，鼓励幼儿按自己对乐曲的理解大胆地演奏，增强乐曲活泼欢快的气氛，进一步丰富演奏效果。

活动资料

《凤阳花鼓》图谱

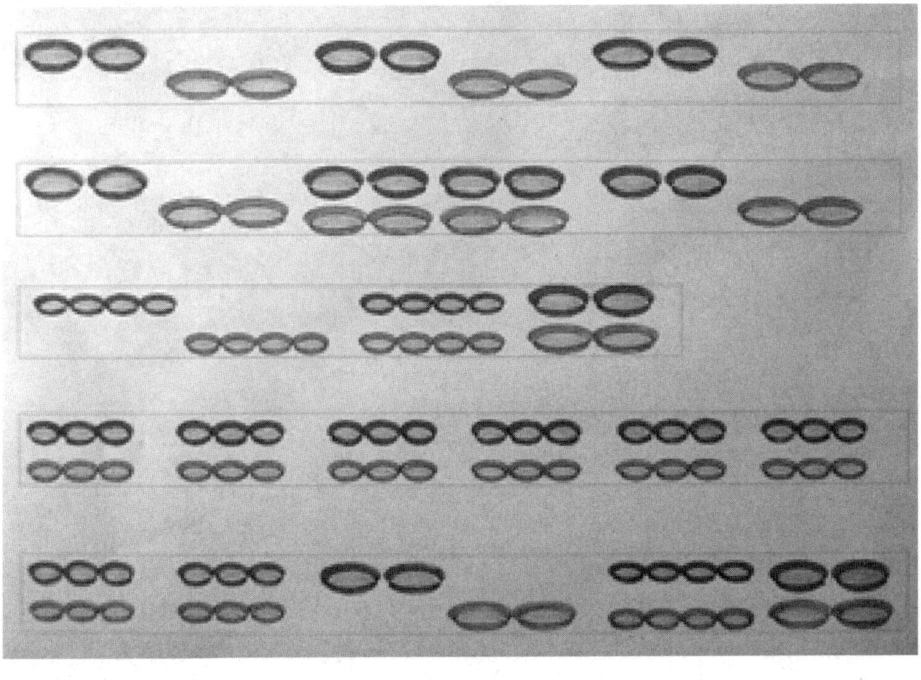

凤阳花鼓

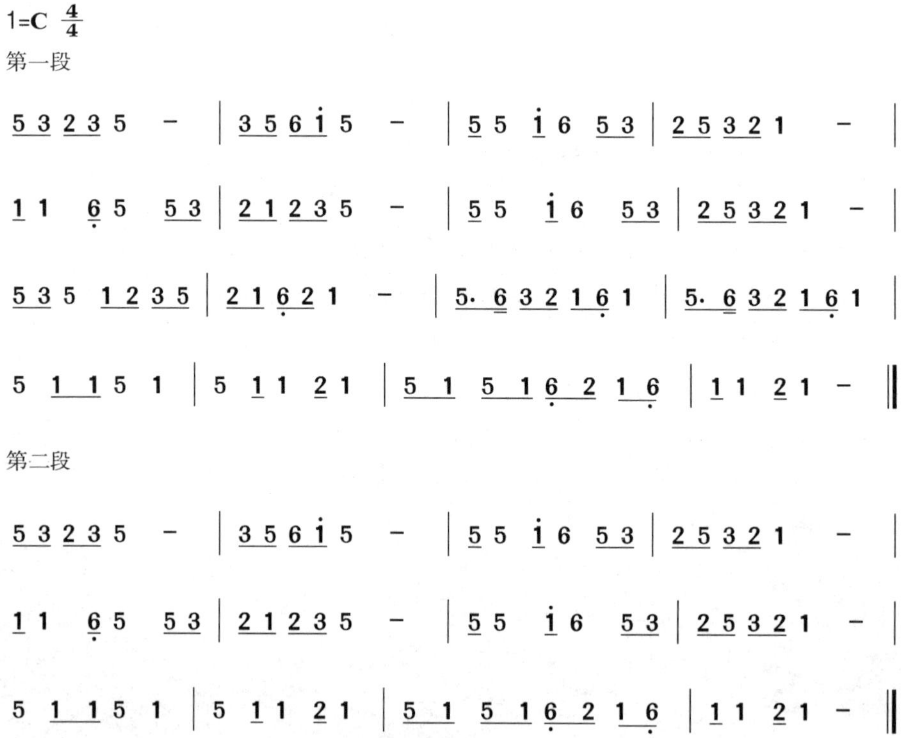

四、“体验—探究—创编”模式

“体验—探究—创编”模式是幼儿在感受、体验音乐基础上，自主探索音乐、探索乐器并自主创编配器方案的教学模式。

（一）基本程序

1. 教师运用幼儿感兴趣的各种方式（如语言、教具等）引出主题，引起幼儿的注意与兴趣。

2. 教师引导幼儿完整欣赏整个音乐作品，初步感受音乐的情绪、内容、节奏与结构等。

3. 幼儿通过各种方式（体态动作、语言等）自由探索音乐，进一步体验音乐的节奏、情绪与结构等。

4. 幼儿分成若干小组，使用乐器自由探索音乐的配器方案，教师观察指导。

5. 幼儿跟随音乐尝试演奏，感受各自创编的演奏方案的音响效果。

6. 教师组织幼儿进行分享与评价，并予以适当的提升。

（二）活动案例

青蛙和小鸟（中班）

活动目标

• 感受乐曲表达的音乐形象，尝试用不同的体态动作表现乐曲节奏。

• 能愉快地参与音乐游戏，体验语言节奏的趣味性。

• 喜欢节奏活动，能听音乐分辨乐器音色，用小乐器愉快地演奏。

活动准备

• 物质准备：圆舞板、蛙鸣器、小铃、串铃各若干；青蛙和小鸟的头饰若干；音乐《青蛙和小鸟》、播放器。

• 环境创设：大树和草地。

活动指导

1. 玩游戏“小鸟与青蛙”。

教师以小鸟朋友的身份参与游戏，提醒幼儿用相应的节奏与朋友问好。

2. 玩游戏“听音乐猜朋友”。

教师：你们想知道小鸟的客人是谁吗？请小朋友听听音乐，音乐会告诉我们的。

3. 幼儿欣赏音乐《青蛙与小鸟》。

（1）幼儿欣赏“青蛙”的音乐，感受音乐所表达的形象。教师：客人是谁？你是怎么知道的？

（2）幼儿完整欣赏音乐，体验音乐的变化。教师：什么时候是小鸟唱？什么时候是青蛙唱？

（3）请幼儿再次欣赏，体验音乐的变化，引导幼儿边听音乐边用手部动作告诉教师哪一句是青蛙唱的、哪一句是小鸟唱的。

4. 分角色节奏对答游戏。

请幼儿按意愿扮演小鸟或青蛙，小鸟站在大树下，青蛙站在草地上，引导幼儿听音乐拍击节奏或即兴舞蹈动作表演，用自己喜欢的方式游戏。

5. 分角色选择小乐器演奏。

教师：青蛙和小鸟玩得很开心，要是有乐器伴奏一定更好听。咱们就来试一试吧！

（1）教师介绍并演奏圆舞板、蛙鸣器、小铃、串铃，引导幼儿思考：哪一种乐器更适合为青蛙的音乐伴奏，哪一种乐器更适合为小鸟的音乐伴奏？

（2）尝试演奏，感受演奏效果。教师引导幼儿认真倾听并评价，教师予以指导。

（3）幼儿随乐完整演奏。

（本活动由福建省实验幼儿园林珍设计执教）

活动资料

青蛙和小鸟

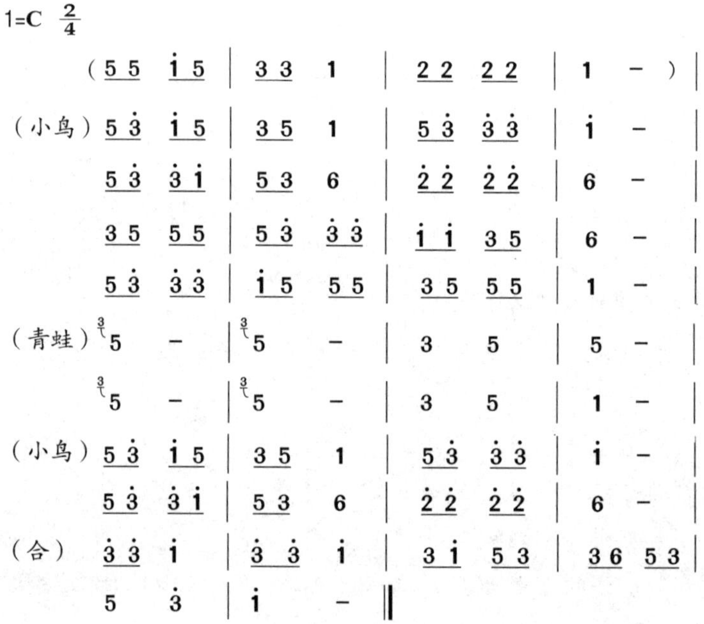

只有幼儿具备一定打击乐器演奏基础，并对乐器及配器具有初步知识经验的背景下才较适宜运用“体验—探究—创编”模式。

五、生活化乐器演奏模式

（一）基本程序

该模式的基本程序是：自由探索→引导探索→创造表现。自由探索阶段，教师提供充足的生活化演奏材料与空间，让幼儿在其中自由地探索、发现各种生活乐器的音色、演奏方法等；引导探索阶段，教师在幼儿自由探索的基础上，引导幼儿有目的、有意识地探索材料的音乐表现方式，体验音乐的节奏、音高、速度、力度、曲势等音乐表现手段；创造表现阶段，幼儿在教师的启发下，自由地伴随音乐进行创造性的演奏。

（二）活动案例

福州小吃（中班）

活动目标

·感受福州方言说唱歌曲的乡土韵味，能跟随音乐节奏用肢体动作表现歌曲中说唱部分的节奏。

·尝试用碗、勺、碟、筷子为歌曲的说唱部分伴奏，体验集体合奏和与同伴协同轮奏的乐趣。

·萌发喜爱家乡小吃、喜爱家乡方言的情感。

活动准备

·经验准备：幼儿事先游览三坊七巷，品尝和了解福州小吃，学会用福州方言说“鱼丸”“拌面”“海蛎饼”“扁肉”。

·物质准备：鱼丸、拌面、海蛎饼、扁肉等福州小吃图片和课件；小厨师围兜若干、实物碗、勺、碟、筷子各若干；音乐《福州小吃》《鼓楼故事》、播放器。

·环境创设：四个福州小吃摊。

活动指导

1. 设置游戏情景引起幼儿的兴趣。

教师：我们福州的三坊七巷你们都去过吗？那儿有许多福州小吃，今天那里的厨师要请我们帮助他卖小吃，我们去瞧一瞧吧！

(1) 幼儿观看课件《福州小吃》，欣赏歌曲，感受福州方言说唱歌曲的地方韵味。

(2) 引导幼儿回忆并巩固用福州方言说“鱼丸”“拌面”“海蛎饼”“扁肉”四种的福州小吃。

教师：你看到、听到了三坊七巷里都有哪些福州小吃？你能用福州话说说这些福州小吃吗？

（3）引导幼儿理解“丫好咧”的意思，并用动作表现。

2. 玩节奏游戏，引导幼儿用肢体动作表现“×××｜×××｜”的说唱节奏。

（1）引导幼儿再次欣赏音乐，学学小厨师卖小吃的时候是怎么说的。

（2）出示小吃图片，引发幼儿用肢体动作玩说唱节奏，集体练习“×××｜ ×××｜”的说唱节奏。

（3）幼儿分组玩说唱节奏，跟随音乐练习徒手轮奏。

3. 幼儿扮小厨师叫卖小吃，尝试用碗、勺、筷子轮奏。

（1）幼儿扮演小厨师，按意愿选择小吃摊，跟随音乐用碗、勺、筷子演奏。

（2）引导小厨师发现能让碗、勺、筷子发出清脆声响的演奏方法并尝试。

（3）启发小厨师有表情地叫卖和演奏，吸引更多的客人来品尝福州小吃。

4. 以坐人力车逛三坊七巷寻找其他福州小吃的方式自然结束活动。

活动建议

·在音乐区里设置福州小吃的摊位，投放音乐、厨师围裙、节奏图谱，以及竹签筒、小碟子、小锅盖、大汤勺等餐具，引发幼儿尝试使用新的生活乐器进行演奏和叫卖。

·在语言区投放其他的福州小吃图片，如锅边糊、光饼、春卷等，播放福州小吃方言录音，引导幼儿学说福州小吃方言，并尝试用新学的小吃方言替代“鱼丸”“拌面”“海蛎饼”“扁肉”等玩节奏游戏。

（本活动由福建省实验幼儿园陈静容设计执教）

活动资料

福州小吃

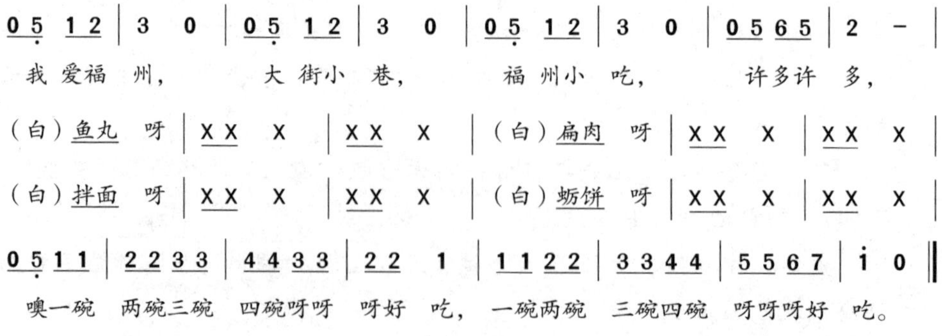

生活中适合用于演奏的物品很多，如用各种玻璃瓶子，内装不同高度的水；各种质地及大小不等的碗、碟子、筷子，各式小盆、小桶；用苹果、胡萝卜、黄瓜等雕成的吹奏乐器；铁汤勺及小棍子等。教师在组织生活化乐器演奏活动时，应注意引导幼儿倾听与探索如何使各种物品发出和谐、富有美感的音响。

第四节　幼儿园演奏活动的指导要点及障碍消解

一、幼儿园演奏活动的指导要点

（一）从小培养幼儿打击乐器演奏的良好常规

在打击乐器演奏活动中，常规是十分重要的。集体性的打击乐器演奏活动的常规一般包括活动开始与结束的常规以及活动进行的常规。

活动开始与结束的常规，包括幼儿根据指挥的信号整齐地取出或者放回乐器；乐器拿出后，尚未演奏时须将乐器贴放在大腿上，不发出任何音响；开始演奏时，按指挥的提示整齐拿起乐器，做好演奏的预备姿势；演奏结束后，按指挥的提示将乐器放回大腿上或者座位底下；活动结束后，自己收拾乐器、整理场地。

活动进行的常规，包括演奏时幼儿身体略倾向指挥者，眼睛注视指挥者，积极与指挥者交流；自己演奏时注意倾听音乐与他人的演奏；不做与演奏无关的事情；交换乐器时，先将自己的乐器轻放在座位上，再迅速找到适宜的地方轻轻坐下，不与同伴以及椅子相撞。

（二）以游戏的方式进行学习与探索，避免单纯枯燥的演奏训练

一些教师将打击乐器等同于成人的乐器，组织活动时过于正规、刻板，虽然最终获得一定的演奏效果，但是幼儿对打击乐器的兴趣却日渐消失。因此，教师应根据幼儿的年龄特点，多采用游戏的方式组织活动，如用“我们听听圆舞板是怎样说话的”等语言激发幼儿玩弄乐器的欲望，让幼儿在愉快的玩乐器过程中，初步学习乐器的演奏方法。教师可以带领幼儿玩“听听找找”“听听做做”等听辨游戏，如玩大鼓和小铃游戏中，敲小铃时，他们就做

小鸟飞、小兔跳等灵巧的动作；而听到大鼓时，他们做大象、老虎、熊等笨重凶猛动物的动作。这样更有利于引发幼儿对乐器的兴趣，在此基础上进行学习与探索。

（三）全面开放打击乐器

为便于幼儿全面认识与操作各类打击乐器，教师应努力创设、提供相应的机会和条件，让幼儿有更多机会接触到各类打击乐器，如在集体性的演奏活动中，教师可以提供机会让幼儿自由选择、交换乐器；在活动室摆放一些幼儿喜爱的打击乐器，供幼儿区域以及日常活动中自由使用等。

（四）充分利用生活材料、废旧材料自制乐器

根据幼儿园的经济条件，教师一方面应积极购买质地好、音色优美动听的打击乐器；另一方面，还可以充分利用生活物品以及各种废旧材料自制乐器，如生活中的碟碗桶盆、饮料罐、竹筒等都可以用来开展打击乐器演奏活动，并进一步增强幼儿对生活中各种物品音色的认知。

（五）鼓励并逐步引导幼儿为歌曲、乐曲、故事、儿歌等配器演奏

当幼儿具备一定的音乐知识与打击乐器演奏的经验后，教师应积极鼓励并引导幼儿尝试为熟悉的歌曲、乐曲、故事、儿歌等配器，设计演奏图谱，并进行创造性地合作演奏等，发挥幼儿的想象力与创造性。如以《小灰老鼠的故事》为背景，引导幼儿为该故事配器演奏。

小灰老鼠的故事

在一座高高的大桥下面，有一所小小的灰房子，在这所小小的灰房子里住着一只小小的灰老鼠。小灰老鼠很寂寞。它在家等着朋友来做客。小熊从桥上走过，发出沉重的咚咚声；小鸟从桥上飞过，发出轻柔的叽叽喳喳声。大家一起唱歌、跳舞，小灰老鼠感到很快活。

教师可引导幼儿在倾听故事《小灰老鼠的故事》基础上，探索用乐器的音色以及节奏表现音乐故事中不同动物走路的特征。幼儿可以用串铃、沙锤的音色及“××××｜”的节奏型表现小鸟轻柔的飞翔；用大鼓的音色以及“× 0 × 0｜”的节奏型表现小熊沉重的走路。他们根据音乐故事的情节，轮流用乐器音色和节奏演奏，他们自主地看指挥轮奏、合奏，正确地使用乐器，不断发现乐器的不同音色以及适宜演奏的节奏。

二、幼儿园演奏活动的教学障碍与消解

（一）障碍1：活动内容太多、难度偏大

典型案例：在一次大班幼儿开展的打击乐器演奏活动“红旗颂”中，教师事先为音乐精心创编了十分形象的图形总谱与动作总谱。活动开始时，教师先启发幼儿边听音乐边完整欣赏教师的动作方案，感受动作总谱的特点；接着，教师引导幼儿分段欣赏，进一步感受各部分动作与音乐结合的规律，并引导幼儿初步模仿其中的部分动作；之后，教师引导幼儿探索音乐、动作与乐器之间的关系，启发幼儿大胆为不同乐段匹配乐器与节奏型；最后，教师指挥幼儿从分组徒手练习、全体徒手练习，再到全体幼儿持器演奏。演奏的效果不错，但幼儿似乎十分疲惫，对本音乐及其演奏活动深感审美疲劳。

诊断分析：目前许多幼儿园开展的打击乐器演奏活动，在一次活动时间内，幼儿既要熟悉乐曲，了解并学习教师的演奏图谱（动作总谱、图形总谱或是语音总谱），又要自选乐器、自编节奏，最后还要完整随乐演奏，并且仍要完美的演奏效果。一次活动的容量太大、难度太大，导致整个活动中教师忙着追赶环节，师幼双方都十分疲惫。

消解策略：教师热衷于追求一次活动的完美与完整，为一次音乐活动安排太多内容，或是内容很好，但其学习难度超出幼儿的音乐能力、演奏乐器的水平等。要避免这一障碍，教师可采取以下策略。

1. 精选内容，降低难度。选材时宜选择短小、性质鲜明且对比明显的音乐作品，同时，打击乐曲的配器应以简单、多重复为宜，不要过分追求难度与变化。

2. 把握重点，前后渗透。一次活动中宜重点突破某些个别问题，解决某些难点，其他的内容可以往上下延伸渗透，不需在一次集中活动中完成所有内容。如上述案例，乐曲的欣赏应在打击乐器演奏活动之前就已经完成，教师还可引导幼儿通过音乐区域活动等形式对该乐曲的演奏方案进行初步的探讨。本次集中活动的重点就是交流各自的探索经验，在教师的引导下进一步完善方案，并初步进行集体性的演奏。

（二）障碍2：指挥的暗示性偏弱，幼儿难以与指挥有效合作

典型案例：一位年轻教师在指挥幼儿演奏《木瓜恰恰恰》。可是，她的指挥手势就像在指挥合唱那样，一上一下地划着拍子，无法让幼儿明确自己应

何时开始进入演奏、何时与其他乐器交替演奏。同时，该教师指挥时眼睛一直盯着一个位置，很少与幼儿沟通交流。幼儿越演奏越没劲，最后，全班幼儿乱敲一气，活动室里乱成一团。

诊断分析：打击乐演奏活动中的指挥以及幼儿看指挥演奏的过程，对幼儿的音乐能力以及社会性发展有着重要而特殊的意义。幼儿通过看指挥，理解指挥的手势、表情以及眼神提示，积极调整自己的演奏，使得整个演奏活动有和谐的音响效果。同时，幼儿还从中学习与人沟通、合作，主动调整自身演奏与他人或集体协调。目前，年轻教师在指挥过程中暗示性偏弱，导致上述教育目标无法实现。

消解策略：在打击乐演奏活动中，指挥起着重要的作用。一般打击乐演奏活动中的指挥主要由教师担任，适当时候可以请能力较强的幼儿担任，但教师需要进行必要的指导帮助。教师可采取以下策略以达到较好的演奏与沟通交流的效果。

1. 提高指挥的基本技能。一般，幼儿园演奏活动所需要的基本技能主要有：知道如何用动作表示“准备”“开始”“结束”，指挥演奏时的起势、击拍、收势等动作清楚明确，易于让幼儿做出正确反应。同时，指挥者应对演奏方案十分熟悉，能熟练进行指挥，并使自己的指挥动作与音乐相协调。

2. 增强与幼儿交流的意识与能力。在指挥幼儿演奏过程中，指挥者应将身体略倾向幼儿，用眼睛注视并用适宜的体态激发幼儿的演奏热情，同时，在声部转换之前应提前一拍将头部和目光转向下一个将要演奏的声部。

（三）障碍3：幼儿的主体性与打击乐演奏效果之间难以双赢

典型案例：有的教师为了发挥幼儿的主动性，鼓励幼儿为乐曲自主选择乐器、编配节奏，而幼儿常常因为缺乏必备的知识技能支持，所创编的演奏方案缺乏美感，导致演奏效果一般甚至不好；一些教师为了追求演奏的音响效果，就要求幼儿依样画葫芦地完全按照教师的演奏方案不断练习，导致整个活动中幼儿的主体性严重缺乏。

诊断分析：在幼儿园打击乐器演奏活动的实践中，一线教师常常遭遇到幼儿的主体发展与音乐技能之间像跷跷板那样你上我下、难以共同发展的困境。幼儿的主体性与打击乐演奏效果之间难以双赢的现象在幼儿园音乐教育中普遍存在，而在打击乐器演奏活动中尤为突出。

消解策略：一次成功的打击乐器演奏活动应是在充分尊重幼儿主体性的

基础上，有计划、循序渐进地发展幼儿的演奏能力与审美能力。因此，教师应根据不同年龄幼儿的音乐能力，有针对性地采取适宜的策略，使得幼儿的主体性与演奏技能之间的发展达到动态的平衡。为此，可采取以下策略。

1. 根据幼儿年龄与发展水平，动态调整教学重点。年龄越小的幼儿越需要进行打击乐演奏常规的培养，教师需对该年龄幼儿在正确持器与演奏技能等方面进行具体的指导与帮助，多为幼儿积累听音乐的经验；随着幼儿年龄以及乐器演奏经验的增长，教师应逐步放手，引导幼儿自主探索配器的方案与演奏方法，指导幼儿认真倾听与比较不同方案的演奏效果，并进行改进。

2. 允许幼儿自选乐器，并以标志的方式固定座位。教师应允许并鼓励幼儿有机会自由选择自己喜欢的乐器。幼儿对自己选择尤其是好不容易争取到的乐器倍加珍惜，能更加主动、积极地学习。由于乐器是由幼儿自由选择的，若让他们自由坐下，则会出现各类乐器排列不集中的问题，既影响演奏效果，又不便于教师指挥。为了解决这一矛盾，教师可把座位进行相对固定，并按乐器方块做好标记。幼儿自由选好乐器后，能很迅速地按标记找到相应的座位。

3. 投放节奏卡，引导幼儿自选。当幼儿选择好乐器后，该怎样演奏呢？尤其是中小班幼儿还缺乏分组讨论的经验，若任凭幼儿自由演奏，较难奏出和谐的音响效果。教师可根据幼儿已初步掌握的几种简单的节奏型，设计成形象生动、幼儿容易理解掌握的节奏卡，让幼儿选择适宜的节奏型并进行试奏。最后，教师再组织全体幼儿共同演奏。

第六章　幼儿园音乐教育游戏化及音乐游戏的设计与组织

游戏是幼儿的主要活动方式，是幼儿把握世界的主要手段，是幼儿园的基本活动。幼儿还不能把音乐活动当作一种有目的、有意识的审美创造活动，他们只是为了满足活动的需要、因为自己喜欢才去从事音乐活动。对幼儿而言，音乐就是一种游戏。只有幼儿从音乐活动中获得欢乐和愉快的体验时，音乐才能真正成为幼儿的需要，并且被幼儿所接纳。随着幼儿园教育改革的不断深入，音乐教育游戏化的思想与做法得到越来越多幼儿园教师的认同，给幼儿园音乐教育带来了勃勃生机。长期的幼儿园音乐教育实践表明，游戏是一种特殊形式的审美活动，幼儿热衷于追求游戏过程中的快乐，游戏化的音乐教育才能真正满足幼儿成长的身心需要。

音乐教育游戏化是指在幼儿园音乐教育活动中，教师通过那些能尊重幼儿游戏意愿、符合各阶段幼儿身心发展特点与合理需要、符合游戏精神、能有效促进各阶段幼儿身心发展的音乐游戏或游戏化方式等，引导幼儿与音乐一起玩，在快乐的游戏中满足幼儿身心发展的合理需求，实现音乐与非音乐素质和能力的和谐发展。其中，音乐素质和能力主要包括感受美、表现美与创造美的素质与能力，以及一些基本的、粗浅的音乐知识和技能等；非音乐的素质和能力主要包括主动参与、专注倾听、积极思考与大胆表现等学习态度与习惯，以及善于交流、克服困难、遵守规则、共享空间等良好品质等。音乐教育游戏化既可以渗透在幼儿园歌唱、韵律、音乐欣赏、演奏活动中进行，也可以在专门组织的音乐游戏活动中得以体现。音乐游戏的教育价值则重点体现在充分运用音乐游戏发展幼儿对音乐某些表现手段的感受与反应能力，让幼儿感受到音乐游戏的快乐等。

第一节　幼儿园音乐教育游戏化及其实施

音乐教育游戏化追求的是音乐与游戏的有机融合，追求的是“游戏音乐，快乐成长”的主旨，倡导的是幼儿主体体验，其快乐来源于幼儿在游戏化音乐活动中各种合理需要的满足，如认知（技能）挑战、审美感动、人际支持、自我调控等。但在幼儿园音乐教育实践中，一些教师在音乐教育与游戏融合的过程中存在顾此失彼甚至相互对立等现象，许多音乐教育在游戏化过程中存在贴“标签”现象，导致了音乐教育游戏化的形式化与低效化。

一、贴着游戏“标签”的音乐教育

贴着游戏“标签”的音乐教育指的是那些徒具游戏的名称、角色、玩法、规则等外在的形式，但却缺乏游戏的精神，幼儿觉得不好玩、不快乐并丧失自主性与快乐感的音乐教育。不少音乐游戏具有情节、角色、玩法、规则等外在的形式，却无法真正激发幼儿的活动兴趣与主体性。许多幼儿对教师“精心”设计组织的游戏情境兴趣索然。有的教师在幼儿活动过程中导演过度、干涉太多，音乐教育游戏化的效果也大打折扣。

下面我们透过一组真实的案例来诊断与反思该类音乐教育。

例1：音乐欣赏活动“化蝶”

在欣赏中国名曲《化蝶》片段时，教师设计并组织开展了“蝴蝶找花”的游戏，以帮助幼儿感受音乐的情绪与乐句。该游戏的玩法是：一部分幼儿扮演花儿，蹲在地上做花开的动作，其余大多数幼儿扮演蝴蝶，听音乐在花丛中飞来飞去，在每一乐句结束的最后一个音时，“蝴蝶”就停在一朵“花儿”上做一造型。

从文本上看，这是一个设计得较为完美的音乐活动，在这样一个有情节、有角色、有玩法、有规则的游戏化音乐情境中，引导幼儿感受与表现中国传统经典音乐片段的情绪与乐句，效果似乎不错。然而，活动的真实效果却让教师感到失望，扮演花儿的幼儿非常无聊地蹲在地上，毫无兴趣地做花开的动作。一次游戏玩下来，“花儿”们纷纷要求交换角色。几遍游戏后，再也没有幼儿愿意扮演花儿。

这个游戏化设计与组织的突出问题是幼儿“被游戏”。活动结束后，为了帮助一线教师们亲身体验“被游戏”的感受，我们请执教教师及其教研团队一起听音乐玩了几遍“蝴蝶找花”的游戏，然后大家谈各自的感受。扮演花儿的教师们觉得自己似乎成了游戏的道具与摆设，缺乏对音乐的主动感受，更缺乏自主表现的机会与能力，很无趣。

例 2：节奏活动“孙悟空打妖怪”

“唐僧骑马咚那个咚，后面跟着个孙悟空。孙悟空，跑得快，后面跟着个猪八戒……”这首脍炙人口的节奏歌谣，幼儿十分喜欢。在一次大班的音乐活动中，教师就将这首歌谣与游戏结合，设计组织了一次节奏活动。全班幼儿围坐成一圈，扮演念经人；请一名幼儿扮演唐僧，坐在中间；再请三名幼儿分别扮演孙悟空、猪八戒、沙和尚，在圈外活动。游戏开始时，圈上的全体幼儿一边听民乐《百鸟朝凤》，一边有节奏地诵读歌谣，一边一拍一下地演奏木鱼，“唐僧”则随乐有节奏地敲大木鱼，“孙悟空”“猪八戒”“沙和尚”带上头饰，在圈外随乐逆时针边走边表演相关的动作。当念完“眼睛亮、冒金光，高高举起金箍棒”时，“孙悟空”的“金箍棒”指到的圈上幼儿就是“妖怪”，“妖怪”要马上站起来，向“山洞”跑去，“孙悟空”“猪八戒”“沙和尚”与“妖怪”谁先跑到“山洞”谁就赢了。

在上述游戏活动中，幼儿十分兴奋，尤其在最后奔跑过程中，幼儿都沸腾了。但全体幼儿在此活动中，究竟获得了哪些发展呢？这首歌谣是事先学会的，一拍一下地演奏木鱼是小班幼儿都已经会的技能，幼儿为了游戏而游戏，热闹玩乐之后并没有获得应有的发展。

的确，许多冠以游戏化的音乐教育活动中，幼儿仅仅体验了参与的快乐，却无法获得应有的审美能力与素质的提高，活动开展得十分热闹，幼儿玩得不亦乐乎，但其感受美、表现美、创造美的音乐素质与能力并未在游戏化的音乐教育中得到应有的发展，整个游戏对幼儿缺乏应有的挑战。

例 3：韵律活动“卡门序曲”

在开展韵律活动“卡门序曲”的过程中，幼儿才安静倾听了一遍音乐，教师就要求幼儿边听音乐边随乐自由表现动作。接下来，教师组织开展“斗牛”的游戏：第一遍游戏，教师设置了斗牛的场景，全体幼儿

> 扮演斗牛士，随乐表现斗牛；第二遍游戏，教师为每位“斗牛士”增加了红披风，幼儿拿着道具进行表演；第三遍游戏，教师扮演斗牛，幼儿扮演斗牛士，拿着披风与“斗牛”角逐；最后一遍游戏，请两名幼儿扮演斗牛，幼儿分两组玩游戏。

在上述活动中，幼儿对拿着红披风与“斗牛”角逐的游戏十分兴趣，教师不断强化刺激，幼儿兴奋不已。但整个游戏过程中，幼儿像群失控的野牛，既没有认真倾听音乐，更没有随乐有节奏地表演斗牛士走、展披风斗牛等相关动作，而是满场跑来跑去、上蹿下跳，甚至相互碰撞。

一些教师片面追求幼儿在游戏中的生理性快感，不断强化外在的强烈刺激，导致不少幼儿养成无法静心倾听、思考与学习等不良习惯，助长了音乐学习与创造过程中的浮躁心态，忽视甚至阻碍了幼儿专注倾听、认真思考、克服困难等良好学习品质的培养。

例 4：音乐游戏“七士进阶”

> 一位教师在大班运用奥尔夫音乐《七士进阶》开展音乐游戏时，设计了“狐狸与兔子”的游戏情境：前面音乐较为欢快活泼，“狐狸”与“小兔子”们就随乐蹦蹦跳跳地出去玩；到长音后面的顿音“5 — — 1 0”的时候，“狐狸”回头往后看，“兔子”们就马上蹲下不动；当音乐重新回到活泼欢快的旋律时，“小兔子”与“狐狸”又重新往前走。

上述游戏的情境及动作的设计与音乐的内在契合度是比较高的，前段音乐活泼欢快，其旋律与节奏很适宜表现兔子蹦蹦跳跳的动作，而每次长短音前都有一个提示，便于幼儿变化动作。但这些情节、动作与规则对于大班幼儿而言显得太简单了，缺乏挑战性，所以幼儿觉得无趣，游戏的兴趣不高。

一些教师缺乏正确把握音乐与设计音乐游戏的能力，所设计的游戏与幼儿的年龄特点及发展要求不相匹配，或是与音乐的结构、节奏、音色等表现手段的内在联系不足，使得幼儿在教师精心设计的游戏情境中，不能获得应有的审美快乐与音乐审美能力的充分发展。

上述案例反映了当前教师在音乐教育游戏化过程中的一些问题，其原因是多方面的，既有教育理念层面的，如一些教师对幼儿园音乐教育游戏化中音乐教育与游戏有机融合的本质以及内在机制理解不够到位，对有效教育、学习品质培养等理念与意义认识不足；也有教师音乐素质层面的，如教师自身的音乐审美能力不足，对音乐的赏析不到位等；还有教育机智与策略层面的，如教师音乐教育机智不足，缺乏创编适合幼儿心理与发展需要的音乐游戏的技能，组织与实施音乐教育的策略比较单一等。

二、“标签”游戏的改造

游戏化的音乐教育是一种以幼儿为本的教育方式，幼儿在快乐的游戏与轻松愉快的活动中不知不觉地感受音乐的美，享受大胆参与和自由表现的乐趣，并学习一些粗浅的音乐知识和技能技巧，从而更好地促进自身身心健康、和谐地发展。那么，如何将贴着游戏“标签”的音乐教育改造为真正激发幼儿主体活力的游戏化音乐教育呢?

游戏是幼儿最喜爱的活动，游戏之所以成为幼儿最喜爱的活动并不是因为角色、情节、玩法、规则等外在的形式，而是因为它具有的自主、自由、快乐等内在的精神实质。所以，一个活动能否具有游戏的特性，取决于其内在的精神实质。因此，应赋予音乐活动游戏精神，依此将“标签”游戏改造为主体体验游戏。

下面以福州本土音乐活动“扒龙船”为例，探讨“标签”游戏的改造。

最初的教学：端午节将至，教师在组织幼儿学唱福州童谣《扒龙船》活动中，采取了引导幼儿观看划龙舟录像、听福州方言演唱录音、教师边范唱边出示图谱、幼儿跟唱等多种方式，帮助幼儿感受、理解与学习歌曲及方言。之后，教师用椅子围成一艘艘的“龙船”，引导幼儿扮演扒龙船的船工，边游戏边随乐演唱童谣，之后引导他们边演唱边伴随音乐节奏玩“扒龙舟”的游戏。

上述活动在整体设计上思路比较清晰，但在最后的游戏化活动设计与组织中，仍然将游戏标签化，幼儿看似在游戏，其实是在教师的导演下“被游戏”。他们只能按照教师的设计思路，在“游戏化”的情境下依样画葫芦地“游戏”。虽然情境的创设、游戏的情节等能在一定程度上增强幼儿的兴趣，但幼儿始终缺乏自主的体验与自在的表现，其活动也难以获得真正的快乐。为此，我们对游戏化的部分进行了改造。

改造后的游戏：以福州民间歌谣为题材开展“双簧”游戏，幼儿两两合作。一幼儿扮演“后脸”，躲在屏风后面唱《扒龙船》等福州童谣，另一幼儿扮演“前脸”，在前面用口型、动作配合“后脸”的歌声进行大胆表现。两幼儿不断地反复练习与磨合，尽可能使“前脸”的动作、表情、口型、节奏和“后脸”的语言、语音、语调、节奏合二为一，不露破绽。在表演结束前，教师允许幼儿自己设计一个高潮：“后脸”给“前脸”出难题，让“前脸”露出破绽，找笑料抓包袱。

在这“双簧”游戏中，幼儿可以在童谣经验的基础上，自由发挥自己的想象，两个幼儿可以创造出许多快乐。整个活动中幼儿乐此不疲，不断变化出新的花样，享受着与音乐一起游戏的快乐。

音乐教育游戏化的探索是个长期的过程。今后，我们还需要进一步探究在幼儿园集体性音乐教学背景下，音乐教育与游戏有机融合的本质与形式，探寻幼儿音乐知识与技能、审美能力、学习品质、创造能力及自主性等在游戏化音乐教育情境中有机整合的内在机制，建构有效促进幼儿全面和谐成长的音乐教育游戏化的课程体系与实践操作策略体系，增强幼儿教师实施游戏化音乐教育的智慧与艺术。只有这样，幼儿园的音乐教育才能最终达到日本著名音乐教育家铃木先生在《爱的才能启发》中所说的，“以游戏般的快乐心情开始，再以游戏般的快乐心情引导到正确的方向”。

三、音乐教育游戏化的有效运用

幼儿音乐教育游戏化，就是用游戏化、活动化的方法对幼儿进行音乐教育。游戏化不仅体现在音乐游戏特殊的成分中，而且体现在音乐活动中的一切活动形式和方法都比较自由、灵活、丰富多彩，具有游戏和类似游戏的特征，使幼儿体验到“玩”一样的感觉，自觉自愿地投身于活动之中，在唱唱、跳跳、玩玩、敲敲打打等过程中去感知、体验、理解、表现音乐。

下面，根据近年来幼儿园音乐教育游戏化的研究与实践成果，介绍在幼儿园集体性音乐欣赏活动、歌唱活动、韵律活动、演奏活动以及创意戏剧活动中开展游戏化教育的尝试与运用。

（一）欣赏活动游戏化的运用

如何改变欣赏活动中幼儿被动吸收的单调教育形式，使音乐欣赏活动能够从形式到内容上都更贴近幼儿的生活经验，更大地满足幼儿的心理发展需要，让音乐欣赏教育游戏化，已成为当前音乐教育值得探讨的重要课题。

1. 选择生动有趣、形象鲜明、游戏性强的音乐作品。

幼儿总喜欢欣赏那些生动、易记、有鲜明形象、游戏性强的音乐作品，如《狮王进行曲》的内容丰富、形象鲜明，其故事化的情节内容使幼儿对它情有独钟；《梦幻曲》曲调优美，表现手法独特，悠扬、恬静的旋律能为幼儿提供丰富的想象空间；《赛马》《四小天鹅舞曲》结构清晰，特点鲜明，形式工整、短小，幼儿往往被生动的游戏情节所吸引。

在选择音乐欣赏作品时还需要多了解幼儿喜欢什么、需要什么，再从他们的兴趣需要入手来选择适合幼儿园欣赏活动的作品。如教师在日常观察中发现幼儿对各种动物都有极大的兴趣，就组织幼儿欣赏《动物狂欢节》，它以各具特色的旋律形象地描绘了威风凛凛的狮王一家以及各种小动物，深深地吸引并感染了幼儿。在角色游戏中，幼儿最喜欢扮演的是爸爸、妈妈，可见他们对这两个角色充满了兴趣。于是，教师就让幼儿扮演妈妈，一边欣赏《摇篮曲》一边哄娃娃睡觉，幼儿轻轻地拍着娃娃，嘴里还跟着歌曲轻轻哼唱，真正沉浸在音乐之中。

2. 灵活设计活动，增强音乐欣赏活动的游戏性。

在音乐欣赏活动中，能否使幼儿与音乐的情感产生共鸣，从而得到音乐艺术的感染，取决于教师对音乐作品的理解，及对活动的灵活设计。教师可针对不同年龄、不同发展水平的幼儿和不同的音乐作品进行设计，运用多种手段、方法参与和渗透，让幼儿在游戏化与活动化的情境中变被动为主动，在快乐有趣的游戏中积极感受、欣赏音乐，大胆展开想象并创造性地表现音乐。

（1）创设游戏化、可视化、活动化的音乐审美情境。对于幼儿而言，边听音乐边看图画尤其是动画片就是快乐的音乐之旅。教师可根据音乐作品的特点与风格，巧妙运用图片、多媒体课件、动画片、音响、身体动作以及自己的服装、语言、肢体动作等共同构建审美性的音乐环境，从而有效激发幼儿的审美情趣，让幼儿能在其中受到美的熏陶。如《可爱的小鳄鱼》是从一首德国歌曲《Schnappi》翻译而来的，该歌曲当时风靡德国，演唱者是一个四岁小女孩名叫约伊·格鲁特曼，击败众多红星而登上德国流行榜榜首，成为史上打入流行榜十大排名的最年轻歌手。在欣赏活动中，教师采用音画同构的方式，通过制作一段精彩的动画片展现该歌曲的内容，使得歌曲内容具体可视。在该动画片中，贯穿始终的是小鳄鱼调皮、可爱、搞笑的一些情景：有的小鳄鱼从蛋壳里冲出来与小蜜蜂追逐，有的小鳄鱼和小鱼一起游泳……引导幼儿通过看看、想想、说说、做做等方式，多通道地参与对音乐的感知，尝试运用有趣的语言节奏和动作与音乐情境相匹配，让幼儿在游戏中体验参与动画片音画同构活动的快乐，发展审美感受力和表现力。

（2）精心编创游戏情节。一个富有智慧的教师应善于根据音乐的特点以及幼儿的需要，编创适宜的游戏，引导幼儿在与音乐一起玩的过程中，展开一个享受童年、充实生命、体验快乐的音乐旅程。例如，根据乐曲《野蜂飞舞》紧张、回旋的音乐特点，教师引导幼儿在“寻找带头人”的游戏中，身临其境地体验音乐的紧张气氛；为了帮助幼儿感受音乐《忐忑》的紧张、不安，教师精心设计了“乡下老鼠进城”的游戏，引导幼儿在进城、偷吃东西以及躲避猫捉的游戏中体验音乐各部分的情绪变化；在欣赏《啤酒桶和小老鼠》时，教师根据歌曲旋律和情绪编了一个故事，结合故事设计了“小老鼠找食”“小仙女用魔法棒把啤酒桶变活”“啤酒桶和小老鼠一起玩”等游戏情节，引导幼儿在三次游戏中自然地了解和熟悉音乐语言，加深了对音乐审美形式与内涵的理解。又如，教师将《莫扎特第四十交响曲》经过重新配器处理成具有鲜明的节奏感与情景性的动漫游戏音乐，并根据AB两段音乐的特点设计成两个机器人轮流传递互动以及机器人充足电后开心地互相逗乐的游戏，游戏设计充分体现了音乐游戏“好玩”“一起玩”“逗你玩”的特点，有助于幼儿体验人与人之间身心相互交流、相互支持的和谐。

（3）引导幼儿在感性活动与主动表演中与音乐对话。音乐欣赏应尽量将音乐诉诸于感性。欣赏活动的整个过程，就是层层深入地引导幼儿熟悉音乐和熟悉表演的过程，直至幼儿最后能够完整地跟随音乐进行游戏表演。如音乐欣赏《幽默曲》，教师通过富有创意的图谱、形象的动画、有趣的吹画游戏等活动，将音乐诉诸于感性，从而有效激发幼儿的审美情趣，并引导幼儿在参与中获得审美体验。形象生动的图谱与动画视听相结合，将音乐生动地再现在幼儿面前，加深了幼儿对音乐的理解。幼儿在现场吹画与表演过程中，明确了种子在雨点和风的四次帮助下慢慢钻出地面，并通过涂点游戏将种子长出枝叶、逐渐繁茂的过程直观地展现。教师在组织幼儿欣赏《小兔乖乖》作品时，设计小兔子、兔妈妈、大灰狼等动物角色，结合各种肢体动作由浅入深地进行音乐表演，在音乐表演中引导幼儿理解音乐作品。

（二）歌唱活动游戏化的运用

歌唱活动，特别是新歌教唱活动，幼儿需要通过倾听教师的范唱，倾听和理解教师对歌词内容的讲解，努力地记住和再现歌词及曲调，调控自己歌声和相关表演。因此，即使教唱的歌曲本身就与游戏相伴，在活动设计上，教师也一般习惯于在新歌学会之后再将游戏的内容累加上去。在新歌学习的过程中，教师一般更多地使用新颖别致的教具、学具和自身演唱的热情来引发幼儿的学习兴趣。实际上，教师应该关注幼儿在自然游戏中的歌唱学习方式。下面介绍几种以提高歌唱活动游戏性为目的的范例。①

1. 从开始处进入的游戏。

很多幼儿很小的时候，就在参与玩“丢手绢”游戏的过程中学会了歌曲《丢手绢》。在大部分幼儿都没有机会进入现代学校读书的年月里，在没有任何教学程序与教学法设计的同伴玩耍活动中，一代又一代的幼儿学会了这首歌曲和这个游戏，又将它们一代又一代地传了下来。事实上，全世界各民族都有这类似的歌唱游戏，全世界各民族的幼儿也都有类似的自然的学习方法和学习过程。这种方法一般是：教师（或任何比其他人先学会的人）边唱歌、边带领大家做简单的游戏动作；歌曲唱完后，某个或某些以某种方式与音乐的结束发生关系的人需要被“罚”做一些特别的事情，如追跑或表演或担任下一任单独游戏者等。在反复游戏的过程中，虽然学会唱歌并不会被认为比获得游戏快乐更重要，但学会唱歌是不会有问题的。

新授歌曲《懒惰虫》的活动设计就是借鉴了这种在玩的过程中伴随学习唱新歌的模式。与《丢手绢》稍微不同的是，它需要个别游戏者比较严格地按照音乐的节奏来“点数”其他游戏者。待歌曲唱到结尾最后一个“虫”字时，谁被“点到”，谁就要创造性地表现一个自己对被人称作懒惰虫的态度。这种在传统中常被称为“点兵点将”的游戏，可以贯穿活动的始终。初步学会唱以后也可以变换其他的演唱方式，如创编新歌词“黏黏虫”“糊涂虫”等。

新授歌曲《头发、肩膀、膝盖、脚》的活动设计，借鉴了传统亲子游戏中的身体部位指认、触摸和快速反应的游戏样式：①教师说哪个身体部位，幼儿就触摸哪个身体部位（没有固定规律）；②教师说哪个身体部位，幼儿就触摸哪个身体部位（按照歌词出现的先后规律）；③教师唱哪个身体部位，幼儿就触摸哪个身体部位（按照歌词出现的先后规律）；④教师唱哪个身体部位，幼儿就触摸哪个身体部位（自由变化速度，增加趣味和难度）。在有的活动设计中，这种传统游戏可以贯穿活动始终；但在有的活动设计中，当幼儿

① 选自许卓娅教授的音乐教育讲座《怎样提高歌唱教学的游戏性》。

初步学会唱以后可以变换其他的游戏方式，如在指定歌词“脚”处作默唱处理等。

新授歌唱《森林中的小矮人》的游戏活动设计，可以借鉴在玩“点兵点将”游戏的过程中伴随学习唱新歌的模式。游戏的具体玩法：①全体幼儿背对教师，跟随教师演唱的歌曲自由做动作；②教师在歌唱期间用大的衣服将其中一位幼儿“偷藏”起来；③教师在唱最后一句歌词时，按节奏一字一人地点数，最后由被点到的幼儿来猜被教师藏起来的幼儿是谁，如猜错，教师重新唱最后一句，重新点数猜谜的人，直到被藏起来的幼儿被猜出为止。

2. 从中间处插入的游戏。

新授歌曲《小老鼠打电话》的活动设计，也可以借鉴了“点兵点将”的游戏模式。只不过在这一设计中，游戏是从中间插进来的。具体程序如下：①如一般常规歌曲教授程序，从范唱和讲解进入；②专门学唱拨电话号码的乐句，用“点兵点将”的游戏模式，点到谁谁就扮演猫，然后大家一起扮演猫来拜访老鼠的情节，最后教师再独唱“原来号码搞错了”；③教师完整演唱并带领幼儿完整表演和游戏，教师只强调幼儿努力唱清楚拨电话号码的乐句，其他乐句任由幼儿自由模唱。重复次数根据具体情况而定。

新授歌曲《敲小鼓》的活动设计，用的是一种即兴创造和快速反应的游戏模式。具体程序如下：①教师即兴创造各种声音，幼儿模仿；②教师范唱歌曲；③教师邀请幼儿模仿歌曲中段两种鼓声处的演唱；④教师引导幼儿即兴创编歌曲中段两种鼓声并练习演唱；⑤教师完整演唱并带领幼儿完整演唱和做动作，教师只强调幼儿努力唱清楚歌曲中段两种鼓声处的乐句，其他乐句任由幼儿自由模唱；⑥教师邀请幼儿用自己的代用品模仿教师敲鼓的方式，为自己演唱的歌曲伴奏。（教师应特别提醒幼儿注意伴奏的声音要和谐，不能“压倒”歌唱的声音。）

在新授歌曲《水果总动员》的教学过程中，有的教师加入“寻找水果王后”的听辨游戏，并尝试用“你问我答”的游戏形式有节奏地说。具体程序如下：①引导幼儿倾听稳定的节奏型。②向幼儿介绍教师如何找出水果王后，启发幼儿认真倾听稳定的节奏型，找到一个变化后不同的节奏型。③引导幼儿认真倾听音乐，学会找不同，鼓励幼儿大胆地用“你问我答”的游戏形式有节奏地说。之后，教师将游戏升级，引导幼儿根据教师声势的变化，找出不同节奏相对应的水果，并用“你问我答”的形式有节奏地说。最后，启发幼儿将找出的水果王后编入歌曲中，和教师一同说说唱唱，体验说唱的快乐。

3．在结束处插入的游戏。

许多幼儿同教师已经比较熟悉的传统音乐游戏，真正被看作游戏的部分都是在歌曲结束处插入的，如：《秋天》这首歌曲，在结束处玩扫落叶、烧枯叶的游戏；《堆雪人》则在结束处玩冰雪融化的游戏；《袋鼠妈妈》《熊和小孩》《兔子和狼》《找小猫》《网小鱼》等，几乎清一色地在歌曲唱完后安排了大家比较熟悉的追与逃或寻找与躲藏的游戏情节。下面这些范例可能带给大家一些新思路。

歌唱活动“除草歌”：在最后安排“苗好”和“苗死”两种结局，要求幼儿仔细倾听教师或其他指定人员的朗诵和演唱，然后再做造型反应。

歌唱活动“蝈蝈蛐蛐”：在最后安排“点兵点将”的游戏，或谁动就“罚”谁的游戏。被“大公鸡啄到”的幼儿需要对“要不要当爱吹牛的人”的问题进行创造性的“表态”。

歌唱活动“都睡着了”：在学会唱歌后进行分角色表演游戏。没有被要求担任特殊角色的幼儿担任睡着的小朋友。特殊角色要表现不要把别人吵醒、自己也幸福安睡的情景。

歌唱活动“三只小猴子”：在活动快结束时，幼儿离开座位表演。教师要及时给幼儿贴上摔出的“大包”，幼儿最后还可以表演拨电话喊救护车……

歌唱活动“三只老虎”：最后可以假装妈妈打屁股，假装哭，假装说“打得不疼”，假装调皮地大笑……

4．贯穿始终的游戏。

有些歌曲本身唱的就是一种游戏过程，如《猜谜歌》《猜拳歌》《老鹰捉小鸡》等。对这种类型的歌曲，教师有可能在整个新授歌曲的过程中始终维持一种游戏氛围。例如《猜谜歌》的活动设计可以这样：①猜简单的、比较容易得出唯一答案的谜语，同时感受歌曲结束处需要唱出的部分；② 猜谜底稍开放的谜语，同时反复练习如何将不同歌词填入结束处需要唱出的部分；③幼儿轮流独立创编新的谜面，并尝试用歌曲规定的方式朗诵出来，其他幼儿猜出谜底并尝试用歌曲规定的方式演唱出来，中间允许中断思考和讨论；④教师鼓励并帮助幼儿尽可能连贯地进行谜语问答。

由此可见，提高歌唱活动的游戏性本身就需要有创造性。教师首先需要破除不必要的束缚（即唱歌就是以学会歌唱和提高声乐技巧为主要目的，以倾听、模仿、练习为主要手段的活动），看看自然状态下的幼儿是怎样学习唱歌的，想想自然状态下我们自己是怎样学习唱歌的，试试把自己曾经享受过的各种游戏快乐的因素添加到幼儿园的歌曲活动设计中来。当然，歌曲本身的游戏因素也是应当努力选择和挖掘的。如果歌曲比较一般，教师还可以尝试把歌曲稍稍改变一下。

（三）韵律活动游戏化的运用

当前，幼儿园韵律活动游戏化已经普遍开展，主要做法有以下几种。

1. 将韵律活动的重难点游戏化。教师借鉴游戏化的教法，将韵律活动的重难点转化为幼儿的兴奋点，以感性的表现方式带动幼儿参与韵律活动，从而培养幼儿对韵律活动的兴趣。

在韵律活动“小瓢虫飞”的设计组织中，教师通过“小瓢虫飞到头顶，多可爱的小瓢虫呀，我们点点头向它问个好；小瓢虫飞到肩膀，哎呀呀，有点痒，快动动肩膀；小瓢虫飞到膝盖，我们拍拍膝盖欢迎它，最后，小瓢虫飞到哪儿了？（屁股）宝宝们扭扭屁股和它交朋友吧”的游戏化教学，感性化地解决了“学习用简单的身体动作表现歌曲的内容和节奏，熟悉身体各部位”的重难点。

在韵律活动“丑小鸭”的活动中，幼儿自然地用各种肢体动作来表现丑小鸭难过、开心、找妈妈的情节。教师及时抓住幼儿的兴趣，设计“小胖鸭找朋友”的音乐游戏活动，重点是引导幼儿边唱歌边按节奏做相应的动作进行游戏表演，感受音乐情绪，体验随乐动作的快乐。在活动开始环节，教师以鸭妈妈的音乐形象引导幼儿充分讨论小胖鸭的音乐形象以及讨论和设计小胖鸭游泳、游戏时的情绪和动作。教师在幼儿讨论的过程中提炼幼儿的肢体动作，创设游戏场景，让幼儿听辨音乐节奏、力度等不同。幼儿主动、快乐地投身于游戏之中，通过有趣的“找朋友”游戏，让幼儿在唱唱、做做、玩玩的过程中愉快欢乐地学习音乐，发展音乐听觉能力和节奏感，培养“小鸭”互相爱护、共同游戏的友爱兴趣。

2. 将音乐情境化、故事化，增强趣味性，提升幼儿的创造性表现能力。教师通过游戏化的形式营造生动的音乐情境，让幼儿身临其境地融入音乐作品中，从而用心地去倾听音乐，表现音乐形象，提高参与音乐活动的能力。

在音乐活动“小青蛙与大河马”中，小青蛙音乐的活泼欢快与大河马音乐的粗犷缓慢呈现明显的对比，活动重点是让幼儿通过对小青蛙与大河马两段不同音乐的对比欣赏，感知不同的音乐性质并随着音乐的变化来表现音乐形象。教师可用设问、猜谜、角色扮演、情境表演等方式引导幼儿自觉自愿地注重听音乐，感受轻快和沉重，利用简单的视觉符号让幼儿感受两种不同的音乐节奏，并用身体的动作表现出快和慢。运用适合幼儿能力的游戏规则来增加活动的趣味性，将音乐学习与幼儿的活动融为一体，使幼儿能自觉地去听、去动。这样不仅提高了韵律活动的有效性，使音乐活动过程轻松、愉快，而且具有培养与提高幼儿音乐能力的长时效应。

在韵律活动“毛毛虫和大树爷爷”中，教师把歌曲故事情境化，创造故事情节：从郊游偶遇大树，到大树爷爷不开心，再到毛毛虫帮大树爷爷挠痒痒。以情境加强音乐游戏的趣味性，幼儿能够在愉快的情绪中轻松、自然地去感受，从而取得最佳的教育效果。同时，教师还可以设计逼真的道具，用彩色的袜子套在手上变成毛毛虫，用树叶绕成头饰戴在头上表现大树，逼真的道具把幼儿带入到音乐特定的意境之中，一个简单的游戏就有了丰富的情感体现，变得耐人寻味了。

韵律活动“可爱的小木偶”，教师根据《钟表店》音乐 ABA 段旋律的特点，创编了一则有趣的故事，运用小木偶可爱的形象及拟人化的手法，把幼儿带到奇幻的魔幻王国里。幼儿完整欣赏一遍后，教师出示图谱，并指着图谱伴随音乐以有节奏的语言帮助幼儿再次欣赏乐曲。幼儿在图谱及语言总谱的帮助下，清晰地感受音乐的 ABA 结构、故事的情节，并学会了动作的要领；再加上 B 段的变魔术的游戏情节，幼儿学得可开心了。

韵律活动“拔苗助长”中，教师在活动前让幼儿听这个寓言故事、看相关的故事课件，了解这个寓言故事所讲述的内容。活动中，在图谱的帮助下，幼儿很容易就将音乐与故事情节进行匹配。表演的时候，幼儿创编了老公公走在田埂上，小禾苗随风飘荡的各种形态、动作，老公公那种看禾苗长得慢急得团团转的样子，想到好办法时的开心的表情、神态及拔苗的动作，最后将老公公、老婆婆惊呆了的表情表现得淋漓尽致、惟妙惟肖。

（四）演奏活动游戏化的运用[①]

为了增强幼儿园演奏活动的趣味性，让幼儿在轻松、愉快的演奏中更好

---

① 林珍．幼儿园打击乐活动中游戏化策略的有效运用［J］．福建教育，2012（7—8）．

地感受音乐的节奏和美妙，教师在演奏活动中可采用节奏填空、问答、接龙游戏及情景联想游戏等方式，并辅以语言、体态、声势、歌唱等多种表现形式，能有效诱发幼儿内在的节奏感，激发幼儿主动、愉快地参与演奏活动。

1. 开展节奏填空游戏。节奏填空游戏是指在乐曲（或乐句）的某个段落（或某个小节）停止音乐，取而代之相同时值的空白时间，教师引导幼儿在此处展开相应游戏，填补音乐的空白时值，使幼儿在游戏的过程中不知不觉地掌握节奏，并为演奏做好准备。如在组织打击乐活动“加沃特舞曲”时，教师专门录制了将每个乐句的最后两小节删去并留下两小节时间空白的音乐，按照四分音符的演奏节奏引导幼儿在音乐的空白处按节奏做自选动作、打哑谜、扮鬼脸、说念白、学指挥等，即玩节奏填空游戏，将需要乐器参与演奏的最后两小节节奏进行难点前置，富有趣味性地用节奏填空游戏的方式让幼儿自然而然地感受该乐句的节奏，顺利解决演奏的难点。

2. 进行节奏问答游戏。节奏问答游戏借助于教师首先发起的节奏暗示，师幼、幼幼之间通过拍手、跺脚、捻指、耸肩、弹舌等身体节奏动作或语言节奏进行一问一答的游戏。这种方法有利于教师在活动中与幼儿建构一种积极的、有效的师幼互动，调动幼儿主动参与活动的积极性。初玩游戏，教师要注意宏观调控好节奏的速度，由慢渐快。幼儿掌握方法后，教师可以请能力强的幼儿轮流来当小老师，和同伴玩节奏问答游戏。节奏问答游戏可以有徒手节奏问答游戏和持器节奏问答游戏两种玩法。通常情况下，在一次打击乐活动中，先玩徒手节奏问答游戏，待幼儿熟悉后再持乐器玩节奏问答游戏，可以帮助幼儿顺利掌握演奏的方法。如《盆碗碟杯在歌唱》的后半段，教师组织幼儿用生活中的乐器盆、碗、碟、杯进行演奏，就可以先玩节奏问答游戏——教师读念白，幼儿徒手用自己喜欢的身体动作或声势动作把相应的节奏拍出来回应教师，如：

教师（有节奏地念白）：碟子 说

幼儿（声势动作回应）：$\underline{XX}\ \underline{XX}\ |\ \underline{XX}\ X\ |$

熟悉后，就可以过渡到教师念白，幼儿持盆、碗、碟、杯或其他乐器与教师互动，持器玩节奏问答游戏。如：

教师（有节奏地念白）：盆子 说

幼儿用盆或碗碟杯演奏：$\underline{XX}\ \underline{XX}\ |\ \underline{XX}\ X\ |$

3. 组织节奏接龙游戏。节奏接龙游戏具备一定的挑战性。中大班的幼儿节奏感增强，已经初步掌握了$\frac{2}{4}$拍、$\frac{3}{4}$拍、$\frac{4}{4}$拍等不同的节拍和节奏型，有意记忆开始发展，能有意识地记忆教师或同伴拍击的节奏并仿拍出来。节奏接龙游戏对培养幼儿的反应能力、控制力及合作能力效果明显。教师可先和幼儿协商并规定好节拍和小节数，如两小节，教师用一个节奏型作为上半句，幼儿先重复教师上半句的节奏，再拍出自己下半句的两小节节奏型，要求中间不能有停顿。节奏接龙游戏要在节奏问答游戏的基础上进行，在师幼之间、幼幼之间都可以开展，可以玩声势练习接龙，也可以用乐器进行接龙，如：

教师：$\underline{\times\times}\ \times \mid \times\ \times \mid$

幼儿：$\underline{\times\times}\ \times \mid \times\ \times \mid \underline{\times\times}\ \underline{\times\times} \mid \underline{\times\times}\ \times \mid$

游戏时教师要不断变换节奏型，争取不重复。幼儿熟练后，可以加快速度练习，小节数也可适当增多，节奏型适度复杂，添加切分音、休止等，如：

教师：$\underline{\times}\ \times\ \underline{\times} \mid \times\ \times \mid \underline{\times}\ \times\ \underline{\times} \mid 0\ \times \mid$

幼儿：$\underline{\times}\ \times\ \underline{\times} \mid \times\ \times \mid \underline{\times}\ \times\ \underline{\times} \mid 0\ \times \mid 0\ \times \mid 0\ \times \mid 0\ \underline{\times\times} \mid 0\ \underline{\times\ \times} \mid$

幼儿的音乐创造活动常常是从模仿入手的，模仿是音乐创造的必经之路。节奏接龙游戏通过再现教师拍出的前半句节奏，并模仿创编后半句节奏，在潜移默化中引导幼儿由易到难、循序渐进地进行音乐的创造活动。

4. 设计情景联想游戏。情景联想游戏可以帮助幼儿完整地理解音乐中生动的艺术形象、情感与内容，促进幼儿深入欣赏音乐，感知音乐所表达的情绪、节奏和风格，引导幼儿更加专注、有目的地去听音乐，并将所听到的音乐形象与乐器的音色之间产生联想，在演奏中更好地表现音乐的强弱、轻重、缓急等变化，使打击乐活动更具情趣和效果。该游戏适用于带有故事情节的音乐，适合整首乐曲或整个乐段的完整欣赏和演奏。如演奏活动《小刺猬去旅行》（挪威舞曲），以教师扮演刺猬队长带领幼儿扮演的小刺猬去旅行为情节：出发开始愉快的旅行（节奏鲜明的A段音乐）——途中遇到危险（十六分音符，急促的B段音乐，表达小刺猬遇到危险时的紧张气氛）——危险解除，继续小刺猬的愉快之旅（回到欢快活泼的A段音乐）。活动发挥情景联想游戏功能，引导幼儿联想和想象，并随着音乐的情节发展，通过打击乐演奏的形式表达出来。在情景联想游戏中，幼儿一旦进入了角色情景，行动上受到角色的约束，无形中增强了打击乐活动常规。幼儿能自觉服从集体、听从指挥，并积极地为完成角色任务而努力。在这样的活动中，幼儿是活动的主体，始终处于主动参与的状态。这样，幼儿在音乐活动中获得了愉快的情感体验，提高了对打击乐活动的乐趣，同时也丰富了音乐想象能力，促进了审美能力的发展。

（五）创意戏剧活动游戏化的运用①

为了使儿童音乐剧中的歌舞表演更具趣味性，教师可提供大量民间游戏，如追捉、猜谜、定输赢、跟随领袖、相互模仿、变形模仿、即兴配合等，在创意戏剧活动中增加创造性的即兴表演。

在戏剧活动“拔萝卜”中，教师吸收了经典的亲子、同伴身体互动游戏。幼儿可以在经典音乐《邮递马车》的伴奏下有节奏地念“洗、切、烧、吃萝卜”儿歌，并随语言变化轮流将同伴的身体当作萝卜做揉搓、拍打、挠捏、点锤等动作。

在戏剧活动“米格爷爷的鞋匠铺”中，教师借用了世界通行的“同伴模仿游戏”（领袖游戏的一种）。幼儿可以在经典音乐《闲聊波尔卡》的伴奏下，表现鞋子们趁爷爷睡觉时跑出来玩耍的情节。其中的一个重要游戏片段是先出来的鞋子摆造型，后出来的鞋子模仿其造型。一开始，先出来的幼儿还只能把精力放在摆一个不同的造型上，随着对音乐和活动方式的熟悉，越来越多的幼儿开始将注意力转移到“做出一个比较困难的造型，挑战自己的同伴”上，并反复尝试、乐此不疲。

在戏剧活动“猴子学样”中，教师使用了京剧音乐，将领袖游戏的形式运用在表现猴子们对爷爷的模仿上。猴子可爱调皮，教师引导幼儿用加快速度的动作来表现爷爷的慢动作，含有戏逗爷爷的意思，让幼儿玩出了别样情趣。同样，“传递（草帽）游戏”在其中自然变成了猴子和爷爷一起玩乐的游戏，而跟随音乐熟练掌控草帽传递的技能也自然成了幼儿学习的目标。

在戏剧活动“丑小鸭”中，教师采用了经典的“克制游戏”（如“木头人”）中的“监视者回头，跟随者造型不动”的游戏规则。在经典音乐《狮王进行曲》的伴奏下，猎人前进的时候，丑小鸭隐蔽地跟随前进，芦苇们自由舞动但不能移动下肢；当猎人回头看的时候，丑小鸭和芦苇（手拿绿色折扇的幼儿）一起自由造型不动。丑小鸭表现躲进芦苇丛，迷惑猎人保护自己的动作；芦苇则表现对丑小鸭的关爱和保护。扮演丑小鸭的幼儿，每次都可以用不同的姿态与扮演芦苇的不同幼儿合摆造型。教师在设计中为角色的表演

---

① 许卓娅．创意戏剧教育的理论与实践探索［J］．幼儿教育，2011（08）．

留出了巨大的空间。

在戏剧活动“三只小猪”中，所有稻草、木头和砖头的扮演者都可以在教师帮助下分小组设计、排练自己的盖房子舞和房屋造型。随着即兴合作造型能力的增强，幼儿演出时临时组合的小组可以即兴变化出千姿百态的房屋造型。草房、木房被大灰狼吹倒的那一刹那更是许多幼儿特别期盼的时刻，因为他们可以非常自由地选择某种姿态“倒”下去。

第二节　幼儿园音乐游戏的设计与组织

音乐游戏是以发展幼儿某方面音乐能力为目标而编制的音乐活动，是在音乐伴随下进行的一种有规则的游戏。音乐游戏把具体的教学要求以幼儿喜闻乐见的游戏方式表现出来，是一种融音乐性、教育性与趣味性为一体的音乐活动形式。音乐游戏有助于激发和保持幼儿参与音乐活动的积极性，调节劳逸度。幼儿在游戏中能不知不觉地受到审美熏陶、学习音乐技能，并获得积极的情感体验，形成活泼开朗的个性。

一、音乐游戏的种类

音乐游戏目前没有统一的分类方式。根据目前幼儿园音乐游戏的实践，从游戏的内容与主题来分，可以分为主题音乐游戏与无主题音乐游戏两类；从游戏的形式来分，可以分为唱玩游戏、表演游戏与听辨游戏三类。南京师范大学许卓娅教授根据近年来幼儿园音乐游戏的改革与实践，将音乐游戏分为追捉类、身体控制类（造型类）、输赢竞争类、领袖模仿类、情境表演类、猜谜类、队形变换类等多种类型。本部分重点介绍前两种，在设计与组织部分将以许卓娅教授的分类为依据，介绍各类音乐游戏的设计与组织范例。

（一）主题音乐游戏与无主题音乐游戏

1. 主题音乐游戏。

主题音乐游戏一般有一定的内容与情节，有相应的角色、玩法与规则。幼儿在这类游戏中常常根据游戏的角色模仿一定形象，按游戏的玩法与规则提示开展游戏，完成相应动作。此类游戏有的有歌曲，有的只有乐曲，也有的是二者结合，但大多数幼儿喜欢边唱边玩。如中大班音乐游戏“小老鼠打电话”，其中大多数幼儿扮演粗心的小老鼠，边唱边做相应动作玩游戏；由教师或者某一个幼儿扮演猫，与小老鼠对话，最后结束处发出猫叫，与小老鼠开始追逐游戏。

小老鼠打电话

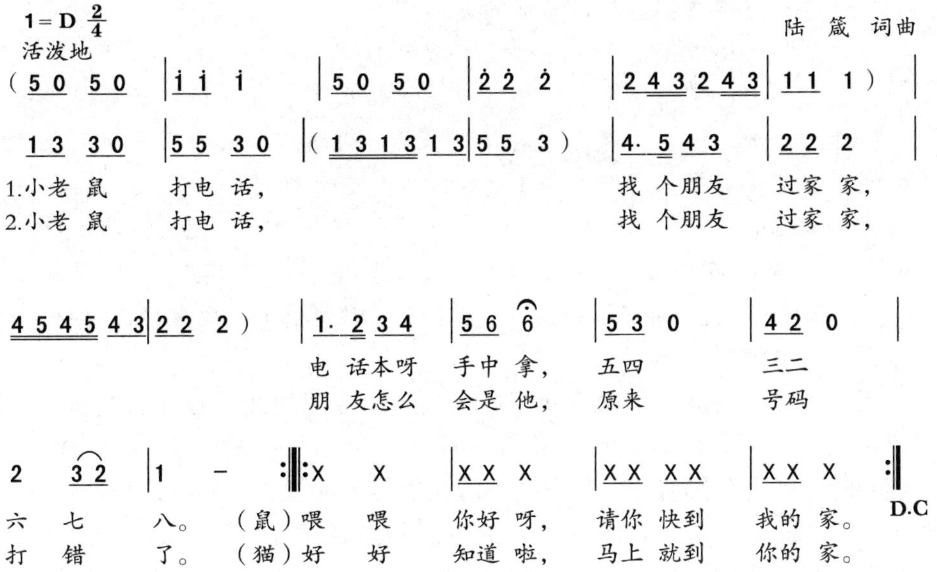

游戏玩法

第一段音乐：

前奏：小老鼠边听音乐边有节奏地做各种动态。

①～②小节：小老鼠边唱边做打电话状。

③～④小节：小老鼠听音乐，用拍手、摇头、打电话等动作自由表现间奏的节奏。

⑤～⑥小节：小老鼠边唱边做找人状。

⑦～⑧小节：与③～④小节同。

⑨～⑩小节：小老鼠边唱边做翻电话本状。

⑪～⑭小节：小老鼠边唱边做打电话状。

中间念白：第一遍，小老鼠边做打电话状边念白；第二遍，小猫边念白边做接电话状。

第二段音乐：

前奏：小猫边听音乐边有节奏地做各种动态，最后一小节做敲门状并发出敲门声。

①～②小节：小老鼠边唱边做开门状。

③～④小节：小老鼠边听音乐，边根据间奏节奏用拍手、摇头等动作自由表现喜悦的心情。

⑤～⑥小节：小老鼠边唱边做欢迎状。

⑦～⑧小节：与③～④小节同。

⑨～⑩小节：小老鼠边唱边做惊奇态。

⑪～⑭小节：小老鼠边唱边做指电话本，表现出后悔的样子。最后一小节，最后一句老鼠和猫对话结束后，当听到“喵呜”一声，小猫跑进老鼠家里捉老鼠，小老鼠赶紧回到自己座位上。

游戏规则

1. 猫必须在大叫一声“喵呜”后，才能去抓小老鼠。

2. 小老鼠逃回家，猫就不能再抓了。被抓住的小老鼠停止游戏一次。

2. 无主题音乐游戏。

无主题音乐游戏一般没有明显的情节与角色，幼儿随着音乐做动作，相当于一般的律动，但这些动作具有游戏性，含有游戏的规则。如音乐游戏“抢椅子”，幼儿伴随音乐，根据音乐的性质与节奏做相应动作。当音乐一停，幼儿就开始抢椅子坐下，没有抢到椅子的幼儿就出局。

下面以音乐游戏“捉迷藏”为例，进一步了解该类音乐游戏的特点。

捉 迷 藏

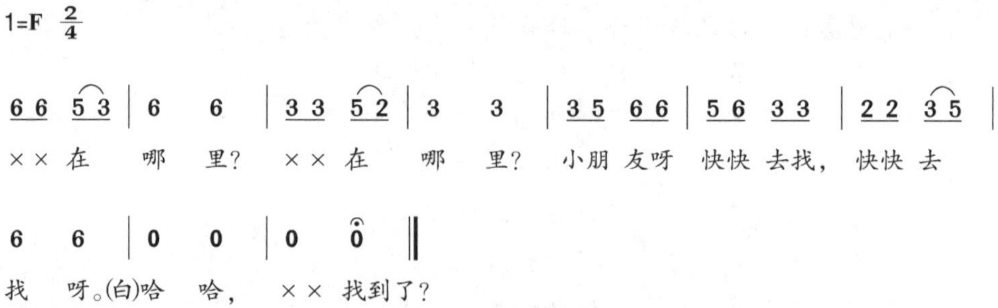

游戏玩法

教师出示一个玩具，幼儿说出名称，然后请幼儿闭上眼睛，教师将玩具藏起。游戏开始，幼儿边唱歌边按节奏拍手，当唱完“快快去找呀”时，马上四散去找教师藏起的玩具，找到后高兴地叫“哈哈，××找到了”，游戏重新开始。

游戏规则

1. 教师藏玩具时，幼儿不能偷看。

2. 当唱完“快快去找呀”时才能四散去找教师藏起的玩具。

游戏建议

游戏玩几遍后，教师可通过音乐提示玩具所藏的位置，培养幼儿的音乐感受力，如在演唱“快快去找呀”之后，教师弹奏旋律高音，说明玩具藏在较高处；教师将旋律移至低音区弹奏，说明玩具藏在低处。

（二）唱玩游戏、表演游戏与听辨游戏

1. 唱玩游戏。

唱玩游戏是在歌曲基础上发展起来的，即按照歌曲的歌词、节奏、乐句或者乐段的结构做相应动作并游戏。这类游戏有时没有明显的规则，幼儿边唱边用身体玩，如音乐游戏“手指变变变”等。

手指变变变

1=C $\frac{2}{4}$

传统童谣
程　英曲

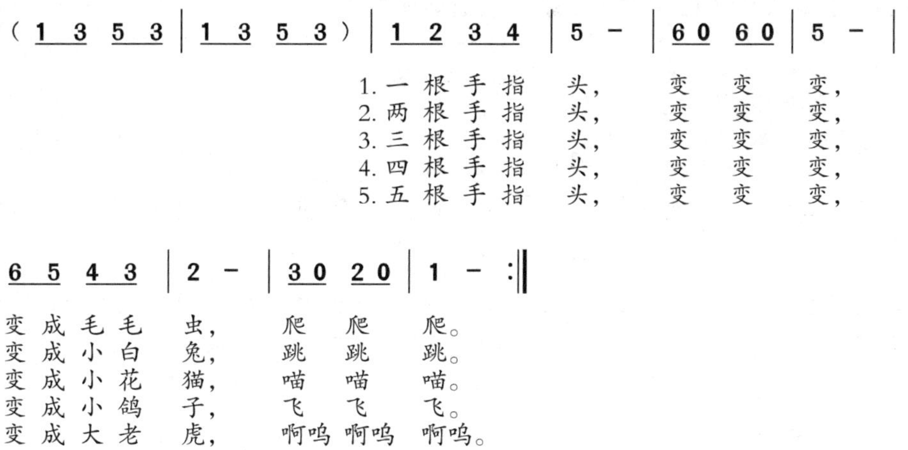

游戏玩法

前奏时幼儿齐念口诀：“我的小手真灵巧，我的小手变变变。”

第一段：伸出左右手的食指，在唱“变变变”的时候双手平放前胸，互绕三圈，然后伸出一只手指头平放胸前，做小虫爬行状。

第二段：伸出左右手的食指与中指，在唱“变变变”的时候双手平放前胸，互绕三圈，然后左右手两只手指头竖直顶在头顶部，做小兔蹦跳状。

第三段：伸出左右手的中指、无名指和小指，在唱“变变变”的时候双手平放前胸，互绕三圈，然后左右手三只手指头放脸颊旁，做小猫喵喵叫状。

第四段：左右手拇指下压，其他四指伸开，在唱“变变变”的时候双手平放前胸，互绕三圈，然后左右手四只手指头，两臂交叉做鸽子飞翔状。

第五段：左右手五指张开，随音乐伸出，在唱“变变变”的时候双手平放前胸，互绕三圈，然后左右手五只手指头，做老虎扑食状。

游戏规则

1. 幼儿的动作应尽量符合音乐的节奏。

2. 在唱“变变变”的时候幼儿双手平放前胸，互绕三圈，然后变成相应的动物形象。

有的唱玩游戏也有较明显的规则，一般常在歌曲的结尾处。如音乐游戏“我会变”，就是在最后一句“哧哧哧，哧哧哧，我会变成×××”，幼儿根据自己的意愿表现自己变成的形象，摆出动作造型。

我 会 变

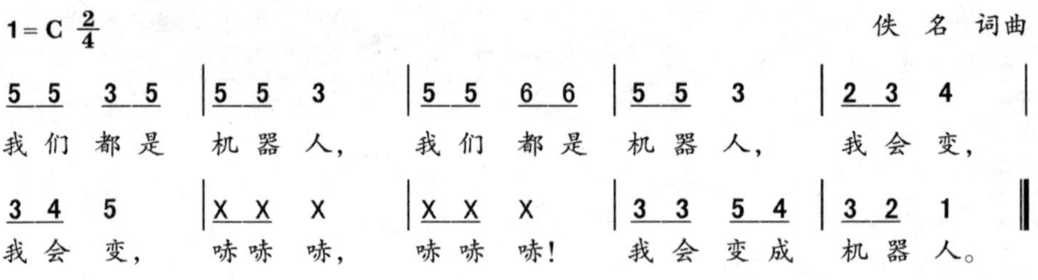

2. 表演游戏。

表演游戏一般有一定的情节与角色，且在形式上有很强的表演性。如音乐游戏“波斯猫与小老鼠”，音乐是以法国作曲家凯特尔贝的交响乐《波斯集市》的主旋律为题材改编的。整个音乐由三部分构成——快乐的小老鼠、波斯猫主旋律、波斯猫智斗小老鼠。在玩游戏时，幼儿按意愿选择小老鼠与波斯猫的角色，根据音乐所展开的情节与内容进行如下表演。

第一部分，扮演小老鼠的幼儿边按音乐节奏一边念白，一边按念白语言提示用动作自由表演。音乐由弱渐强，重复两遍，幼儿的念白与动作也要尽量体现这一变化。

X X X X X X X | X X. X X X X | X X X X X X X | X. X X X X - ‖

我是一只小老鼠，快乐的小老鼠。尖尖嘴巴长胡须，长呀长胡须。

第二部分音乐是幼儿十分熟悉的 SHE 演唱的《波斯猫》的主旋律，歌词可以由教师自编或引导幼儿创编。扮演波斯猫的幼儿边唱边用身体动作表演歌词中体现的情节与内容。

i i i 6 5 | 6 5 3 3 - | 6 6 6 5 3 | 5 3 2 2 - |

波斯猫站在老鼠洞外，张开了她的尖尖爪子。

i i i 6 5 | 6 5 3 3 - | 3 6 5 3 5 | 6 6 6 6 - ‖

波斯猫望着这群老鼠，她已想出了好的办法。

第三部分音乐只有旋律。猫深深地打了个呵欠，开始装睡。小老鼠看到猫没动静了，以为猫睡着了，就钻出洞开心地玩起来。最后一拍强音处，猫张开眼睛大叫一声开始抓小老鼠。

3. 听辨游戏。

听辨游戏较侧重于对音乐中声音的节奏、强弱、快慢等元素的分辨与判断，以培养幼儿对音乐的快慢、高低、强弱、音色、乐句等的感知与分辨能力。传统的该类游戏一般没有固定的游戏情节与角色，以幼儿对音乐要素的反应与理解为主。如音乐游戏“什么乐器在唱歌?”，以分辨碰铃、鼓等几种小乐器的音色为主要目的；音乐游戏“高人矮人”，要求幼儿伴随音乐的高低做出相应的高人、矮人走路的反应；音乐游戏“打电报”，要求幼儿准确反应“发报员”用身体动作发出的各种节奏型。当前，很多教师也赋予这些游戏以情节与角色，以音乐中的某一或者某些元素的变化为规则，开展游戏，如“熊和石头人”“聪明孩子笨老狼”“喜羊羊和灰太狼”等。

下面以音乐游戏“聪明孩子笨老狼”为例。

聪明孩子笨老狼

1=C $\frac{2}{4}$ 德立勃 曲

中速

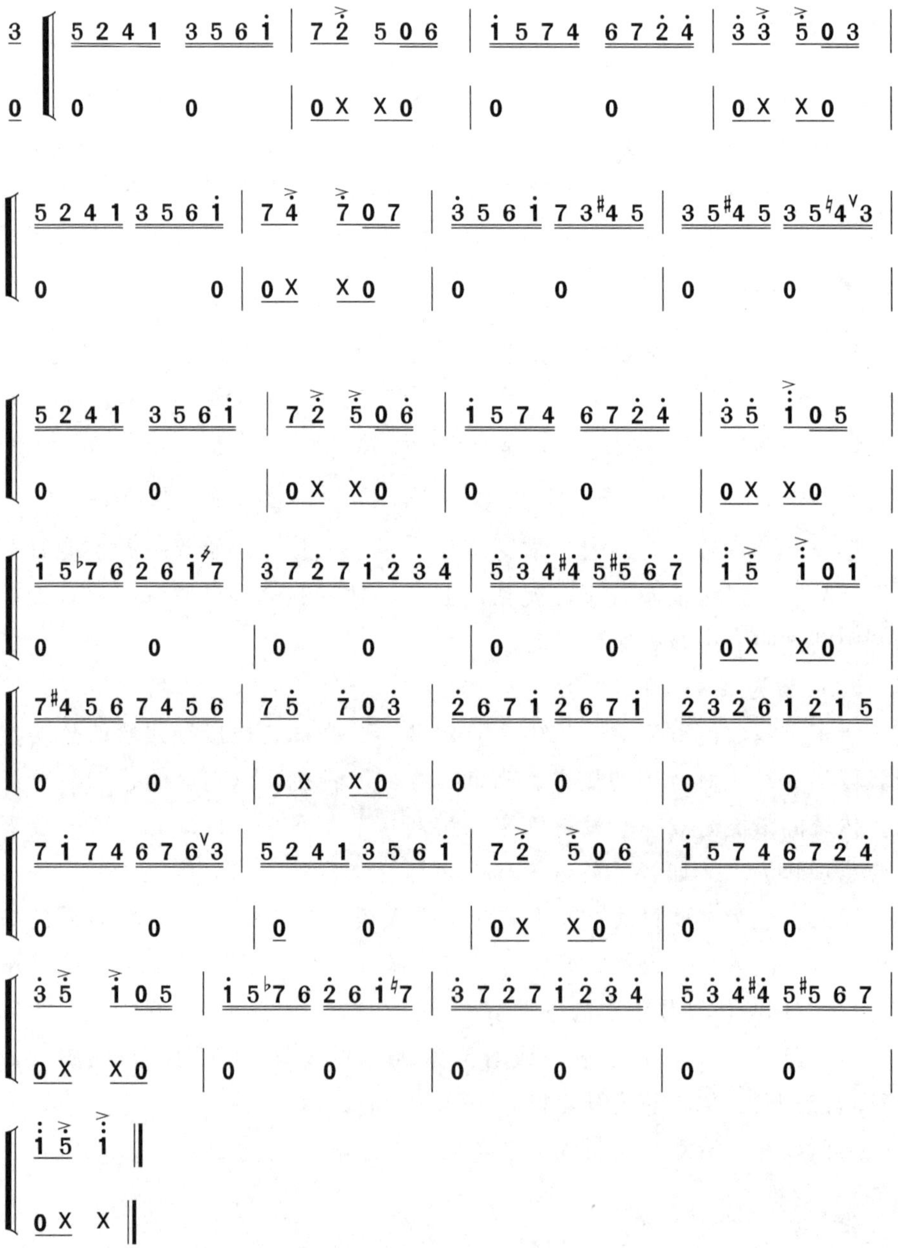

游戏玩法

教师或一幼儿扮笨老狼在前面走，幼儿跟在后面当聪明孩子，随音乐节奏自由做各种动作往前走；当音乐出现重音时，“笨老狼”回头，“聪明孩子”就马上定住不动，“笨老狼”就发现不了。游戏继续。

二、多元化音乐游戏的设计范例

本部分内容将借鉴许卓娅教授的分类，将幼儿园音乐游戏分为追捉类、身体控制类、输赢竞争类、领袖模仿类、情境表演类、猜谜类、队形变换类等多种类型，以具体的活动案例来分析该类型游戏的设计、组织要求。

（一）追捉类游戏的设计范例

丢　手　绢（中班）

活动目标

· 学习倾听歌曲，了解游戏规则和玩法。

· 主动大胆地参加游戏，在追逐闪躲游戏中享受合作游戏的快乐。

活动准备

· 物质准备：手绢、音乐《丢手绢》、播放器等。

活动指导

1. 出示手绢，引导活动内容，激发活动兴趣。

教师：小朋友，你们瞧，这是什么？今天老师给你们带来一首有关手绢的歌曲，请你们仔细听听：这首歌里的手绢是用来做什么的？

2. 幼儿倾听歌曲《丢手绢》，理解并记忆歌词内容。

（1）教师范唱歌曲，帮助幼儿理解歌词。

（2）教师再次范唱歌曲，幼儿进一步熟悉歌词。

提问：丢手绢的人，应该把手绢放在哪儿，怎么放？手绢放好了以后，大家该怎么做？接下来歌曲唱了些什么？叫谁“快点快点捉住他”？快点快点捉住谁呢？

3. 在教师带领下，幼儿边学唱歌边玩游戏。

（1）教师和幼儿共同游戏。

（2）请个别幼儿当丢手绢的人，全体幼儿伴唱。

4. 在游戏过程中引发幼儿思考游戏的规则和玩法。

（1）讨论：怎样才能知道手绢放在自己后面，其他小朋友可以用什么方法帮助丢手绢的人，不让那个小朋友知道手绢放在他后面？

（2）教师提出新的游戏规则：捡到手绢的幼儿可以去追丢手绢的。

5. 幼儿自由结伴，边唱边游戏，享受游戏带来的快乐。

活动建议

·在区域活动中，引导幼儿玩“折手绢”游戏，如折小老鼠、花朵等，提醒幼儿将手绢折成的动物或物品拿来玩“丢手绢”游戏，增加游戏的趣味性。

活动资料

丢 手 绢

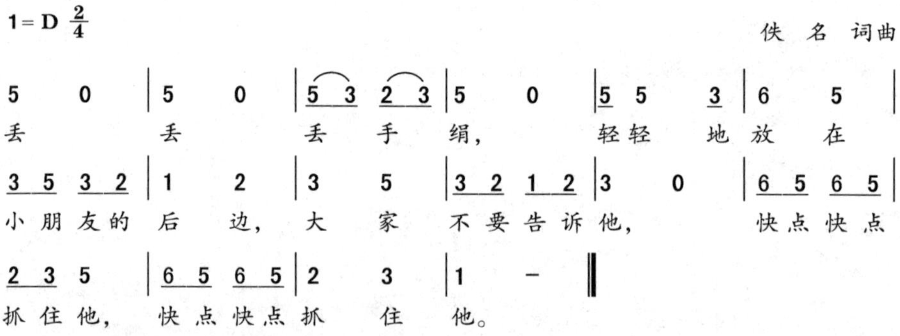

（二）身体控制类游戏的设计范例

狐狸和石头（小班）

活动目标

·能认真倾听音乐，初步随乐有节奏地做各种动物的动作，懂得在音乐变化时摆出各种动作造型。

·愿意遵守游戏规则，体验与同伴合作游戏的快乐。

活动准备

- 经验准备：幼儿曾玩过石头人的游戏。
- 物质准备：小狐狸头饰一个；音乐《狐狸和石头》，播放器。

活动指导

1. 讲述故事《狐狸和石头》，激发幼儿参与游戏的兴趣。

故事梗概：在一个大森林里面，住着一群特别可爱的小动物。小动物们喜欢在一起做游戏。有一天，小动物们发现它们的好朋友小狐狸正在森林里散步呢！它们就想：咦，我们就和小狐狸玩一个捉迷藏的游戏吧，我们先不告诉小狐狸，这样玩起来更好玩。结果小狐狸在前面走，小动物们就跟在后面，等到小狐狸一回头，小动物们就变成各种各样的大石头，一动也不动。小狐狸绕了好几圈，也没有发现小动物们，只好又往前走了。

2. 欣赏音乐，引导幼儿感受音乐的节奏与情节。

(1) 引导幼儿感知音乐《狐狸和石头》前后两段的变化。

教师：老师今天带来了一首好听的音乐，音乐里就讲述了这个故事。小朋友认真听：哪段音乐是小动物往前走？哪段音乐是小狐狸转过头来看，小动物变成石头，小狐狸绕着石头走的？

(2) 引导幼儿感受A段音乐行进而匀速的节奏，并用拍手、跺脚等声势动作进行表现。

(3) 引导幼儿感受B段音乐连贯、快速的节奏，知道这是小狐狸回头后绕着小动物们走的音乐。

3. 引导幼儿掌握游戏的动作与玩法。

(1) 引导幼儿表现各自喜欢的动物形象，并带领幼儿随乐表现。

教师：想想看你们喜欢变成什么小动物，用动作告诉老师。

(2) 引导幼儿掌握游戏的玩法。

交代玩法：老师来做小狐狸，你们来做小动物。记住哦，小狐狸一转身，小动物就要变成大石头。小狐狸绕着小动物走时，小动物要一动也不动。

(3) 引导幼儿控制自己的身体保持不动并能摆出各种造型。

教师：小狐狸回头时，你们都变成了什么？谁的动作最稳，小狐狸绕来绕去也不动，就不会让小狐狸发现了。

4. 引导幼儿玩音乐游戏“小狐狸和石头人”。

(1) 引导幼儿变换各种造型扮演大石头。

(2) 引导幼儿在音乐第二段小狐狸绕着石头左看右看时，能努力控制自己的身体保持不动。

（3）师幼听音乐共同游戏。

活动资料

狐狸和石头

（选自奥尔夫音乐《宾果》）

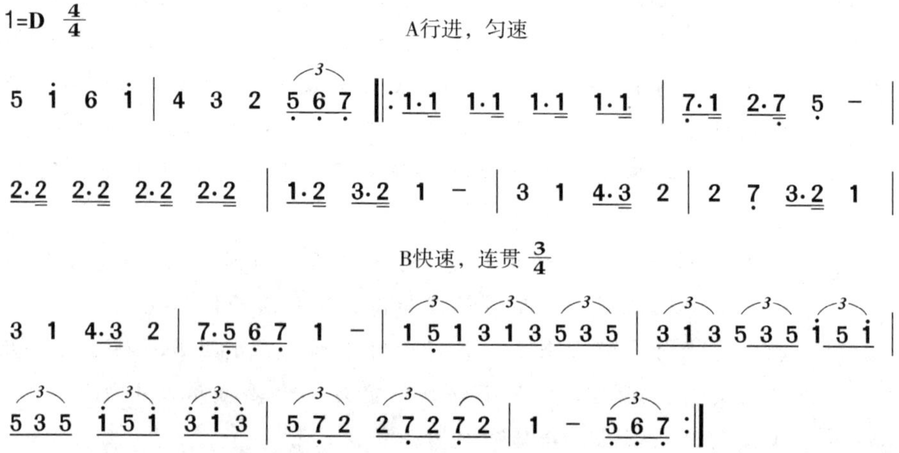

（三）输赢竞争类游戏的设计范例

库 企 企（大班）

活动目标

· 安静欣赏音乐，能按提示听懂音乐旋律。

· 尝试随着音乐情节大胆创编动作进行游戏。

· 学会观察并模仿同伴动作，体验合作创编的乐趣。

活动准备

· 经验准备：请一位教师配合或事先教会一名幼儿玩游戏。

· 物质准备：图谱、音乐《库企企》、播放器等。

活动指导

1. 安静欣赏音乐《库企企》，初步感受乐曲的旋律。

（1）和教师、同伴说说听完音乐的感觉。

（2）提问：音乐中反复出现的一个特别的声音是什么？（库—库—｜库 企 企—）

（3）教师带领幼儿有节奏地学一学这句话。

2. 欣赏音乐，感受并分辨音乐的情节。

（1）第一遍欣赏，幼儿初步感受乐曲的三个部分。

教师：谁听出来这段音乐分为几个部分？

（2）第二遍欣赏，教师通过图示帮助幼儿感受乐曲的三个部分。

教师：音乐到底分为几个部分？老师用图谱帮助，请你们再来仔细地听一听。

（3）分段欣赏，通过图谱引导幼儿进一步感受音乐三个部分的情节。

教师：①乐曲的第一部分有几句？听起来什么感觉？②乐曲的第二部分5、6、7、$\dot{1}$，听起来越来越怎么样？③乐曲的第三部分出现了一个特别的声音：库、库、库企企，它们听起来好像在干什么？我们可以用什么动作来表现？

3. 幼儿玩音乐游戏。

（1）教师：两个小朋友在一起可以玩什么游戏？

（2）两位教师示范游戏的玩法。

玩法：两个幼儿玩音乐游戏，音乐第一部分一人创编动作，另一人学样，第二部分两人玩猜拳游戏，第三部分幼儿听着音乐互相做加油鼓劲的动作。

（3）结合图示，帮助幼儿熟悉游戏的玩法和规则。

规则：创编动作和学样各两次。一人做动作时，另一人听着音乐欣赏。猜拳游戏时幼儿边听音乐节奏边玩锤子、剪刀、布，并分出胜负，最后输的蹲下，两人按音乐节奏加油鼓劲。

4. 教师与全体幼儿边听音乐边玩游戏，和幼儿共同探讨游戏中出现问题的解决办法，帮助幼儿进一步熟悉音乐游戏的玩法和规则。

教师：谁赢了？你们是怎么做的？谁输了？猜拳时两人都出一样的怎么办？

5. 师幼再次听音乐玩游戏。

6. 幼儿两两一组合作玩音乐游戏。

（1）请个别幼儿创编动作，鼓励幼儿大胆地展示新动作，幼儿互相评价。

（2）启发幼儿想出两人创编的动作，并提出游戏要求：先互相商量谁先学样，再游戏。

（3）幼儿两两合作玩音乐游戏，提醒幼儿创编不同的动作玩游戏，也可以交换同伴进行游戏。

活动建议

· 在音乐区或自由活动时，鼓励幼儿继续创编动作玩音乐游戏。

活动资料

库 企 企

1=C $\frac{4}{4}$ 佚名曲

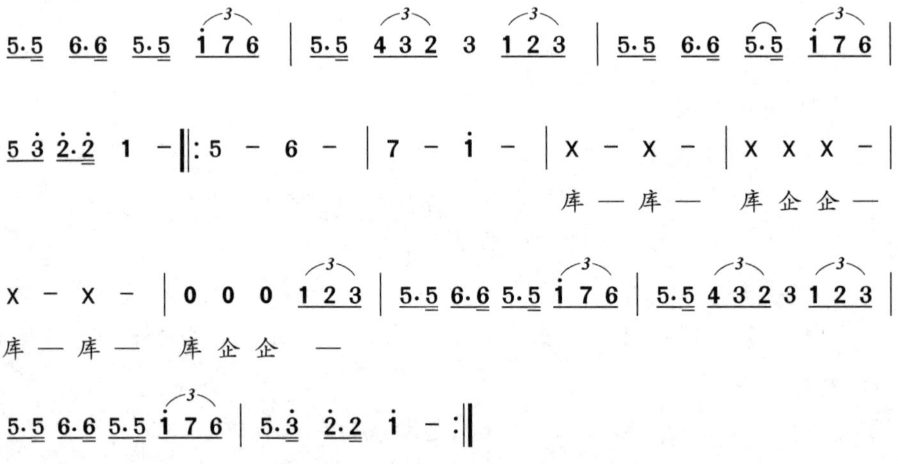

《库企企》图谱

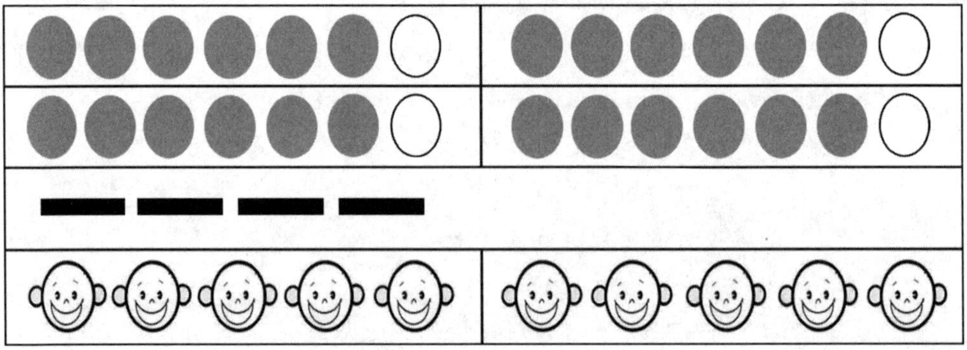

（四）领袖模仿类游戏的设计范例

看样学样（小班）

活动目标

·感受音乐活泼欢快的情绪，乐于模仿并尝试创编相应的简单动作。

·能认真、专注地观察与学习，增强动作模仿能力与反应的灵敏性。

活动准备

·经验准备：幼儿已能初步演唱歌曲。

活动指导

1. 引导幼儿用轻快的声音有节奏地演唱歌曲。

2. 教师当示范者，幼儿当模仿者，引导幼儿掌握游戏玩法与规则。

①～②小节，示范者边唱边按节奏做点头动作两次。

③～④小节，模仿者边接唱边模仿点头动作两次。

⑤～⑥小节，示范者边唱边按节奏做拍手动作两次。

⑦～⑧小节，模仿者边接唱边模仿拍手动作两次。

⑨～⑩小节，示范者边唱边按节奏做踏脚动作两次。

⑪～⑫小节，模仿者边接唱边模仿踏脚动作两次。

⑬～⑯小节，示范者演唱并根据歌词做转身、走的动作。

⑰～㉘小节则由示范者带领模仿者听音乐有节奏地走或跑，或由示范者创造性地做各种有趣的动作，模仿者进行模仿。

3. 请幼儿自由想象还能创编出哪些有趣的动作让其他幼儿模仿，要求模仿者的动作以及动作节奏应与示范者相同。

4. 请个别幼儿当示范者，教师与其他幼儿当模仿者，边唱边随乐进行游戏。

活动建议

·游戏开始时示范者可由教师担任，幼儿熟悉玩法后再请幼儿担任示范者。

·先玩歌曲部分的游戏，待幼儿基本熟悉玩法后，再加上乐曲部分的游戏。

·开始游戏时应基本按歌词进行相应动作，以后可引导幼儿自编动作为歌曲填词，并融入歌曲进行演唱与游戏。

活动资料

看样学样

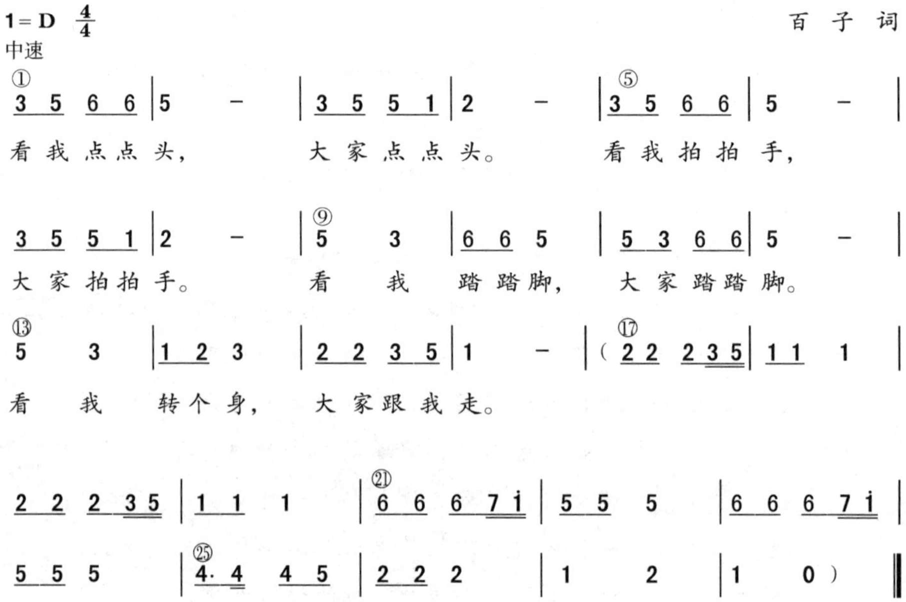

（五）猜谜类游戏的设计范例

种葵花（中班）

活动目标

·能感知乐曲的强弱，并能够通过听辨音乐强弱变化来寻找葵花种子。

·喜欢并能够积极参与音乐游戏，遵守游戏的规则，体验与同伴集体游戏的乐趣。

活动准备

·物质准备：葵花子种子一颗、眼罩一个，音乐《种葵花》、播放器；幼儿围坐成圆形。

活动指导

1. 教师出示一颗淘气的葵花种子，激发幼儿参加游戏的积极性。

2. 教师范唱，幼儿欣赏音乐的第一段。

（1）教师清唱歌曲《种葵花》，第一遍欣赏。提问：歌曲名字叫什么？歌曲里唱了什么？

（2）第二遍欣赏。引导幼儿随乐拍节奏，唱到最后一句时，教师将种子放入一名幼儿的手中。

3. 欣赏第二段音乐，引导幼儿感受音乐的强弱变化，并通过拍手、跺脚的方式帮助幼儿理解和掌握游戏的规则。

玩法：请全体幼儿将手握拳放在膝盖上，教师在内圈绕圈走，并引导幼儿欣赏第二遍歌曲中音量的强弱变化。（教师可用音量控制器控制音量的大小，当教师靠近拿着葵花子的幼儿身边时音量渐渐增强，当远离时音量渐渐变弱。）引导幼儿根据教师的位置用拍手、跺脚的方法进行音量渐强渐弱的练习，理解游戏规则。

4. 分角色游戏。

（1）请一名幼儿戴上眼罩当找种子的人，和其他幼儿一同拍手欣赏第一段歌曲；第二段音乐时取下眼罩，根据音乐渐强或渐弱的音量变化寻找拿着种子的幼儿。猜测三次，猜中了即可变为播种的人，拿种子的人将戴上眼罩变为找种子的人；若猜错了找种子的人则要表演节目，拿种子的人变成播种人。

（2）游戏中鼓励幼儿积极参与活动，一起演唱歌曲，在找种子游戏时遵守游戏规则。

5. 播放音乐，自由组合随乐游戏。

活动资料

种　葵　花

1=C $\frac{2}{4}$　　　　韩之云　曲

3 5 1 | 3 5 1 | 2 2 3 4 6 | 5 5 5 | 6 i̇ 5 | （6 5 6 i̇ 5 0）|

小朋 友， 在一 起， 拉个 圆圈 做游 戏。 认真 听，

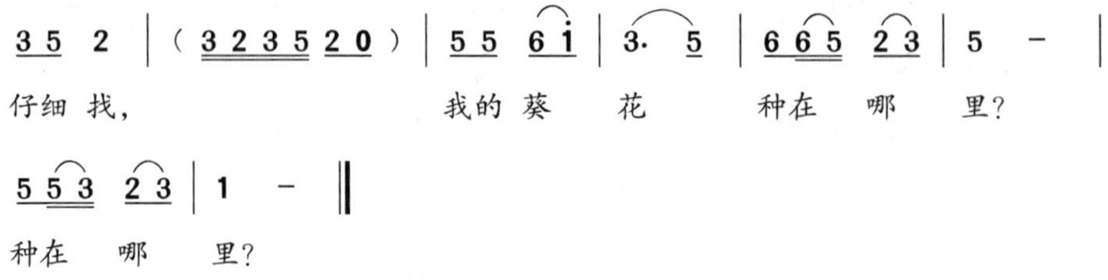

（六）队形变化类游戏的设计范例

套　圈（大班）

活动目标

· 初步探索三人套圈的方法，学会三人协调地做动作。

· 学会合作并体验边唱边合作游戏的乐趣。

活动准备

· 经验准备：幼儿事先学会演唱歌曲。

· 物质准备：游戏视频（也可以事先教会三个幼儿玩游戏）、音乐《套圈》、播放器。

活动指导

1. 谈话导入。

教师：你们玩过套圈吗？是怎么玩的？今天老师要和你们一起玩一个套圈游戏。

2. 复习歌曲《套圈》。

教师：你觉得这个套圈游戏应该怎样玩？可以几个人玩？

3. 欣赏游戏视频（或请事先学会的三个幼儿做示范），了解游戏玩法。

（1）播放视频，引导幼儿欣赏。

（2）共同探索套圈的方法；重点讨论套圈的动作，知道握手的方法。

4. 幼儿自由结伴，模仿练习。

（1）幼儿尝试套圈的动作。

教师：你们在玩的时候遇到了什么困难？

（2）请尝试成功的小组作示范。

（3）幼儿再次尝试套圈动作。

5. 幼儿三人结伴玩游戏。

（1）幼儿边唱歌曲边玩游戏数遍。

（2）交换同伴再玩游戏数遍。

游戏玩法：三名幼儿一组，围圈面对面站好。唱“三人在一起呀”时，三名幼儿头挨在一起，双手相互抱肩，围成小圆圈；唱“围个小圆圈呀”时，手拉手退后成圆圈；唱“手儿拉着手呀”时，顺时针向左侧跑八步；唱“我们做游戏呀”时，三人相互交叉握手（两名幼儿右手臂搭在左臂上，一名幼儿左手臂搭在右臂上）。唱“先套×××（幼儿名字）呀，再套×××（幼儿名字）呀，后套×××（幼儿名字）呀”时，做三人交叉套圈的动作；唱“套人真有趣呀”时，拍手原地跳四下。唱“你呀，我呀，他呀，都是好朋友呀，大家套一套呀”时，动作与第二段一样；唱“越套越欢喜呀”时，幼儿在同伴背后交叉拉手，起踵上体微仰，并碎步旋转。教师弹奏⑤～⑧小节，幼儿重新自由结合，三人一组。

活动资料

套　圈

1=F $\frac{2}{4}$
快乐地

佚名 词
王平 曲

第七章　幼儿园音乐区与音乐综合活动的探索

第一节　幼儿园音乐区活动的探索

区域活动是指教师以教育目标、幼儿感兴趣的活动材料与活动类型为依据，将活动室的空间相对划分为不同的区域，吸引幼儿自主选择并在活动区中通过与材料、环境、同伴的充分互动而获得学习与发展的活动。区域活动对幼儿来说，是一种自主的游戏活动，幼儿可以自己决定玩什么、怎么玩。教师可以通过确定的区域活动目标、制定计划，创设适宜的活动条件，并在活动过程中影响幼儿的活动行为，激发幼儿对环境的兴趣，积极实践、操作探索，促进幼儿全面和谐地发展。

音乐区是幼儿园活动区重要的组成部分，是幼儿体验和表达音乐感受、想象与创造的艺术空间。幼儿在音乐区的活动主要是通过自主探索、操作乐器以及个性化的音乐实践进行的自主音乐学习与游戏活动，从而获得有意义的直接音乐经验，从而有效实现《指南》中所指出“幼儿艺术领域学习的关键在于充分创造条件和机会”，“萌发幼儿对美的感受和体验，丰富其想象力和创造力，引导幼儿学会用心灵去感受和发现美，用自己的方式去表现和创造美”等要求。

一、音乐区活动材料的投放

音乐区的活动材料是幼儿顺利开展音乐活动的前提与基础。音乐区能否引起幼儿参与音乐活动的兴趣，能否满足幼儿发展音乐感受能力的需要，能否真正促进幼儿音乐感受能力的发展，关键在于教师必须有技巧地投放音乐区的活动材料。

音乐区活动材料主要有舞台装饰、小话筒、音乐磁带或CD或音频、播放设备、舞台道具、乐器、表演服装、装饰物等。有技巧地投放音乐区的活动材料，可以为幼儿创设一个有效的音乐区环境，提供充分参与音乐活动的条件和机会，为幼儿创设自主选择、自主操作、自主探索、摆弄音乐材料的活动空间，从而使幼儿发现和理解音乐的意义，感受音乐的美妙，提高对音乐的想象力和热情。

（一）装饰音乐区，创设美的音乐环境

蒙台梭利提出，教育者必须为儿童提供“有准备的环境”。音乐区活动环境对幼儿音乐活动的开展起着潜移默化的作用。创设赏心悦目的音乐环境能引起幼儿参与探索的欲望，让幼儿在亲身参与和感受中体验音乐的魅力和内涵，促使幼儿能够倾听音乐、感受音乐、理解音乐。因此，在音乐区活动材料的投放中，创设“美”的环境，装饰音乐区，是教师首先面临的问题。

音乐是视听相结合的活动，教师可以从视觉、听觉、感觉三个方面使用各种材料装饰音乐区。在物质环境方面可以用轻柔的彩纱、七彩飘带等将音乐区装饰成有幕布的小舞台，让幼儿置身于表演的情境中；在音乐区墙面可以用跳动的乐谱打造生动的音乐氛围；在音乐活动区地板上铺上暖和的垫子，放些柔软的靠枕，营造温馨、轻松的体验氛围；提供耳机、录音机、话筒等听音乐及演唱的设施设备。在心理环境方面可引导幼儿以音乐家、舞蹈家、歌唱家的感觉积极地参与音乐区的表演活动等。在美丽、轻松、舒适、完善的音乐环境中，幼儿既能获得美的视觉感受，又能听到悦耳的音乐，还能在轻松的氛围中随心表演，从而喜欢参加音乐活动，并能积极主动地参与创造和表现，积极地与活动材料进行互动。

（二）选择合适的音乐，激发和保持幼儿的兴趣

兴趣是学习最好的老师，要提高音乐区投放的活动材料的有效性，最重要的是要考虑到幼儿的兴趣点。就音乐区投放的音乐而言，有的教师经常只是随意播放，任凭幼儿自由发挥，计划性差，这样盲目地投放音乐，幼儿听多了，兴趣就减弱了，不能很好地发挥音乐区的教育价值。教师只有掌握幼儿最近发展区的需要，深入观察了解幼儿的兴趣，与当前开展的活动相结合来选择合适的音乐，才能更有效地激发和保持幼儿参与音乐活动的兴趣，使音乐区活动材料的投放更具有针对性。

1. 根据幼儿不同年龄选择贴近生活的歌曲，如：小班选择《我的好妈妈》《两只老虎》《伦敦桥》等充满童真、节奏鲜明的歌曲，中班选择《春天在哪里》《爱我你就亲亲我》《大树妈妈》等有情节、音域较有变化的歌曲；大班选择《种瓜》《小篱笆》《八只小狗抬花轿》等段落较多、可以合作表演的歌曲。这些歌曲贴近幼儿生活，适合不同年龄幼儿最近发展区的需要。幼儿能轻易体验到所在年龄段的歌曲所表达的情感，从而有效激发其参与兴趣。

2. 选择有特色的器乐穿插进歌曲中。单纯地采用幼儿歌曲开展音乐区活动，幼儿的参与热情很容易消退。新奇的旋律容易激发幼儿的兴趣，在歌曲中穿插器乐，可以丰富幼儿的音乐区活动，如：有客家特色的地方音乐《采茶扑蝶》《月光光》，古典名曲《化蝶》《喜洋洋》，世界名曲《四小天鹅舞曲》《摇篮曲》等。倾听不同曲风的器乐，幼儿可以感受到不同乐器的魅力。教师可以引导幼儿学会倾听、欣赏，然后引导幼儿用自己喜欢的形式来表现对音乐的理解，提升幼儿音乐欣赏的品位。

3. 选择音乐形象突出、具有角色变换的游戏音乐。音乐游戏是幼儿音乐活动的一个重要组成部分。投放游戏音乐，能够提高音乐区的娱乐性、趣味性，更好地激发和保持幼儿参加音乐区活动的兴趣。教师可以选择和主题活动接轨的音乐游戏，如“可爱的动物”主题中选择“大象和小鸟”音乐游戏，“一年四季”主题中选择“春雨”“大森林的故事”音乐游戏，“各行各业”主题中选择“勤劳人和懒惰人”音乐游戏，让幼儿根据情节分角色表演和游戏，在游戏中感受音乐活动的快乐，提高对音乐的理解和感受。

通过有选择地变换、穿插使用不同的音乐，让幼儿充满兴致地参与不同形式、不同风格的音乐活动，感受到音乐活动恒久、多变的魅力。

（三）投放生动的道具，拓展幼儿想象的空间

幼儿在音乐区学习表演，需要表演道具等媒介。生动形象的道具不仅能唤起幼儿的表演热情，而且能调控幼儿的学习情绪，调动音乐区活动的气氛，使幼儿融入情境化的音乐表演中。幼儿想象力的培养得到加强，幼儿想象的空间得到拓展。

1. 身体装饰材料是幼儿参与音乐表演的最大动力。身体装饰材料是幼儿表演时用来装饰打扮、化装用的材料。很多教师提供装饰材料的目的是为了让幼儿能够随意打扮自己，增强幼儿参与表演的兴趣。实际上有技巧地投放生动形象的身体装饰材料，可以提高装饰材料的教育价值，帮助幼儿有情节

地表演音乐，扩展幼儿的思维、想象能力。如：根据投放的《娃哈哈》《我的马头琴》等民族歌曲材料，提供相配套的纱巾、塑料花、民族服装、帽子等材料，让幼儿模仿少数民族进行欣赏活动和表演活动；根据投放的音乐《喜洋洋》，准备红色纱裙、小喇叭、绸布小花帽等装饰材料，引导他们把自己打扮成新郎、新娘、伴郎、伴娘，自编自导带有情节性的舞蹈“娶新娘”等。相同的装饰材料，在不同的音乐中还可以代表不同的角色并发挥不同的作用，如纱巾可以是维族小姑娘的头巾，也可以是汉族舞蹈中的腰巾。教师应鼓励幼儿在使用这些装饰材料时大胆地想象，自由地运用，在音乐舞台中无拘无束地展现自己的音乐表现力。

2. 根据音乐不同情节需要提供表演的道具。音乐区投放的材料不能一成不变，学期初投放下去的材料一般不能一直沿用到期末。如果材料不变，幼儿对材料熟视无睹，一是会产生厌烦情绪，二是不愿意动脑筋去想象。教师要根据音乐区当前开展的活动，提供形象的表演道具。如：在大班音乐活动区组织音乐游戏“戏狮”，可以提供塑料圈、扇子等道具。腰间套一个彩色塑料圈的幼儿扮作狮子，手持扇子的幼儿扮作大头佛。“大头佛”用扇子戏弄“狮子”，“狮子”根据“大头佛”扇子的方向，手握腰间的圈子，左右上下跳动或打滚。“大头佛”还可以把扇子插在背上，做左挠右挠的动作增加趣味性。幼儿还可以创造性地设计扇子的指示作用，如“大头佛”用扇子点“狮子”时表示摆一个造型，扇子摇动时表示要“狮子”围着“大头佛”做出亲热的动作。扇子、塑料圈等道具丰富了音乐游戏情节，激发了幼儿想象，在整个音乐游戏中发挥了很大的作用。

幼儿对道具的使用伴随充分的想象和个体独特的动作表现。这些想象往往具有突发性，因此，道具应让幼儿自由取放。同时，教师还要提供一些半成品的道具，如各色的卡纸、各种方便面盒、小花篮、大花球、胶带等，为幼儿发挥想象、装饰自己提供便利。教师还应观察幼儿的表现，及时发现幼儿的需要，引导幼儿有效地使用道具，利用道具对幼儿的感官刺激，让幼儿去主动参与、主动体验、主动创造。

（四）提供多样化的乐器，提高幼儿的音乐感受力

幼儿一边欣赏优美的乐曲，一边演奏打击乐器，这是我们在音乐区经常看到的情景。这是幼儿借助打击乐器来感受音乐。教师要投放各种不同的打击乐器，以激发幼儿的兴趣和表现欲望，提高幼儿的音乐感受力：首先，教

师要把乐器名称告诉幼儿，教会幼儿正确敲击乐器的方法，感受乐器的声音特点；其次，要引导幼儿掌握不同节奏的打击乐表现形式，提高幼儿演奏乐器的技能；再次，引导幼儿将打击乐器与表演相结合，鼓励幼儿自娱自乐，创造性地表达对音乐的理解，丰富对音乐的感受力。

教师还可以教幼儿自制一些简单的乐器，提供幼儿黄豆、沙子、绿豆、大米、汽水瓶、塑料杯、易拉罐、胶布、订书机、竹片、红绸带、玻璃瓶等材料，让幼儿试着做沙球、响罐、响板、音乐瓶等能演奏不同节奏、发出不同声音效果的自制乐器，并随着音乐用自制的乐器配节奏、配声音，体验到自制乐器的成就感，同时提高音乐感受能力。

《纲要》中指出“应通过环境的创设和材料的利用，有效地促进幼儿的发展”。音乐活动区是幼儿喜欢的、最能发展幼儿音乐表演才能的区域，对幼儿五大领域能力的和谐发展起着不可缺少的作用。因此，教师在音乐区活动材料的投放中，要做有心人，认真观察、分析幼儿的兴趣，有技巧地投放能满足幼儿需要的材料，不断丰富和变化活动区的材料投放，丰富材料使用的方法，让幼儿去充分探索、想象、表现，使幼儿的创造潜力得到更有效的发挥，为幼儿创造广阔的音乐空间。

二、音乐区的类型与组织

（一）歌唱区

1. 歌唱区的目标定位。

歌唱区是深受幼儿喜爱的音乐区。幼儿在歌唱区里可自由选择喜欢的歌曲与操作材料进行自主地演唱，其目标可定位为：愿意积极参与歌唱活动，喜欢用歌声表达思想，享受歌唱活动的乐趣。

如果教师发现幼儿在歌唱区中存在大喊大叫的现象，就需要调整目标，在之后的教育目标中加入一条：能努力克制自己的情绪，学习用自然的、好听的声音歌唱。

2. 歌唱区的设计与组织。

教师可以根据幼儿的兴趣，与幼儿共同制作一个点歌单，点歌单上的歌曲既能来源于幼儿的兴趣，又由教师根据幼儿的年龄特点进行选择，最后制作成“卡拉 OK”点歌单与伴奏带。幼儿在歌唱区中利用点歌单和伴奏带，可以十分自如地进行表演。歌唱区可以进行如下安排。

(1)“卡拉 OK”角：在活动室的一个比较独立的角落或是楼梯间，放置一台电视、视频播放器，对面摆上一张供 3～5 名幼儿坐的沙发，墙上挂着幼儿与教师共同制作的点歌单（图文并茂）。教师与家长共同收集伴奏带，经过教师的选择与筛选，制成“卡拉 OK”点歌单，供幼儿自由选择、尽情歌唱。

(2) 歌唱图谱角：在活动室的一个区域（也可以是在楼梯的拐角等处），将幼儿平时会唱的歌曲图谱粘贴在那儿，供幼儿自选。

3. 适合幼儿园使用的歌唱区活动案例。

《找一找　唱一唱》

图 1

图 2

制作说明：取一张过期台历，将每一页分割成两半，分别封上白纸。选择一些简单有趣的歌曲，用图谱及节奏型的方式分别画在两边，注意将歌曲的 1、3、5 句画在左边，2、4、6 句画在右边（右边的句子可打乱顺序，以增加难度）；同时可在能替换歌词的位置订上子母扣，就可随时更换角色（如图 2)。本区域活动适合中、大班幼儿开展。

玩法介绍：幼儿通过看简单的图谱，唱出歌曲的第一句后，开始在右边翻找第二句的图谱（或是节奏型），这样依次翻找，将整首歌曲全部找出，然后进行完整的演唱。此游戏的设计灵感来自于幼儿园中常玩的“配对”游戏和“数字找朋友”游戏，因此玩法相类似。幼儿在熟悉原歌曲后，还可进行替换歌词的仿编活动，如《王老先生》这首歌，在“他在地里养小鸡”这一句的“小鸡”位置上订上子母扣，幼儿可根据兴趣贴上其他动物（如小鸭、小猪等），然后再进行演唱。此游戏能帮助幼儿复习巩固学过的歌曲，同时在找找唱唱中培养幼儿的节奏感，激发幼儿对歌唱活动的兴趣。

在歌唱区活动中，教师除了指导幼儿正确操作设备以及制定区域音乐活动的规则外，应重点关注幼儿在歌唱时对嗓音的正确运用与保护等。同时，教师应尽量积极参与其中，给幼儿自由自主的歌唱增添更多的乐趣。

（二）演奏区

1. 演奏区的目标定位。

演奏区是幼儿园音乐区的重要内容，其目标可定位为：乐于参与打击乐器演奏活动，喜欢探索打击乐器的各种演奏方法并大胆演奏。

如果教师发现幼儿在该环节的演奏活动中存在不爱护乐器、不遵守乐器演奏的基本常规，或配合不够默契等现象，就需要调整目标，在目标中加入：能自觉爱护乐器，在演奏中与同伴相互配合，遵守打击乐演奏的常规，养成主动追求活动秩序的审美态度与习惯。

2. 演奏区的设计与组织。

演奏区中可以放置小鼓、钟琴、西斯特等精制的奥尔夫乐器或是一般的打击乐器，也可以放置各种生活乐器或是自制的打击乐器，如装有沙子、豆子、小石子、米等的塑料瓶子或罐子等，各种各样的盘子、碟子等，塑料、玻璃、搪瓷等不同材质的器皿等。幼儿可以在乐器区里探索声音的奥秘，组织小型的节奏乐队等。

3. 适合幼儿园使用的演奏区活动案例。

春天花儿开（小班）

目标

· 感受四分音符与八分音符的节奏，培养初步的节奏意识。

· 发展按节奏说与随乐演奏乐器的能力。

材料

· 春天花园的背景图一张，红色、蓝色、黄色花的图片各一，磁性板一张、磁铁若干，四分音符、八分音符的节奏卡若干，碰铃若干。

玩法

1. 教师将春天花园的背景图片贴在音乐区的墙面上，并提供红色、蓝色、黄色花的图片以及四分音符、八分音符的节奏卡在下方供幼儿选择。幼儿根据自己的兴趣与能力，自主选择各色花朵的图片有次序地贴在背景图上，然后自由将节奏卡对应贴在相应颜色花的上面。

2. 幼儿根据节奏卡与花的颜色，有节奏地念读。如红花对应的是“× ×｜× ×｜”，则一字一音地念“红 花｜红 花｜”，若对应的是“×× ××｜×× ××｜”，则念“红花 红花｜红花 红花｜”。

3. 幼儿玩熟练后，可根据能力自行增加难度，如将各色的花朵图片连在一起念读，或者组成一个有序的节奏，几个幼儿轮流念读等。

4. 对应图板上的节奏卡，幼儿一边念一边用碰铃为各种颜色的花儿伴奏。

建议

· 随着幼儿颜色分辨能力的增强，教师可适当增加备选花儿图片的颜色。

· 根据幼儿节奏感的发展情况，可适当增加二分音符、休止音符等节奏。

· 随着幼儿演奏能力的增强，可适当增加串铃、响板、小鼓等小乐器，供幼儿自选。

（选自福建省幼儿园教师教育用书《领域活动指导》小班下册）

敲敲打打乐器坊（大班）

目标

· 体验各种物品的声响效果，学习看节奏卡演奏，享受创造性演奏的乐趣。

材料

· 投放盆、碗、碟、杯、饼干盒、空纯净水桶、筷子、汤勺等能发出声响的物品。

· $\frac{2}{4}$拍子、$\frac{3}{4}$拍子、$\frac{4}{4}$拍子的节奏图形卡各若干。

玩法

1. 跟随幼儿学习过的歌曲《盆碗碟杯在歌唱》等音乐，随乐演奏盆碗碟杯四种生活中的乐器；鼓励幼儿主动寻找同伴，进行合作演唱和演奏。

2. 看教师提供的节奏图形卡，自主选择各种物品，拍一拍、敲一敲；尝试和同伴用不同的演奏材料，你一句、我一句，开展节奏问答游戏。

3. 引导幼儿参与创编节奏、创编简单的乐器故事等，鼓励幼儿选择各种演奏材料，用不同的方式进行演奏。

建议

1. 鼓励幼儿用自己的身体部位做乐器，用多种演奏方式与同伴轮奏、合奏；除了独立使用教师提供的固定节奏型演奏外，鼓励幼儿参与创编节奏，敲出不同的节奏和声响，感受趣味演奏的乐趣。

2. 教师和幼儿一起自制小乐器，并投放到“敲敲打打乐器坊”，用于演奏或欣赏。

3. 发动家长和幼儿共同收集生活中能发出声响的物品，不断丰富“敲敲打打乐器坊”。

（选自福建省幼儿园教师教育用书《领域活动指导》大班下册）

（三）表演区

1. 表演区的目标定位。

幼儿在表演区里可自由选择喜欢的音乐、道具等进行自主表演，其目标可定位为：愿意积极参与随乐表演活动，喜欢用身体动作、语言对话以及角色表演等表现音乐与故事，享受自由表演的乐趣。

如果教师发现幼儿在表演区活动中存在动作内容与音乐作品情绪脱节，或动作与音乐节奏不符合等现象，那么就可以调整目标，在目标中加入：能认真倾听音乐进行表演，学习使自己的动作、神态、语言与音乐或故事的情绪、情节、节奏等相匹配，努力追求动作的姿势美与协调美。

2. 表演区活动设计与组织。

幼儿园表演区的内容十分丰富。教师可以把幼儿学习过的律动、舞蹈音乐以及相关道具等投放到表演区中，也可以投放幼儿熟悉的戏曲或童话剧的音乐、表演流程、道具等，供幼儿自主选择与创造性地表演。幼儿的表演可以是个体轮流上台，也可以是小组合作协商进行角色表演。

3. 适合幼儿园使用的表演区活动案例。

你看我呀像什么（小班）

目标

- 培养初步的动作创编能力，以及边唱边做动作的能力。

· 养成认真观察以及与同伴互动的能力。

材料

· 幼儿常见的动物图片若干，音乐《你看我呀像什么》（曲谱见第102页），播放器。

玩法

1. 幼儿选择自己喜欢的动物图片，跟着录音初步和乐演唱。

2. 播放音乐伴奏，幼儿随乐边唱边做所选动物的动作，其余幼儿观察、猜答案，并在最后一句配上旋律演唱：像只××。

3. 幼儿两两合作，一个做一个猜。

4. 幼儿交换角色游戏。

建议

· 为了帮助幼儿回忆，教师可以把幼儿常见动物的图片贴在墙面上。

（选自福建省幼儿园教师教育用书《领域活动指导》小班下册）

我们不怕大野狼（中班）

目标

· 能随乐表现故事剧情，体验合作表演舞台情景剧的乐趣。

准备

· 幼儿已听过《三只小猪》的故事，对故事的角色、剧情、对话等有所了解。

· 草房、木房、砖房的场景，三只小猪、狼的头饰及服饰；音乐《我们不怕大野狼》，播放器等。

玩法

1. 和幼儿共同创设表演场景。

2. 引导幼儿复习故事《三只小猪》，熟悉角色对话。

3. 根据意愿分配角色，并选择头饰及服饰装扮好自己。

4. 随乐表现故事的情节，体验合作表演舞台剧的乐趣。

建议

· 将表演过程中语言的成分用有节奏的说唱表现，感受语言节奏的韵律。

·可投放一些锅碗瓢盆作为打击乐器，在战胜大野狼后随乐演唱并演奏，丰富游戏的道具，体验唱唱玩玩的快乐。

资料

我们不怕大野狼

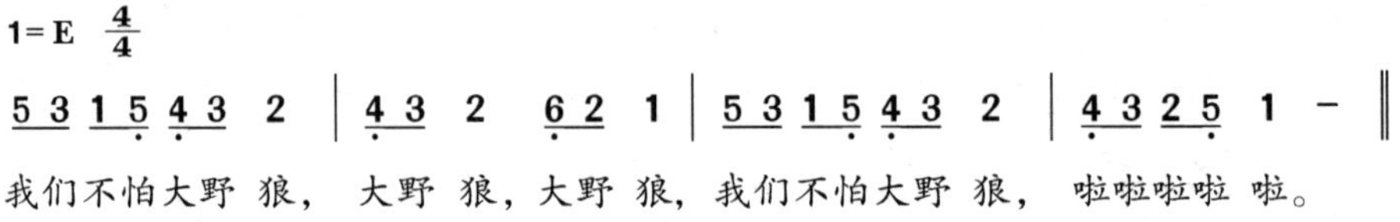

（选自福建省幼儿园教师教育用书《领域活动指导》中班下册）

国粹京剧坊（大班）

目标

·感受京剧脸谱的独特魅力，逐步喜爱京剧艺术。

材料

·在美工区组织幼儿绘画，自制蓝脸、红脸、花脸、白脸、黑脸京剧脸谱；用铁线、毛线制作胡须；用碗面的盒子制作帽子。

·在音乐区张贴京剧剧照、脸谱、服饰等让幼儿欣赏，创设富有京剧文化气息的环境。

·鼓、锣、镲乐器，水袖，音乐《戏说脸谱》，播放器。

·请家长协助提供妈妈的长裙、爸爸的T恤制作京剧服饰（把画好的脸谱贴在T恤上，或直接在T恤上画京剧脸谱）。

玩法

1. 幼儿自己化装，女生穿上妈妈的长裙，套上水袖；男生戴上胡须、帽子，穿上自制的脸谱T恤，或戴上自制的脸谱。

2. 幼儿大胆想象自己所戴的脸谱所能表现的动作，模仿剧照上的造型，几人一组依依呀呀自创唱腔，自然激发自身热爱剧情人物的情感，萌发模仿、学习的欲望。

3. 幼儿根据自己的爱好和特长，担当不同的角色。

京剧小演员：表演学过的《戏说脸谱》京剧动作。

京剧小票友：欣赏同伴的表演，在不同的角色体验中感受京剧艺术的魅力。

京剧伴奏师：利用鼓、锣、镲等小乐器为同伴的表演伴奏，与同伴分工合作进行表演，展示自己的特长。

建议

· 可投放《爬长城》《戏说脸谱》等音乐，让幼儿感受京味十足的音乐。

· 教师适时指导，女孩以柔为主，动作上多兰花指、绕腕、水袖功；男孩以刚为主，动作上多手臂、手掌的造型。同时，要及时地鼓励和肯定幼儿，让他们不断地在获得教师和同伴的夸奖中体验到成功的喜悦和自豪。

· 可组织玩拼京剧脸谱游戏，也可组织两三人一起玩京剧脸谱棋。

· 提供材料，鼓励幼儿动手制作兵器，和同伴一起制造出喜爱的金箍棒、大刀、彩旗等，并投放到“国粹京剧坊”中用于表演。

（选自福建省幼儿园教师教育用书《领域活动指导》大班下册）

（四）欣赏表现区

1. 欣赏表现区的目标定位。

幼儿园欣赏表现区活动的目标可定位为：愿意积极参与音乐欣赏活动，享受欣赏音乐放松身心的乐趣，愿意运用身体动作、语言、美术、表演等方式表达与交流听音乐的感受。

如果教师发现幼儿在该区域欣赏活动中存在动作表现与音乐作品情绪脱节，甚至听音乐时四处跑动等现象，那么就需要调整目标，在目标中加入：能专注倾听音乐并大胆想象，尝试大胆运用身体动作、语言等方式表达与交流听音乐的感受。

2. 欣赏表现区的设计与组织。

幼儿园欣赏表现区的内容十分丰富，教师可以把幼儿喜欢听的音乐以及相关的道具，如画纸、绘画工具、彩带、图画、表演服饰、彩带等，投放到该区中。教师引导幼儿一边欣赏音乐，一边感受与体验，然后根据自己个人的专长与兴趣，选择合适的表现手段与工具，大胆、自由、个性化地进行独立或小组合作的表现。

3. 适合幼儿园使用的欣赏表现区活动案例。

唐老鸭的农场（小班）

目标

· 认真倾听音乐，培养良好的听觉意识与听辨能力。

· 发展音乐记忆力以及动作表现能力。

材料

· 贴着数字顺序的表格一张，六种动物（如鸡、鸭、狗、牛、猪、羊等）的图片各一，磁性板一张、磁铁若干，音乐《唐老鸭的农场》及播放器。

· 碰铃、响板、木鱼、蛙鸣筒等乐器若干。

玩法

1. 导入：唐老鸭办了一个开心农场，里面养了许多小动物，认真听唐老鸭养了哪些小动物。

2. 听音乐排图。播放音乐，幼儿认真倾听音乐里出现的小动物的叫声，并且记住这些动物声音出现的先后顺序。音乐结束后，幼儿排出这些动物的先后顺序。

3. 再次播放音乐，请幼儿看着图片再听一次，并根据音乐调整自己排图的顺序。

4. 对应板上的图片，幼儿边听音乐边为这三种动物创编动作。

5. 幼儿选择小乐器，分别为三种动物伴奏。

6. 幼儿根据自己的兴趣，选择相应的动物排图，然后播放音乐伴奏，自己根据自己的排图编唱歌曲。

建议

· 随着幼儿听觉敏锐性的增强，教师可在第三乐句重复一遍，变成六种小动物，让幼儿听音排图。

· 适当增加备选动物图片的种类，让幼儿自主选择。

· 教师还可以引导幼儿根据自己的排图编唱歌曲。

资料

唐老鸭的农场

欧美童谣
程英　改编

1=F 2/4

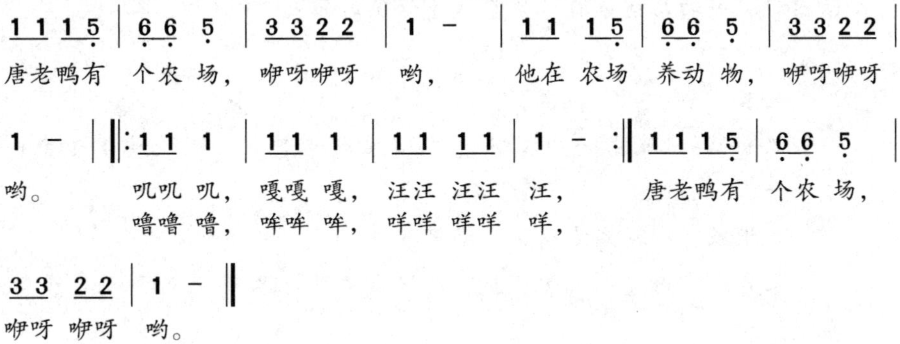

（选自福建省幼儿园教师教育用书《领域活动指导》小班下册）

画　音　乐（大班）

目标

·能听辨音乐表现的刮风、下雨、打雷、电闪、鸟鸣等自然界的声音和竖琴弹奏的美妙音乐，丰富想象能力，并大胆地用绘画、剪贴等多种方式表达自己的理解和感受。

材料

·画纸、毛笔、水彩笔、铅笔、油画棒、彩纸、剪刀、胶水，音乐《下雨的时候》、播放器。

玩法

1. 欣赏音乐《下雨的时候》，引导幼儿回忆音乐表达的形象和内容，鼓励幼儿用语言描述小雨细无声、大雨哗啦啦、雷雨轰隆隆的场景，大胆想象自然界中下雨的情景。

2. 为幼儿提供丰富多样的材料，如画纸、毛笔、水彩笔、铅笔、油画棒、彩纸、剪刀、胶水等，鼓励幼儿边听音乐边根据自己的想象选择材料，用绘画、剪贴等自己喜欢的形式表达对音乐作品的理解。

3. 完成作品后，启发引导幼儿根据画面内容编讲雨中人们的活动和雨后动植物的情况；将幼儿的作品整理成册，投放到音乐区和语言区，丰富幼儿活动内容。

建议

· 提供报纸，钹、大鼓、双响筒、串铃、木琴、蛙鸣器、沙锤等小乐器，引导幼儿演奏器乐故事《下雨的时候》。

钹："嚓"，闪电。

大鼓："咚咚"，打雷了。

双响筒："滴嗒……滴嗒……"，由慢渐快，小雨点越下越密，雨越下越大。

撕报纸：小树左右摇晃，随风摇摆。

木琴："滑音"，雨停了，太阳出来了。草地上花开了，小草长出来了。

揉报纸：树上的叶子哗啦啦地响。

串铃：小鸟飞来了，叽叽喳喳唱起了歌。

蛙鸣器：池塘里的青蛙也跟着唱起来了。

沙锤：雨后的空气真新鲜，越来越多的小动物们都出来玩了。

资料

下雨的时候

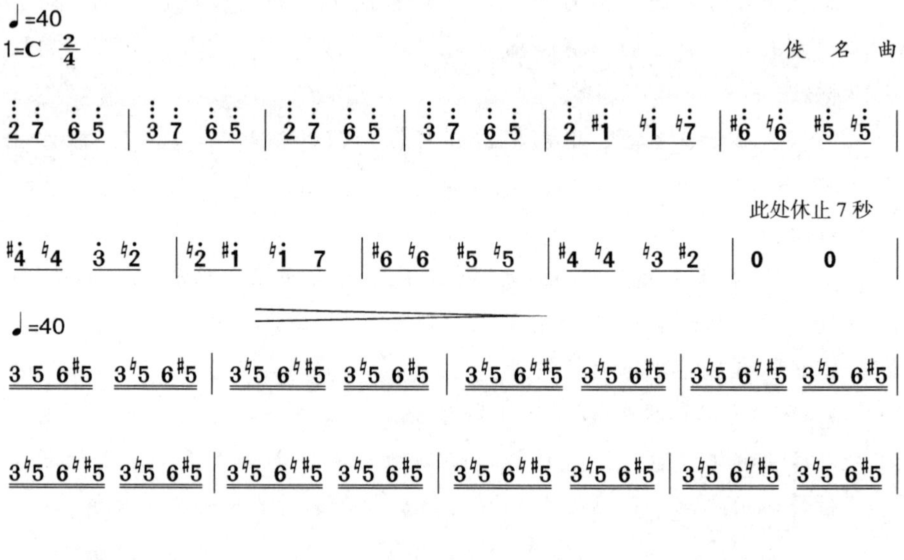

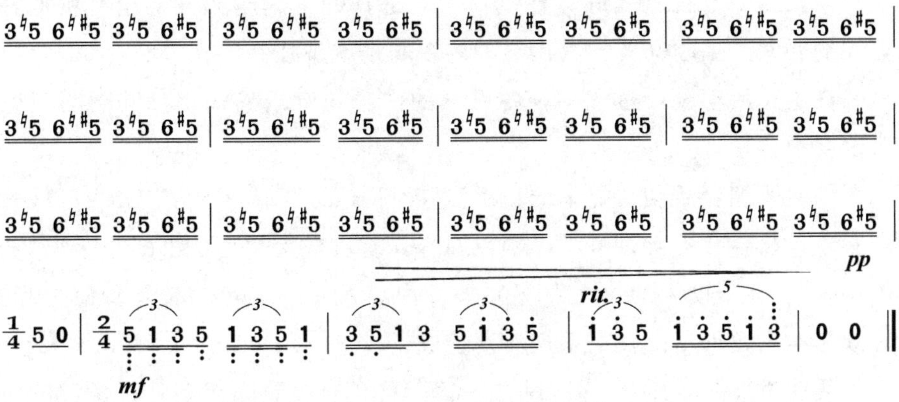

（选自福建省幼儿园教师教育用书《领域活动指导》大班下册）

第二节　幼儿园音乐综合活动的探索

一、幼儿园音乐综合活动的常见形式

根据幼儿园教育的特点，幼儿园在开展音乐综合活动时既可“一科切入，兼及数科”，也可“多科综合”。在具体教育实践中可以采取以下形式。

（一）音乐主题综合活动

音乐主题综合活动是根据幼儿的兴趣、能力与幼儿园阶段教育主题，有针对性地选择某一人文主题，以音乐为切入点，有机渗透与融合其他艺术形式以及各领域内容而开展的系列综合性艺术活动。

一般，幼儿音乐主题综合活动的人文主题主要包括人与人、人与社会、人与自然等方面，其基本线索如下。

人文主题的基本线索	
人与人	幼儿与父母，幼儿与教师、同伴，以及幼儿与生活联系紧密的人与人之间相互关爱的情感
人与社会	幼儿与民间艺术、文化习俗、人们劳动、节日庆祝、历史等
人与自然	幼儿与动植物、自然山水、四季、日月星辰、环保主题等

实践表明，在主题综合活动中，所选择的主题越人文、越有机地融入真善美的要素，主题间各学科内容的内在联系就越强。

在主题活动设计过程中，各领域的内容与音乐的知识技能要有机融入到主题之中。

如主题综合活动“能干的小手”，教师按照“人与社会”的主题线索，整合音乐、社会、语言、科学等领域内容，有机融入“会做事的小手”“会说话的小手”“会帮助人的小手”等几方面内容，使得主题的教育价值更为深入、有效。本主题可以由以下系列活动组成。

活动1：歌表演“小弟弟早早起”。重点通过歌唱活动，在学习歌曲的过程中懂得自己的事情自己做的道理。

活动2：综合活动“××的手儿真能干”。通过观察、故事、韵律活动等活动，幼儿初步了解警察、指挥家、工人、农民等人们勤劳能干的手，尝试用语言讲述，并运用身体动作模仿与表现这些人的劳动。

活动3：歌唱活动“好朋友”。在歌唱过程中，幼儿明白可以运用小手与同伴相互帮助的道理。

又如主题活动“美妙的森林”，教师按照“人与自然”的主题线索，有机整合科学、音乐、社会、美术等领域内容，萌发幼儿产生热爱森林以及森林动物的情感，培养幼儿初步的环保意识。本主题可以由以下系列活动组成。

活动1：科学活动“森林里的动物”。幼儿通过观察、故事等方式，进一步认识森林里的各种动物，初步形成对动物的喜爱与保护之情。

活动2：音乐欣赏“森林狂想曲”。引导幼儿感受森林里某些动物的音响，感受森林中和谐与美妙的意境。

活动3：美术活动“可爱的森林动物”。提供森林背景图，引导幼儿运用绘画、剪贴等方法，制作《可爱的森林动物》的美术作品。

活动4：故事创编“森林里的故事”。引导幼儿边听音乐边发挥想象，大胆创编与森林以及动物相关的有趣故事。

活动5：化装舞会“森林狂欢节”。引导幼儿根据意愿装扮成各种动物与植物形象，在《森林狂想曲》等音乐伴奏下，开展各种表演活动。

下面以中大班“爱的家庭”主题活动为例，探讨以音乐为主线的主题系列活动具体实施。

爱的家庭

程英　设计

主题由来

爱，是人世间最美的情感。因为有爱，生命才有意义；因为有爱，生活才丰富多彩；因为有爱，人生的道路才充满阳光与欢笑。家庭的爱，是幼儿离得最近、享受最早、影响最大最深远的爱。“爱的家庭”主题活动由亲子阅读“猜猜我有多爱你”、音乐欣赏“吉祥三宝”、美术活动“相亲相爱一家人”、亲子歌唱“猜猜我有多爱你”、音乐欣赏“小乌鸦爱妈妈”等系列活动构成，目的是通过这一系列活动的实施，用艺术的情感感染、打动幼儿的心灵，使幼儿直观体验到亲子之间的温情，真切感受到家庭成员之间和睦共处的快乐，初步懂得运用各种方式表达自己的爱，萌发对父母感恩的情怀。

活动1：猜猜我有多爱你（亲子阅读）

作品分析

《猜猜我有多爱你》的作者是山姆·麦克布雷尼，爱尔兰人；绘图者是安妮塔·婕朗，英国人。这本经典作品在全球销量超过1 500万册。

这本图画书里有一只像幼儿的小兔子和一只像爸爸的大兔子。小兔子像所有的幼儿一样爱比较，他们俩在比赛谁的爱更多一些。小兔子想尽办法用各种身体动作、看得见的景物来描述自己对大兔子的爱意，直到累得在大兔子的怀中睡着了。大兔子用智慧赢得了比赛和小兔子稍微少一点的爱，可小兔子用他的天真和想象赢得了大兔子多出一倍的爱，两只兔子都获胜了。小兔子亲切可爱的形象、两只兔子相互较劲的故事构架以及形象、新奇的细节设置都对幼儿有着极大的吸引力，整个作品洋溢着爱的气氛和快乐的童趣。

活动目标

- 通过自主阅读、亲子阅读、讨论交流等方式理解图书内容。
- 用语言和动作大胆表现大兔子与小兔子的对话与神态。
- 感受亲子阅读的快乐，体验亲子间的爱与亲情，知道可以用各种方式表达相互间的爱。

活动指导

1. 幼儿自主阅读前的指导。

(1) 这本书说了谁和谁的故事?(大兔子和小兔子。)

(2) 看完书后选出你最喜欢的一页,用书签夹好,讲给爸爸妈妈听。

2. 幼儿给家长讲述后的指导。

提问:你最喜欢的画面是哪一页?说说你喜欢的理由。

3. 亲子共同阅读时的指导。

亲子共同阅读整本图书,然后相互交流、讨论几幅重点画面。

(1) 第4、6页——张开双臂。

讨论:小兔子和大兔子在干什么?他们说了些什么?他们张开双臂的样子是什么样的?我们一起试试看。为什么他们要把双臂张得很开?张开双臂和爸爸妈妈比一比,看谁爱谁更多。

(2) 采用同样方法,引导幼儿阅读书中的有关“举起手臂”“跳起来”等内容。

(3) 第24、25页——大兔子把小兔子放在用叶子铺成的床上。

讨论:大兔子的动作看起来怎样?他为什么要轻轻地?爸爸妈妈抱宝宝上床睡觉时是怎么做的?

4. 爸爸妈妈轻轻抱抱宝宝到床上,听爸爸或者妈妈配乐讲述故事一遍后,宝宝安静入睡。

活动建议

· 本次亲子阅读活动适宜安排在晚上,在幼儿临睡前半小时进行。

· 教师可以通过问题的方式帮助家长掌握指导幼儿阅读时的引导方法。

· 请家长在家中和幼儿一起交流还能用哪些动作、神态来表达自己对爸爸妈妈的爱。

活动资料

猜猜我有多爱你

(爱尔兰)山姆·麦克布雷尼

小栗色兔子该上床睡觉了,可是他紧紧地抓住大栗色兔子的长耳朵不放。他要大兔子好好听他说。

"猜猜我有多爱你。"他说。大兔子说："喔，这我可猜不出来。""这么多。"小兔子说，他把手臂张开，开得不能再开。大兔子的手臂要长得多，"我爱你有这么多。"他说。嗯，这真是很多，小兔子想。"我的手举得有多高，我就有多爱你。"小兔子说。"我的手举得有多高，我就有多爱你。"大兔子说。这可真高，小兔子想，我要是有那么长的手臂就好了。

小兔子又有了一个好主意，他倒立起来，把脚撑在树干上。"我爱你一直到我的脚趾头。"他说。大兔子把小兔子抱起来，甩过自己的头顶，"我爱你一直到你的脚趾头。""我跳得多高就有多爱你！"小兔子笑着跳上跳下。"我跳得多高就有多爱你。"大兔子也笑着跳起来，他跳得这么高，耳朵都碰到树枝了。这真是跳得太棒了，小兔子想，我要是能跳这么高就好了。

"我爱你，像这条小路伸到小河那么远。"小兔子喊起来。"我爱你，远到跨过小河，再翻过山丘。"大兔子说。这可真远，小兔子想。他太困了，想不出更多东西了。他望着灌木丛那边的夜空，没有什么比黑沉沉的天空更远了。"我爱你一直到月亮那边。"说完，小兔子闭上了眼睛。"哦，这真是很远。"大兔子说，"非常非常的远。"大兔子把小兔子放轻轻地到用叶子铺成的床上，他低下头来，亲了亲小兔子，对他说晚安。然后他躺在小兔子的身边，微笑地轻声说："我爱你一直到月亮那里，再从月亮上回到这里来。"

活动2：吉祥三宝（音乐欣赏）

作品分析

《吉祥三宝》是一首一家三口对答式的蒙族小曲，曲调旋律优美、结构简单。歌曲通过一家三口温馨幸福的对唱，传达出家庭亲子之间和谐与美好的情感。歌词中体现的太阳月亮星星、花儿叶子果实、爸爸妈妈和幼儿等，内容简单易懂，富有生活情趣与童趣。歌曲优美的旋律与RAP对答深受年轻家长与幼儿们的喜爱。

活动目标

• 欣赏歌曲《吉祥三宝》，体验歌曲意境，感受一家人相亲相爱的美好亲情。

· 初步了解与歌曲内容相关的蒙古族生活习俗。

· 初步学唱歌曲，体验说唱的乐趣。

活动准备

· 物质准备：《吉祥三宝》歌唱视频，歌词图谱一组；音乐《吉祥三宝》，播放器。

活动指导

1. 播放音乐《吉祥三宝》，幼儿初步感受歌曲。

教师：这首歌曲的名称是什么？有几个人在唱？

2. 再次欣赏歌曲。

教师：你听到歌里唱了些什么？（教师按照幼儿的回答出示相应的图谱。）

3. 通过谈话，了解这首歌曲的创作背景。

（1）教师：你们知道这首歌是哪个民族的？是谁唱的？他们为什么唱这首歌？

（2）教师先引导幼儿谈，并根据幼儿了解的情况进行总结：这是一首蒙古族歌曲。在美丽的蒙古大草原上，有一个幸福的家庭，爸爸妈妈和一个三岁的女儿，他们一家三口天天在草原上放牧、散步。可爱的幼儿总有问不完的问题，爸爸妈妈总是耐心地解答。后来，爸爸就写下了这首好听的歌。

4. 欣赏《吉祥三宝》蒙语版视频，进一步直观感受歌曲的民族风格与蒙古族的文化与习俗。

（1）教师：画面上都有哪些内容？你从哪里知道这是蒙古族的歌曲？

（2）通过视听结合的方式，幼儿能更直观地感受蒙古族的文化与习俗，如茫茫的草原、奔腾的骏马、演奏马头琴的牧马人以及蒙古族人居住的蒙古包等，从而对蒙古歌曲委婉动听的旋律以及歌词所反映的内容有了更直观的感受与更深刻的印象。

5. 分段欣赏歌曲。幼儿根据歌曲内容，自主选择匹配的小图片贴在歌曲图谱的相应位置。

6. 再次完整欣赏歌曲，幼儿在边欣赏边跟唱中进一步感受歌曲中浓浓的亲情。

（1）教师：歌里唱了哪些东西是吉祥如意的一家？（太阳星星月亮、花儿叶子果实、爸爸妈妈和幼儿。）

（2）教师：为什么说他们是吉祥如意的一家？你们喜欢这样快乐的一家吗？

7. 幼儿介绍自己快乐的家庭趣事。

教师：你们和爸爸妈妈也是吉祥如意的一家吧！爸爸妈妈是怎样爱你们的？你们又是怎样爱爸爸妈妈？说一说你们家快乐的事情。

活动资料

吉祥三宝

女儿：爸爸，（哎！）太阳出来月亮回家了吗？（对啦！）/星星出来月亮去哪里啦？（在天上！）/我怎么找也找不到它？（它回家啦！）

合：太阳星星月亮就是吉祥的一家！

女儿：妈妈，（哎！）叶子绿了什么时候开花？（等夏天来了！）/花儿红了果实能去摘吗？（等秋天到啦！）/果实种在土里能发芽吗？（它会长大！）

合：花儿叶子果实就是吉祥的一家！

爸爸妈妈：宝贝，（啊？）爸爸像太阳照着妈妈！（那妈妈呢？）/妈妈像绿叶托着红花！（那我呢？）/你像种子一样正在发芽！（笑声……）

合：我们三个就是吉祥如意的一家！

活动3：相亲相爱一家人（美术活动）

活动目标

· 在观察生活与相互交流的基础上，大胆运用各种美术手段表现一家人相亲相爱的各种情景。

· 通过语言交流与动作表现，与同伴分享一家人快乐生活、相亲相爱的美好体验，感受家庭的温情与相互帮助的乐趣。

活动准备

· 物质准备：各种美术工具材料。

· 环境创设：在班级布置“相亲相爱一家人”的主题照片展。

活动指导

1. 组织幼儿参观“相亲相爱一家人”的主题照片展。

2. 请幼儿用语言与动作等方式介绍各自家庭照片中的故事，分享家庭快乐的幸福体验。

教师：你们一家人是怎样相亲相爱的？你们经常用哪些方式表达你们对爸爸妈妈的爱？爸爸妈妈平时又是用哪些方式表达对你们的爱？

3. 播放《吉祥三宝》背景音乐，幼儿自选材料与创作方式，运用美术手段表达一家人相亲相爱的情形。

教师提示幼儿可以采取连环画等各种方式进行表达。

4. 展示、欣赏与评价：在活动室专门辟一主题墙，张贴幼儿的美术作品，请幼儿进行介绍。

活动 4：猜猜我有多爱你（亲子歌唱）

活动目标

· 通过亲子间合作创编歌词与合作演唱等方式，表达相互间爱的情感。

· 尝试用歌声、动作、体态、眼神等大胆表现相互之间爱的情感，感受亲子之间浓浓的亲情。

活动准备

· 经验准备：事先请家长与幼儿讨论相互间的爱可以用怎样的方式表达，并用绘画的方式画出来。

· 物质准备：大书《猜猜我有多爱你》，音乐伴奏带，幼儿与爸爸互相关爱的照片。

· 资源利用：请幼儿的爸爸一起参与活动。

活动指导

1. 教师出示大书《猜猜我有多爱你》，复习相关故事情节。

（1）提问幼儿：小兔子是怎么表示他对爸爸的爱？（把手臂张开，开得不能再开；把手臂举高，高得不能再高；倒立起来，把整个人拉长；跳得高高的，高得不能再高；走得远远的，从这里一直到月亮那里。）

（2）提问爸爸：大兔子对小兔子的爱有多少？

（3）引导爸爸用动作表现童话中大兔子与小兔子的爱。

教师：张开双臂和爸爸比一比，看谁爱谁更多。说说看，你们的爱有多远，从哪里到哪里。

2. 引导幼儿交流爸爸对自己的关心与爱，体会爸爸平时的关心与照顾。

教师：平时爸爸是怎么爱你们的？

3. 启发幼儿向爸爸表达自己的爱。

教师：爸爸那么爱宝宝，为宝宝做了那么多。宝宝爱不爱自己的爸爸？每个宝宝轻轻告诉爸爸自己有多爱爸爸。

4. 教师提供节奏型，引导幼儿与爸爸将相互关心与爱的方式编成儿歌，伴随音乐有节奏地读给对方听。

5. 以歌曲旋律为背景音乐，亲子边感受音乐边共同绘画，把相互的爱用图谱的方式表达出来。

6. 教师选择几幅有代表性的图画，全体家长与幼儿共同分享，然后随着音乐旋律集体演唱。

7. 分成宝宝队与爸爸队，以对唱的方式表达相互间的关心与爱。

8. 听音乐，亲子自由对唱自己创作的歌曲。

活动建议

· 教师将根据亲子创作的歌词所制作的图谱贴在墙上，制作成卡拉OK的音乐，供幼儿自主演唱。

活动资料

猜猜我有多爱你

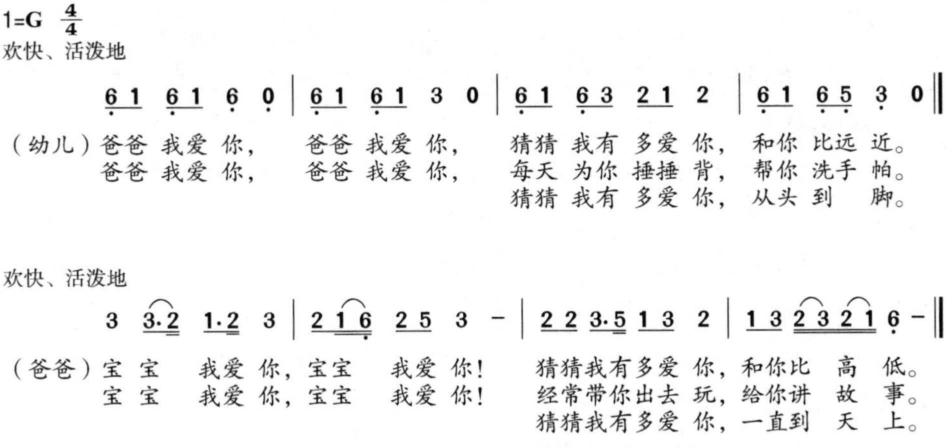

活动5：小乌鸦爱妈妈（音乐欣赏）

活动目标

·体验歌曲抒情的演唱风格，感受小乌鸦对妈妈的孝心，初步了解“乌鸦反哺”的涵义。

·懂得从小尊敬、爱护老人的道理，萌发感恩父母的情感。

活动准备

·物质准备：《坏鸟占巢》的故事视频，课件《七只小乌鸦》，音乐《小乌鸦爱妈妈》，播放器。

·环境创设：把活动室布置得像森林一样。

活动指导

1. 情境导入。

教师：今天老师要带你们到大森林里去走一走，看看那里发生了什么事情。

2. 播放故事《坏鸟占巢》的视频，激发幼儿对不孝顺小鸟的愤怒。

(1) 教师：森林里发生了什么事情？这只鸟小时候爸爸妈妈是怎么哺育它长大的？长大后又是怎么对待自己的爸爸妈妈？你喜欢这只小鸟吗，为什么？

(2) 教师：刚才，小朋友看到的是一只很不孝顺的、令人讨厌的小鸟。可是，森林里也有一些非常孝顺的小鸟，下面，就给大家讲一个乌鸦反哺的故事。

3. 教师充满激情地讲述《乌鸦反哺》的动人故事，激发幼儿对小乌鸦的好感。

教师：你们喜欢小乌鸦吗？为什么？你们能给这个故事取个合适的名字吗？

4. 幼儿欣赏歌曲《小乌鸦爱妈妈》。

教师：小乌鸦爱妈妈的故事深深地打动了我们的心，为了让大家都知道这个故事，人们把它编成一首歌，歌名就叫《小乌鸦爱妈妈》，现在就让我们一起来欣赏。

(1) 幼儿欣赏歌曲录音。

教师：你们喜欢这首歌曲吗？歌曲里说了一件什么事情？

（2）教师结合课件《七只小乌鸦》有感情地范唱歌曲。

教师：七只小乌鸦飞来飞去在做什么？它们叼来虫子给谁吃？

教师：路边开着漂亮的菊花，多好玩呀！小乌鸦有跑去玩吗？它们飞来飞去的时候，心里一直记着什么事情？

（3）教师再次范唱，幼儿一边欣赏一边跟着音乐轻轻拍节奏。

教师：你喜欢小乌鸦吗？为什么？

5. 听音乐游戏。

（1）幼儿扮演孝顺的小乌鸦，教师扮演乌鸦妈妈，听音乐玩游戏。

（2）第二遍游戏时，“小乌鸦”叼来“虫子”一个一个上来喂“妈妈”时，每只“小乌鸦”都要对着“妈妈”说一句感谢妈妈、关心妈妈的话。

6. 总结延伸。

教师：小朋友应该向小乌鸦学习什么呢？你们在家里要怎样感谢养育你们的爸爸妈妈？

活动资料

小乌鸦爱妈妈（歌曲）

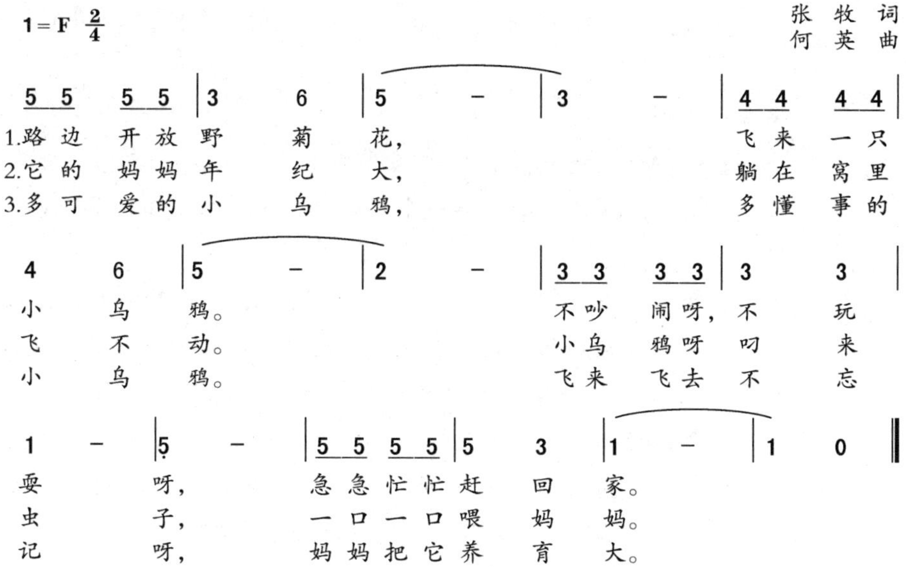

（二）音乐故事剧

教师可以选择一些情节生动、表演性强的文学作品，带领幼儿一起改编歌曲、创编剧情与表演动作；也可以选择一些情节性强的歌曲，引导幼儿将歌曲扩充为儿童剧；还可以将幼儿园一些带有很强动作性、音乐性的表演游戏，有机融入歌唱与表演，改编为儿童音乐故事剧。

下面以《三只蝴蝶》为例，分析幼儿音乐故事剧的具体组织与指导。

活动1：幼儿熟悉故事，能较熟练地掌握故事的情节与对话，并能配合对话内容进行表演动作创编。

活动2：设计剧本、动作，分配角色。幼儿根据故事线索，自己商量并创作剧本，并以绘画的方式呈现；小组内商量各自扮演的角色以及轮流的方式等。

活动3：引导幼儿为故事选择与匹配音乐，创编或学习相关歌曲，尝试运用各种乐器表现剧情中的下雨、雨越下越大、天晴了等场景。

活动4：制作表演的道具、场景，如为制作的头饰绘上相应颜色、准备适合的服装、场景的设计与布置等。

活动5：幼儿表演。

《三只蝴蝶》 音乐剧剧本

（本剧本取材于幼儿故事《三只蝴蝶》，程英设计）

场景：花园里。

准备：红蝴蝶、黄蝴蝶、白蝴蝶头饰各一，红花、黄花、白花头饰各一，太阳公公头饰一个，小鼓、拷贝纸、铝片琴等各若干。

第一幕

旁白：花园里有三只蝴蝶。一只蝴蝶是红的，一只蝴蝶是黄的，一只蝴蝶是白的。她们天天在花园里一块儿游玩，非常快乐。

戴着红颜色蝴蝶头饰的红蝴蝶出来了。她在花园里飞来飞去，这朵花上闻闻，那朵花上望望，一边飞一边唱：“花园里鲜花开，鲜花开。红的花、黄的花，还有白的花！”（曲一）。回头看见黄、白蝴蝶，招手喊道：“黄蝴蝶、白蝴蝶，快点来，我们一起玩游戏吧！”

黄蝴蝶、白蝴蝶戴着各自颜色的蝴蝶头饰，应声道：“哎，来啦！”

三只蝴蝶围着花朵一起飞来飞去。

第二幕

旁白：有一天，红蝴蝶、黄蝴蝶、白蝴蝶正在草地上捉迷藏，突然，雷声轰隆隆，天空下起了大雨。（部分幼儿用小鼓、拷贝纸、铝片琴等打击乐器演奏打雷、刮风、下雨的音响。）

三只蝴蝶用手挡住头，时而蹲、时而仰头、时而慌慌张张地跑来跑去："下雨了，下雨了，该怎么办呢？"

一只蝴蝶想了想，指着花园里的花说："我们一起到花儿姐姐那里避避雨吧！"

其他两只蝴蝶一齐点头说："好吧！"

她们一起向花朵飞去。

第三幕

几名幼儿分别戴着红花、黄花、白花头饰，分散蹲在花园里的几个地方。

三只蝴蝶一起飞到红花那里，齐声向红花请求说："红花姐姐，红花姐姐，大雨把我们的翅膀打湿了，大雨把我们淋得发冷了，让我们飞到你的叶子下避避雨吧！"

红花说："红蝴蝶的颜色像我，请进来。黄蝴蝶，白蝴蝶，快点飞开！"

三只蝴蝶齐声唱道："我们三个好朋友，相亲相爱不分开，要来一块儿来，要走一块儿走。"（曲二）

旁白：这时，雨下得更大了。（部分幼儿用小鼓、拷贝纸、铝片琴等打击乐器演奏打雷、刮风、下雨的音响，演奏的节奏更为密集。）

三只蝴蝶一起飞到黄花那里，齐声向黄花请求说："黄花姐姐，黄花姐姐，大雨把我们的翅膀打湿了，大雨把我们淋得发冷了，让我们飞到你的叶子下避避雨吧。"

黄花说："黄蝴蝶的颜色像我，请进来。红蝴蝶，白蝴蝶，快点飞开！"

三只蝴蝶齐声唱道："我们三个好朋友，相亲相爱不分开，要来一块儿来，要走一块儿走。"（曲二）

三只蝴蝶一起飞到白花那里，齐声向白花请求说："白花姐姐，白花姐姐，大雨把我们的翅膀打湿了，大雨把我们淋得发冷了，让我们飞到你的叶子下避避雨吧。”

白花说：“白蝴蝶的颜色像我，请进来。红蝴蝶，黄蝴蝶，快点飞开！”

三只蝴蝶一齐摇摇头唱道：“我们三个好朋友，相亲相爱不分手！要来一块儿来，要走一块儿走。”（曲二）

旁白：三只蝴蝶在大雨里飞来飞去，找不着避雨的地方，真是着急呀！可是她们谁也不愿意离开自己的朋友。

第四幕

旁白：这时候，太阳公公从云缝里看见了，连忙把天空的乌云赶走，吩咐雨别再下了。（一幼儿头戴太阳公公头饰，扮演太阳公公表演，此时，伴奏的幼儿用铝片琴刮奏出上行音阶，表现天气晴朗的氛围。）

旁白：天晴了，太阳公公发出热的光，把三只蝴蝶的翅膀晒干了。三只蝴蝶迎着太阳，一块儿在花园里快乐地跳舞、游戏。（曲三）

曲一

1=C $\frac{2}{4}$　　程英 改编

5 5 5 | 5 5 5 | 6 6 5 | 5 – | 4 4 4 | 4 3 3 |

花 园里 鲜花 开，鲜 花 开。红的 花，白的 花，

5 5 5 4 | 3 – ‖

还有 黄的 花！

曲二

1=C $\frac{2}{4}$　　程英 改编

1 2 3 4 | 5 6 5 | 5 4 3 5 | 4 3 2 | 1 2 3 4 | 5 – |

我们 三个 好朋 友，相亲 相爱 不分 开，要来 一起 来，

5 4 3 2 | 1 – ‖

要走 一起 走！

曲　三

1=C $\frac{3}{4}$　　　　　　　　　　　　　　　　程　英　改编

5 - 3 | 5 - 3 | 4 3 2 | 3 - - | 5 - 3 | 5 - 6 | 4 3 4 |

2 - - | 5 5 5 | 6 6 6 | 6 4 6 | $\underline{5\ 3}$ 0 0 | 2 - 2 | 4 4 4 |

3 2 1 | 5 - - | 2 - 2 | 4 4 4 | 3 2 3 | 1 - - ‖

幼儿喜闻乐见的童话故事《拔萝卜》《三只小猪》《猴子学样》《白雪公主与七个小矮人》等，都可以改编为儿童音乐故事剧。

（三）音乐曲艺表演

戏曲是艺术宝库中的一颗璀璨的明珠，其中中国的国粹——京剧，以其精湛的艺术魅力、优美的舞蹈动作、华丽的服饰和荡气回肠的唱腔扬名海内外。京剧表演中的人物动作夸张、表情丰富、唱腔有韵味，这些都是幼儿感兴趣、爱模仿、易表现的活动题材。教师可以选取京剧或是幼儿喜闻乐见的本土地方曲艺片段，或是带领幼儿一起创编自己喜欢的剧情，共同制作服装、头饰、道具、布景等，开展富有中国曲艺文化特色与儿童童趣的音乐曲艺活动。

下面我们以京剧为例，介绍音乐曲艺活动的组织与指导。本活动旨在让幼儿初步感受并了解我国京剧艺术的特色，感受京剧生、旦、净、丑等不同角色的特征，激发幼儿热爱京剧的情感，体验京剧表演的乐趣。我们选取了京剧“锣鼓经”“月色美”等经典片段，与幼儿一起开展如下活动。

活动1：欣赏《戏说脸谱》，讲述相关故事，了解京剧脸谱与角色、京剧角色与动作等特点。

活动2：欣赏京剧片段，了解京剧的服装、道具、京剧唱腔等，进一步了解并初步学习京剧的角色与动作。

活动3：通过家庭、社区等资源，加深对京剧的了解与喜爱。

活动4：幼儿分小组，自编剧情、设计动作、分配角色。

活动5：幼儿自己设计与制作服装、道具，搭台表演。

儿童音乐京剧本：京角大串烧

（本剧本取材于《中国戏曲曲艺词曲》，程英设计）

场景：京剧舞台。

准备：锣、鼓各一面，花脸（蓝脸的窦尔敦、红脸的关公、花脸的孙猴、白脸的曹操、黑脸的张飞）、花旦、丑角脸谱与戏服各若干套。

第一幕：花脸群英会

伴随欢快、明朗的“京调”戏曲声，部分幼儿着各样脸谱与服装在锣鼓点子声中出场亮相。

X － X － | X X X － | X XX X X | X 0 0 0 ‖

匡 匡 答台仓 仓答把仓才 仓。

幼儿装扮成蓝脸的窦尔敦、红脸的关公、花脸的孙猴、白脸的曹操、黑脸的张飞等，分别表演各自的动作上台并亮相。

蓝脸的窦尔敦作偷马、牵马动作，拖着京剧腔说道：“你们可知我是谁？看看我偷的是什么马？”

旁白：蓝脸的窦尔敦偷皇帝的御马。

红脸的关公挥舞着青龙偃月刀道具，随着“匡—才—匡—才……”的锣鼓点迈着跨步，作杀敌动作亮相：“哈哈哈哈，你们可知道俺是谁？”

旁白：红脸的关公战场把敌杀。

花脸的孙猴挥舞着金箍棒道具，上蹦下跳，做一猴子照镜亮相：“哪里有妖怪？俺老孙来也。”

旁白：活泼淘气的孙悟空专门打妖怪。

白脸的曹操迈着方步，“匡—才—匡—才……”点头奸笑道：“哈哈哈哈哈哈哈。”

旁白：聪明、狡猾的曹操来了。

黑脸的张飞手擎丈八蛇矛道具，急躁地叫着：“啊啊啊啊啊啊啊，关羽哥哥等等我。”

旁白：黑脸的张飞脾气暴躁，生气或发脾气时喳喳乱叫，很远的地方都能听见呢。

伴随音乐《戏说脸谱》，几个幼儿一边跟唱一边分别在自己音乐处作角色动作造型，共同表演《戏说脸谱》。

戏说脸谱

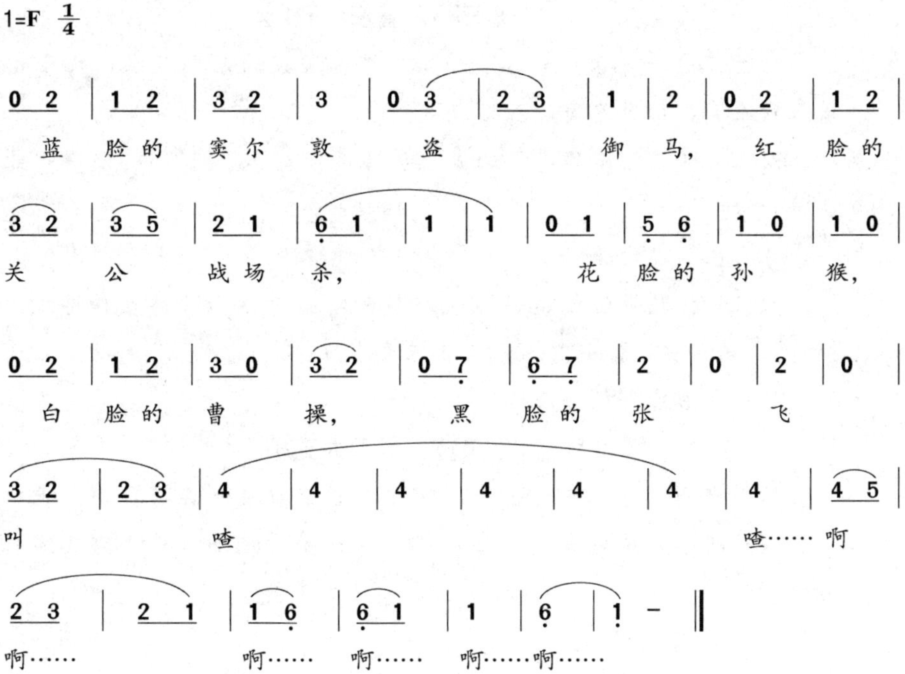

第二幕：美旦角登场

伴随欢快、活泼的京剧鼓点，几名幼儿身着旦角服装，扮成花旦以“我——来——了——”的唱腔，作兰花指、小碎步进场。

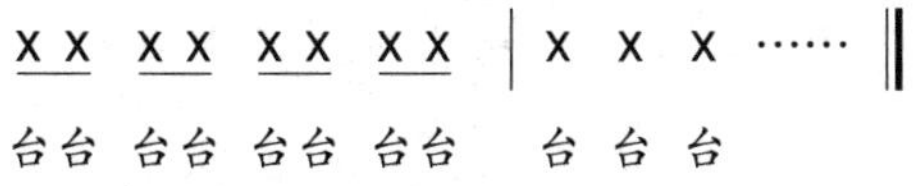

一花旦在最后拍点处，摆出兰花指造型，说道：“我的手指是捏着的，大拇指和中指靠在一起，其他手指翘起来，这种手指叫什么?”

旁白：兰花指。

一花旦伴随鼓点轻盈走着，说道：“我走路快吗？我的脚离地面近吗？我走的时候是用脚跟还是脚尖先着地?”

旁白：脚贴着地面，脚跟先着地，你走的是圆场步。

一花旦边做造型边问："我的衣服美吗？是什么颜色的？"

旁白：和玫瑰花的颜色一样；衣服绣了很多花，有很多亮亮的花片。

众花旦作一亮相动作，齐声说道："你们看看，我们美不美。"

旁白：美、美、美。

第三幕：滑稽小丑角

伴随"台——台——台——"欢快、活泼的京剧鼓点，几个幼儿身着丑角服装，扮成丑角，入场。

幼儿大胆表演滑稽有趣的丑角动作，指着鼻子问道："我鼻子上的这块是什么？"

旁白：豆腐块。

众丑角伴随音乐创造性地表演各种滑稽有趣的丑角动作造型，齐声唱道："我也丑，你也丑，你丑我丑大家丑。"

旁白：哈哈哈哈哈哈哈！

第四幕：群角大亮相

播放京剧《月光美》选段，幼儿在音乐前段时共同自由表演，在音乐中段时随乐分角色表演。最后一段音乐时，几个角色共同表演自选亮相动作。

（四）音乐体育游戏

幼儿在日常生活中常常玩一些有趣的游戏，如跳绳、踢毽子、炒豆子、斗鸡等，以及通过猜拳、出三指、黑白配等方式决定谁先玩等。在玩这些游戏的过程中，幼儿常常哼唱一些脍炙人口的歌谣。如跳绳时，幼儿常常有节奏地哼唱《马兰花》。民间体育游戏与音乐游戏的有机结合，能有效激发幼儿游戏的兴趣，增强游戏的快感，同时还有助于培养幼儿合作、协商、遵守规则等方面的社会能力。

下面以"跳房子"为例，分析音乐体育游戏的具体组织与指导。

准备：在场地上布置音符的房子、节奏记录卡、数字挂卡、音符卡片；各种可以自由建构房子的物品（如纸棒、筷子、钱棍、橡皮筋、万通板等）。

活动 1：幼儿学习歌曲以及音乐游戏"跳房子"。

活动 2：幼儿分组探索运用不同材料摆各种造型的房子，尝试变换音阶节奏及游戏的新玩法。

如第一遍用：

1 – | 2 – | 3 – | 4 – | 5 – | 6 – | 7 – | i – |

第二遍可改为：

1 1 | 2 2 | 3 3 | 4 4 | 5 5 | 6 6 | 7 7 | i i |

依此类推。根据幼儿的节奏感与动作协调性的发展水平，教师允许并鼓励他们自主选择与创编各种音乐节奏，有机融入活动中。在分组探索跳房子的新跳法和新唱法中，引导幼儿潜移默化地感受到变换节奏的乐趣。

活动 3：交换组别尝试新玩法。教师鼓励幼儿不断挑战自己，创新玩法。

跳 房 子

1=C $\frac{2}{4}$　　　　包爱华　词曲

1 2 3 4 | 5 5 5 | i i 5 | 6 5 5 | 5 4 3 1 |
（师）房子 房子 谁来 跳?(幼)我来 跳 我来 跳。（师）你能 跳得

2 5 | 5 4 3 2 | 1 – | X X. | X 0 | 1 – | 2 – |
好 吗? 我能 跳得 好。（幼）预 备 跳！（齐）do re

3 – | 4 – | 5 – | 6 – | 7 – | i – | i – | 7 – |
mi fa sol la ti do, do ti

6 – | 5 – | 4 – | 3 – | 2 – | 1 – | 5 4 3 2 |
la sol fa mi re do, （师）他真 跳得

1 1 | 5 5 6 7 | i – ‖
好 呀。（齐）他真 跳得 好！

（五）音乐动画同构活动

动画是幼儿喜爱的艺术形式。在幼儿喜爱的动画电视或电影中，有许多美妙的音乐插曲、风格各异的旋律以及打击乐节奏等，能直观地帮助幼儿理解音乐形象，发展他们的音乐感受力与表现力。

音乐动画同构活动在幼儿园中运用的方式主要有以下几种。

1. 观看动画（电影），感受情节发展过程中的背景音乐的强弱、快慢变化，进一步加深对电影、动画情节的理解，并尝试合乐表演、游戏。

奇幻的旅程（大班）

作品分析

动画片《奇幻的旅程》中的音乐是取材于挪威作曲家格里格的作品《皮尔·金特》。作品本身虽然充满了神秘、怪异的风格，但在动画片的陪衬下，乐曲就显得既神秘又充满了童趣，能吸引幼儿的注意力和激发幼儿的活动兴趣。尤其是小精灵露比进入山洞后，音乐由弱渐强、由慢渐快，最后在高潮中结束。教师可以充分引导幼儿感受该部分音乐的变化，并想象情节变化发展与人物的心理变化。

活动目标

·在理解动画情节与音乐含义的基础上，感知旋律的快慢、强弱变化。

·初步体验动画故事中神秘、奇幻的音乐风格，并借助于身体动作与游戏进行创造性表现。

活动准备

·物质准备：音乐，多媒体设备。

活动指导

1. 幼儿欣赏音乐动画《奇幻的旅程》，感受音乐的内容，并初步理解音乐所表达的情境。

提问：在动画片中，小露比经历了哪些事情？听了这段音乐，你有什么感觉？

2. 幼儿分段欣赏乐曲，并感知旋律的快慢、强弱变化。

引导性提问：（1）小露比刚开始时是怎样走的？（2）小露比走进山洞时，许多小精灵跳了出来，他的心情是怎样的？脚上的步伐有什么变化？（3）当欢呼声越来越大时，小露比又有什么变化？（4）最后，小露比发现了什么？他又做了什么？

3. 教师边讲故事《奇幻的旅程》边进行表演，让幼儿进一步理解音乐的含义。

4. 幼儿扮演小精灵，教师扮演国王，师幼共同表演《奇幻的旅程》，在游戏与表演中进一步增强对音乐的理解。

（本活动由福州市晋安区实验幼儿园陈春艳老师设计并执教）

2. 为动画或电影片段配音。引导幼儿分别观看无声电影或动画片段，然后根据自己的理解，将动画或电影片段与音乐相匹配，发展幼儿的音乐感受性与视听同构的能力。

丑　小　鸭（小班）

作品分析

《丑小鸭》是幼儿十分熟悉与喜爱的童话故事。幼儿为丑小鸭最终变成了白天鹅而感到高兴，但对于丑小鸭孤独无助到处流浪时的悲伤感受不够深刻。在动画片《丑小鸭》中配了两段对比性较强的音乐，是为了让幼儿更深刻地感受文学作品的思想感情，进一步理解丑小鸭从悲伤到快乐的心情变化。根据小班幼儿的年龄特点，本活动从情感入手，抓住丑小鸭的情感变化，引导幼儿欣赏伤心、快乐的音乐，并将音乐与动画片进行匹配，鼓励幼儿大胆地用动作、表情表现自己的感受。

活动目标

· 喜欢音画同构活动，积极主动地参与活动。

· 理解丑小鸭前后不同的心情表现；感受悲伤、快乐这两段音乐的情绪，体验两种不同的心情，并尝试用动作、表情大方地表现悲伤、快乐的心情。

活动准备

· 物质准备：动画片《丑小鸭》，白天鹅、丑小鸭的头饰，与之匹配的音乐，播放器。

· 环境创设：布置“池塘”“草地”。

活动指导

1. 完整欣赏消音动画片《丑小鸭》，引导幼儿进一步理解丑小鸭前后不同的心情表现。

提问：丑小鸭在干什么？发生了什么事？它的心情怎么样？

2. 分段欣赏音乐，引导幼儿进一步感受A、B段音乐的情绪并与动画片进行匹配。鼓励幼儿大胆地用动作、表情表现。

A段：倾听悲伤的音乐，听了心情怎样？和丑小鸭哪个时候的心情一样？

B段：倾听快乐的音乐，听了心情怎样？和丑小鸭哪个时候的心情一样？

3. 游戏。

完整播放动画片，幼儿带上头饰扮演丑小鸭，随动画片自由表演，体验音画同构艺术活动的快乐。

分析与反思

幼儿对音画同构活动较感兴趣，能积极地投入到活动中。通过这个活动，幼儿对《丑小鸭》这一文学作品的理解更加深刻了，能分辨悲伤、快乐两种不同的音乐性质，并正确地与画面进行匹配；能感受丑小鸭前后不同的心情。大部分幼儿能用语言表达出丑小鸭的心情，如："没人要跟它玩，它很伤心。""它找不到妈妈，哭得很大声。""它被小动物打，很痛，哭了。""妈妈不要它，它很难过。""它变漂亮了，很高兴。"……在动作表现方面，由于幼儿这方面的经验还不够，动作、表情的表现较单一，表现得不够大方，只有个别幼儿能从动作或表情中表现出悲伤、快乐的心情。今后，将多渠道地丰富幼儿的同构经验，多为幼儿提供表现的机会，使幼儿在音画同构活动中得到更大的发展。

（本活动由泉州鲤城区第一幼儿园陈坚文老师设计）

3. 自选乐器、自配节奏型为动画片或电影片段伴奏。

猫与老鼠（大班）

作品分析

动画片《猫与老鼠》是幼儿喜闻乐见的经典动画片。其中猫与老鼠生动有趣的艺术形象、扣人心弦的情节常常逗得幼儿们开怀大笑。该片的对话少，贯穿始终的是形象的音响效果和丰富的动作节奏。本次活动截取该片中的一个情节片段，表现的是老鼠乘猫睡觉时蹑手蹑脚出洞偷食、猫发现后追捉的生动情节。简短的画面情节蕴含了变化丰富的动作节奏。教师引导幼儿通过看、想、说、做等方式多通道参与对画面的感知，尝试创编与画面情节相匹配的节奏型，探索相应的配器方案为动画片配音，让幼儿在综合性的艺术活动中发展对美的感受能力和表现能力，体验创造性艺术活动的快乐。

活动目标

·喜欢参与动画片音画同构活动，能与同伴合作并分享。

·感知、理解动态画面内容，能根据角色特征和情节变化创编相应的节奏型，探索配器方案进行匹配。

·有初步的创造能力，体验创造和成功的快乐。

活动准备

·物质准备：剪辑动画片《猫和老鼠》片段并制作成课件；各种打击乐器及其标记、节奏拼板及节奏符号等。

活动指导

1. 欣赏消音动画片《猫和老鼠》，感知动态画面的主要内容。

教师：动画片中有谁？它们在干什么？发生了什么事？

2. 讨论猫和老鼠不同的角色特征，鼓励幼儿根据它们不同的特征自主探索配器方案。

（1）出示猫和老鼠的定格画面，启发探索。

教师：试一试、听一听，哪些乐器的声音与猫最相似，哪些与老鼠最相似。

（2）幼儿自主探索，教师观察、鼓励幼儿大胆尝试。

（3）集体交流，师幼共同选出最合适的方案并为猫和老鼠的画面贴上相应的乐器标记。

3. 进一步感知动态画面的内容及其情节变化，鼓励幼儿通过动作感知其不同的动作节奏，尝试为不同的情节画面合作创编相应的节奏型。

（1）幼儿再次完整观看动画片并结合定格画面展开讨论。

画面一（老鼠出洞）　提问：老鼠是怎样从洞里溜出来偷吃的？（偷偷摸摸、蹑手蹑脚。）它走路的节奏是怎样的？

画面二（猫睡觉）　提问：猫是怎样睡觉的？它打鼾的节奏是什么样的？

画面三（老鼠偷食） 提问：老鼠是怎样偷食的？它偷食时的节奏和走路时的节奏有什么不同？

画面四（猫醒来、发怒） 提问：猫醒来后做了一个什么动作？这个动作中包含着什么节奏？

画面五（猫追捉老鼠） 提问：这一画面和前几个画面的节奏有什么明显的不同？

（2）鼓励幼儿大胆地用动作表演五个情节画面的内容，进一步感知其不同的动作节奏。

（3）再次提出探索任务，鼓励幼儿与同伴合作，尝试为五个情节画面创编相应的节奏型。

（4）展示幼儿的创作成果，引导幼儿通过交流、讨论，确定最佳方案并把节奏板贴到相应的画面下。

4. 分角色演奏，体验创作的成功与快乐。

（1）幼儿根据确定的方案协商分角色尝试演奏。

（2）指挥幼儿分角色持乐器与动画片同步伴奏，教师重点用眼神、手势提示幼儿注意情节变化。

（3）幼儿自由选择演奏、表演等形式与动画片同步表演，体验创作的成功与快乐。

（本活动由泉州鲤城区第一幼儿园林晖燕设计执教）

（六）音乐美术综合活动

音乐和美术是具有不同审美特征的艺术，二者既相异又相通。音乐是以流动的、有节奏的音响为媒介来表达人的内心情感的艺术形式，而美术则是运用色彩、线条和形体等为媒介的造型艺术；前者诉诸人的听觉，后者诉诸于人的视觉。黑格尔在《美学》中言简意赅地说出了音乐与绘画的关系：“音乐与绘画有较密切的亲族关系，两门艺术在内心生活的表现都占较大的比重，绘画可以越过边境进入音乐的领域。”所以，音乐是流动的画面，而美术则是凝固的音乐，二者之间的有机同构能有效增强幼儿的艺术通感。

目前，音乐与美术的综合活动在学前教育领域主要有以下几种形式。

1. 画音乐。

画音乐是指引导幼儿在充分感受音乐的基础上，借助于绘画的方式创造性地表现自己对音乐的理解与想象。幼儿可以通过主题画、线条画以及涂抹色彩等方式表现对音乐内容、性质等的理解与想象。

（1）音乐主题画。即引导幼儿运用绘画的方式表现对自己音乐所反映主题的理解与想象。如在欣赏音乐《狮王进行曲》之后，教师组织幼儿运用边听音乐边绘画的方式表现音乐，幼儿画出形态各异、情节生动的各种画面：有的幼儿画了狮王一家，有威风凛凛的狮王、妩媚的狮妈妈、可爱的狮宝宝；有的幼儿画的是森林里凶猛的狮子在追一群小动物；有的幼儿画了狮子带着一群动物在森林里巡逻的情景……

（2）音乐线条画。音乐的旋律线与美术的线条之间有着极强的内在联系，幼儿可以用线条直观表现出对音乐情绪、结构等的感受。幼儿实际上是十分擅长并喜爱音乐线条画的，如幼儿在画《摇篮曲》时运用的线条十分平缓、柔和，而对于音乐《野蜂飞舞》，他们则运用杂乱的线条、螺旋形的线条等表现音乐的紧张感。对于同一首音乐，幼儿也能用不同的线条表现音乐不同段落的情绪变化。

（3）音乐色彩画。教师可以通过有趣的色彩涂抹、填色等游戏引导幼儿领略音乐色彩的艺术魅力，鼓励幼儿根据个人对音乐情绪等的理解，用丰富的色彩大胆描绘五彩斑斓的音乐视觉画面。

在引导幼儿画音乐的过程中，教师一定要充分调动幼儿的思维与想象，让幼儿真正主动参与活动之中，大胆画出自己听到与想到的音乐内容，用幼儿认为最合适的美术方式表现音乐，并努力画出自己的风格与特色。

2. 音乐与美术欣赏。

音乐与美术作品之间的确有许多共通的一致性。美妙的音乐借助于相适宜的美术作品，能更生动、直观地展示各自的艺术美，使得各自的艺术形象更加饱满，幼儿的审美体验更为深刻。如在欣赏中国的古筝名曲《高山流水》时，配合欣赏中国山水画，则给人以更美的艺术享受；在欣赏中国民乐《春节序曲》时，若与中国年画艺术的欣赏有机结合，则会收到很好的艺术效果。

3. 音乐与雕塑。

雕塑是静止、固定的物质实体塑造的立体艺术形象，音乐中的舞蹈则是以人体为媒介构成的动态形象。一个擅长于表现形体上的高度凝练集中的境界，一个擅长于表现人物的情感起伏和变化的具体过程。然而，舞蹈动作在短暂停顿时却具有与雕塑相似的造型美，同样，雕塑在形体上表现出来的节奏与旋律的美又甚似舞蹈，两者又有不可忽视的美的一致性。

糖果仙子的美丽雕像

作品分析

本次活动取材于柴可夫斯基《胡桃夹子组曲》中的《糖果仙子舞曲》。该曲音乐旋律优美流畅，比较适合用身体动作进行表现。该曲中有几处典型的乐句，幼儿很容易感受为魔幻仙乐，可作为造型的音乐信号。五尊小雕像来自于美术写生中的塑像，造型优美，动态各异，易于用身体动作模仿。

活动目标

· 感受乐曲优美的旋律，尝试用身体动作表现音乐。

· 感受各种塑像的造型美，尝试用身体动作进行个人与集体组合的造型表现。

· 发展动作表现能力，在游戏中体验音乐与造型艺术综合活动的快乐。

活动准备

· 物质准备：五尊不同造型的人物塑像，音乐《糖果仙子舞曲》，播放器。

活动指导

1. 教师用游戏化的语言引发幼儿的遐想。

教师：一群可爱的糖果仙子来到我们城市，每到晚上，她们就听着音乐跳起美丽的舞蹈；早晨太阳升起来时，她们就变成一尊雕塑，站立在我们公园的广场上，供大家欣赏，给我们的城市带来美丽与生机。

2. 欣赏音乐《糖果仙子舞曲》，感受音乐优美的旋律，尝试用身体动作表现音乐。

3. 幼儿在音乐背景中欣赏雕像，感受雕像的造型美，并尝试运用身体动作进行模仿。

幼儿按各自意愿，围在自己喜欢的雕像四周，互相分享各自对雕像美的感受与认识，比较各自的模仿动作，互相学习与借鉴，最后，各小组组合成一个该雕像的造型组合。

4. 幼儿在游戏的情境下，完整演绎整个故事。

音乐响起，夜晚的糖果仙子舞会开始，糖果仙子们随着音乐翩翩起舞；音乐最后结束音响起，天亮了，太阳升起了，糖果仙子们就围着塑像摆出各种造型，形成一道美丽的风景线。

（本活动由程英设计）

二、幼儿园音乐综合活动的指导要点

首先，通过多年的实践，我们认为，音乐综合艺术活动首先要从幼儿的生活和兴趣出发，有机整合各领域内容；在开展幼儿艺术教育的过程中，要以幼儿的现实生活为背景，以幼儿的生活经验为基础，以幼儿熟悉的人、事、物为内容，注重生活与艺术教育的紧密结合，让艺术教育内容回归于幼儿的生活。这样能够使幼儿快乐地接受教育，并在教育中完善幼儿的人格，挖掘幼儿的创造潜能，培养创造能力，促使他们的个性得到自然和谐的发展。

其次，主题性的综合艺术教育适宜从人文主题出发，恰当地综合和选择艺术教育形式，实现幼儿园艺术教育中多种艺术形式的恰当综合。综合的关键在于融合的恰当与有机，要避免综合过程中的“大拼盘”等误区，较为适宜的做法是将艺术知识与技能巧妙融合在人文主题内，实现二者的有机融合。

再次，在主题性的综合艺术教育中，艺术应该成为幼儿自我表达的重要方式。教师应将幼儿需要学习的技能技巧转化为他们的学习需要，注重每个幼儿的自我表达与个性化的表现，引导幼儿通过同伴间的分享、交流，丰富他们艺术表现的形式与内涵。同时，幼儿的课程是一个有机的统一体，幼儿的发展应是整体的和谐发展，应把音乐教育与其他学科领域的教育以及社会、家庭教育等结合起来，达到综合教育的目的。

目前，不少幼儿园开展的主题活动中，音乐有时仅仅作为一种活动形式，很多时候呈现出边缘化的态势，音乐独特的情感功能未被挖掘与充分利用。如何以音乐为主线，潜移默化地运用音乐的情感特征，有机渗透社会、语言、科学、健康以及其他艺术形式方面的教育？我们的理念是：幼儿在教育者创设的音乐情境中不知不觉地获得一种正确的价值导向，在快乐的音乐探索与操作实践中潜移默化地获得全面和谐的发展。

音乐主题综合活动是以单元的形式展开的，每一单元中的多个活动围绕某一人文主题相互间形成有机的联系。其内在逻辑是双线索的，既要体现人文综合主题的内在联系，又要体现学科知识与技能由浅入深、循序渐进的发展线索。其中，人文主题是明线，学科知识与技能是作为隐线渗透的。

第八章　世界儿童音乐教育的主要理论流派

第一节　达尔克罗兹音乐教育的理论与实践

爱弥儿·雅克·达尔克罗兹（Emile Jaques-Dalcroze，1865～1950），瑞士著名的音乐家、教育家，日内瓦音乐学院的音乐理论教授。达尔克罗兹认为，音乐本身离不开律动，而律动和人体本身的运动密切相关，因此，单纯地教音乐、学音乐而不结合身体的运动，至少是孤立的、不全面的。针对这一点，达尔克罗兹提出了"体态律动学"的教学法，并花费几十年时间从事该理论与实践的探讨。在他的不懈努力下，"体态律动学"教学法终于获得成功，并得到有关人士的大力支持。达尔克罗兹的体态教学法对于奥尔夫、柯达伊等音乐教学法的形成与发展都有着重要的影响，具有典范与先导的作用。今天，他的教学法不仅远远超出了音乐的范畴，还广泛地运用于舞蹈、戏剧、绘画、运动等方面的训练，甚至还推广至残疾与弱智儿童的音乐治疗、康复医疗等领域中。

一、达尔克罗兹音乐教育的基本思想

达尔克罗兹认为，人是通过自身的运动将内心的情绪转译为音乐的，人体本身就是乐器。因此，要进行音乐训练，只训练耳朵、嗓音、手指等是不够的，必须练好人的体态、姿势及各种形体动作；单教儿童用手指弹奏乐器是不够的，必须启发他们进入产生乐曲的激情中去，把乐曲的感情化为具体的动作、节奏和声音，以达到唤醒天生的本能，培养对人体极为重要的节奏

感，建立身心的和谐，使感情更加细腻敏锐，使儿童更加健康活泼，激发他的想象力，促进他各方面的学习能力。

达尔克罗兹音乐教学法的主要特点表现在以下方面。

1. 立足于听（音乐），而且是以教师的即兴伴奏为主。

2. 要求儿童把身体各器官作为乐器，把所听到的音乐再现出来。

3. 教学方式主要是游戏，发现个别儿童松懈、涣散时就立即变换，使儿童永远处于新鲜状态。

4. 教师应随时发现问题，及时诱导儿童各方面的“即兴能力”。

二、达尔克罗兹音乐教育体系的主要内容

达尔克罗兹音乐教育体系的教学实践是由体态律动、视唱练耳和即兴创作三部分内容组成的。其中，本质与核心部分是节奏运动（体态律动），与之密切相关的是听觉能力和自发性的创造能力（即视唱练耳和即兴创作）。这三个方面相互作用，不可分割，成为培养与发展儿童内心听觉、运动觉以及创造性表现能力的有机整体。

1. 体态律动。

在达尔克罗兹音乐教育体系中，体态律动由于其独创性和科学性早已被人们公认为是卓有成效的音乐教育手段，并成为独立的学习领域。达尔克罗兹主张音乐教育应从身心两方面着手，培养儿童在学习用听觉去感受音乐的同时，学习用肌肉与心灵去感受和表现音乐的节奏疏密、旋律起伏以及情绪变化的节律。体态律动要求儿童把身体作为乐器，把听到的音乐再现出来。体态律动不同于舞蹈，它是以身体作为乐器，通过身体动作体验音乐节奏的速度、力度、时值变化，以培养儿童利用听觉获得轻松、协调自如的节奏感为目的。体态律动强调的是对音乐的体验与感受，目的是培养儿童对节奏韵律的直觉本能、对音乐情绪和表现的感受、对运动平衡的感觉，培养有规律的运动神经习惯，以及训练有节奏的心理。达尔克罗兹认为，这种身体的律动充满了生命的节律与动感之美，故而称之为“体态律动”。

体态律动的动作一般分为原地动作和空间动作两类。原地动作包括拍手、指挥、摇摆、弯腰、说话、歌唱等；空间动作包括走、跑、爬、蹦、跳、滑等，这些动作可以和身体的高、中、低位置结合，也可以用身体的头、身、臂、手、脚等各个部位与歌声的动作、体感、表演等相互配合，以表示不同

的节奏、旋律、和声、复调、曲式等。总之，身体的各个部分有如乐队中的各个乐器声部，但必须注意动作的整体性。

体态律动教学是从音乐本身入手，先让学习者聆听音乐，再引导他们通过身体运动去接触音乐的各种要素，通过身体的运动、表现，使得音乐要素成为看得见的身体活动，音乐要素的作用就先后或轮流地显现出来。体态律动教学把一个人变成了能理解音乐要求、能够解释和表现音乐的乐器，通过这件人体乐器展示了音乐的核心要素，又通过学习者的内心听觉和情感，强化了音乐的艺术性质。

2. 视唱练耳。

达尔克罗兹认为，"一切音乐教育都应当建立在听觉的基础上，而不是建立在模仿与数学运算的训练上"。良好的听觉是接受音乐教育最重要的禀赋，可以结合体态律动的方式帮助儿童发展听觉与记忆能力，培养绝对的音高感，发展内心听觉。在具体的音乐教学实践中，达尔克罗兹主张采用把耳、口和身体配上言语和歌唱的方式作为理想的学习工具和手段。

3. 即兴创作。

达尔克罗兹十分重视儿童想象力与创造力的培养，他同样也是按照体态律动的思路来培养儿童的即兴创作能力的。他认为，儿童的即兴创作手段很多，包括律动、言语、故事、歌唱以及各种乐器等，可以引导儿童使用律动材料（节奏）和声音材料（音高、音阶等）来即兴创造音乐。

三、适合幼儿园的音乐活动课例简析[①]

活动课例一："有声和无声""大声和小声""相同和不同"

1. 注意力：教师与幼儿围成圆圈，席地而坐。教师说："大家眼睛看着我，让我们来醒醒大脑（抓头皮），清清耳朵，把眼神固定住，把注意力集中在老师身上。"

2. 听指挥：教师把手放腿上时，幼儿拍地板当鼓敲；教师手叉腰时，幼儿停止不出声。幼儿很快做好前两项动作后，教师再增加一项：教师摸头时，幼儿拍手。教师变化地做这三个动作。

---

① 蔡觉民，杨立梅. 达尔克罗兹音乐教育理论与实践［M］. 上海教育出版社，1999.

3. 感受强与弱：教师摸头和摸腿时而两手、时而一手，引导幼儿用直觉感受与理解强弱的变化，理解“大声”与“小声”。

4. 听力与反应：教师用鼓作道具。幼儿闭上眼睛，听到教师鼓声时举手。完成上述动作后，教师进一步使鼓的发声有强有弱。当鼓声重时，幼儿举起两手；鼓声轻时，幼儿举起一手；没有声音时，幼儿把手放下。

5. 听辨音色：幼儿对鼓声熟悉后，可增加其他的几种打击乐器。教师可让幼儿先分辨已熟悉和不熟悉的声音。而后，幼儿闭上眼睛，教师交替敲击3～4种打击乐器，幼儿听到鼓声则举手，不是鼓声则不举手，以后再增加难度。

6. 听辨乐器名称：闭上眼睛，教师敲击乐器、说出乐器名称，幼儿通过听来判断对错，对就举手，错就跺脚。

以上是最开始的通过律动参与的听力练习活动，活动体现了教师组织幼儿参与和发现、逐渐增加内容和难度、把音乐听觉素从单一逐渐过渡至综合的过程。如果幼儿在3岁以内，闭眼会有恐惧感时可改为低头，这样可以互不干扰。

活动课例二：“跟着鼓声走”——最开始的感受稳定律动的活动

1. 感受节奏——用手当脚，幼儿跟随着教师的速度时而快，时而慢，时而匀速，或突然停止。

2. 听力——靠听鼓声做“走路”的动作。

3. 传递——用乐器或者“走路”传递节奏。

4. 匀速——随着乐曲，用乐器或击打身体打出固定节奏（四分音符或八分音符），不要求时值只要求匀速。

5. 感受快慢——随着鼓声走，低龄幼儿可用教师口令代替乐器。

6. 合拍节奏练习——教师弹奏时值单纯的单旋律音调，让幼儿随着音乐合拍地跑、走、漫步、停止。

各种形式的拍击是表现节奏的最简单有效的形式，幼儿可以通过拍击，自然感受速度的不同、渐快渐慢的变化、强弱拍的特点等与节奏相关的内容。

良好的行走是整个身体运动的基础。行走所获得的步伐感也是节拍感。行走可以使幼儿感受速度的均匀、平稳，而稳定的律动则是感受节奏的重要基础。

准确的起始和停止能力是达到良好的集体性表演和学习休止节奏的必要条件，也是听力和反应的练习。

注意事项：

1. 传递乐器可培养幼儿的注意力。

2. 从非移动位置活动到移动位置活动，从符合自然的角度去切入节奏，便于幼儿接受。

3. 指挥的指令都应用声音、音乐引导，而不是用教师的动作、口令引导，这样可以培养幼儿的倾听，也可以促进幼儿良好音乐习惯的养成。

活动课例三："还有别的方法走路吗?"——最开始的即兴活动

1. 让幼儿大胆想象各种走路姿势，并依次示范。

2. 教师根据姿势的不同，敲击不同的乐器。

3. 请幼儿根据不同的乐器声音变换不同的走路姿势。

在此游戏中，让幼儿体验有声、无声、开始、结束、快慢、强弱等基本音乐要素是音乐教育的起点。

活动课例四："集中精神看指挥"——培养集中注意力、反应能力

1. 教师手扶地——幼儿拍手。

2. 教师拍肩——幼儿拍腿。

3. 教师高举手臂——幼儿弹舌。

4. 教师握拳——幼儿捻指。

5. 教师手臂做波浪状——幼儿做口技，或做连贯性动作等。

还可两个教师指挥，幼儿分两声部做动作。

活动课例五："小熊一家的故事"——识别音的高低

1. 通过打招呼"你好"，让幼儿区分高低音表示的不同角色。

2. 用乐器在高音区或低音区演奏出 Sol-Mi-Do，让幼儿识别角色。

3. 通过模仿小熊爸爸和小熊，让幼儿感受音的不同时值和高低。

4. 熊爸爸、小熊、熊妈妈分别就是低音、高音和中音，可让幼儿做听到中音就举手的练习。

5. 让幼儿听着琴声的不同音区，分别进行举手走、直立走、下蹲走。

6. 利用其他乐器让幼儿感受高、中、低音。

活动课例六：拍纸球——体验不同速度的稳定律动

适合年龄较大的幼儿在音乐中通过想象的皮球或拍球、抛球的具体动作来感受节拍。

1. 教师选用中速、节拍鲜明的音乐，让幼儿随音乐节拍击球。

2. 逐渐改用快节奏的二拍、三拍音乐。

3. 幼儿两人一组，一人按四分音符击球、一人按八分音符击球，听到教师信号后，再交换做动作。

活动课例七：听鼓声传球——探索时间、空间与能量的关系

1. 适合大龄幼儿随教师节奏传球表现二分音符、四分音符、八分音符。(鼓励幼儿思考如何能让球传得快或慢。)

2. 全体幼儿围坐成圆圈，教师开始用一个球给全体幼儿进行游戏；等幼儿熟悉后，教师再拿出两个球同时开展游戏，这样，每个幼儿传递的频次就会增加，游戏的挑战性也会加大。

3. 教师敲鼓一声球向右传，教师连敲两声球向左传。

4. 让幼儿按“前进三次、后退一次”的顺序，听鼓声连续传递，也可以逆转方向传递、变化速度传递、不规则休止传递等。

活动课例八：抚摸想象中的小狗和大马——即兴活动与不同的空间动作经验

体态律动的即兴创作不仅要使用想象力，还一定要把想象力与身体动作结合起来，融入到环境中，使幼儿能够尽情地通过身体动作在环境和空间中表达情感。

1. 让幼儿想象自己是小飞机，原地转圈，不要碰到他人，确定自己的空间位置。

2. 教师说“现在假装我们抱着小狗，让我们抚摸它”——教师和幼儿一起运动手臂；“这是小老鼠”——动作幅度很小；“这是我的大狗”——身体运动幅度加大了；“这是我的大马”——动作幅度更大了。(动作的想象内容可以拓展，从抚摸小动物开始，向大动物过渡。抚摸动作时应保持运动的平稳、流畅与均匀。)

活动课例九：到果园去摘果子——即兴与反应

这类活动要鼓励想象，教师不去评判好坏和对错，如幼儿表现雷同，可启发幼儿进行富有个性的创造。鼓励幼儿充分伸展身体，可以跑、跳、弯曲、摇摆、蹲、躺、坐等，大胆运用身体的各个部分，去尝试表现他们想要表现的东西。

1. 鼓励幼儿想象摘果子的动作：蹲着摘、跳起来摘，摘里面的、摘外面的，摘不下来，果子洒了满地后捡起来。

2. 鼓励幼儿表现生活场景，打蚊子、洗衣服、打气、擦玻璃等。

3. 教师命题："你是一粒花种，埋在土里，让我们发芽、生长、开花。"

活动课例十："在大蜗牛的背上走"——感知符号的开始

这个活动增加了方向性和顺序感，可以有效帮助幼儿了解音乐是流动的，是有行进过程的。

1. 教师出示不同颜色、不同形状的图卡。

2. 幼儿根据图卡自己命名动作。

3. 幼儿将乐器与图卡匹配起来。

4. 教师出示一根线，让幼儿把图卡粘在线上，再把它摆成蜗牛造型。可把幼儿分组，按图卡的颜色分开拍手；也可以根据图卡对应的动作，让幼儿随蜗牛前进或后退；还可以把图卡分成大声、轻声和无声三类，让幼儿体验。

第二节　柯达伊音乐教育的理论与实践

柯达伊·左尔坦（Kodaly Zoltan，1882～1967），匈牙利著名作曲家、音乐教育家，是20世纪匈牙利音乐界最著名的人物之一。他生长在一个有良好艺术修养的家庭。幼年起就接受到高雅音乐的熏陶，少年时期学习多种乐器，参加各种音乐表演和创作活动。18岁前在小城市生活，使得他有机会接触到淳朴的乡村音乐。高中毕业后，柯达伊进入布达佩斯的李斯特音乐院（Liszt Academy of Music）学习作曲和指挥。柯达伊是第一个从音乐创作角度深入研究本国语言特点的人，并且在作品中为他的母语赋予了完美的艺术表达。

一、柯达伊音乐教育的基本思想

柯达伊追求的音乐教育目标是：让音乐属于每个人。该目标是基于他对音乐与人的全面发展关系的理解而提出的。柯达伊认为，音乐和人的生命本体有着密切的关系，人的生命不能没有音乐，没有音乐就没有完满的人生。音乐教育在学校的重要性甚至超过音乐本身，培养音乐的听众就是在培养一个社会。

柯达伊站在了人类学与社会学的高度，道出了音乐教育的本质，这也是每一个音乐教育工作者需要坚定不移地坚持的方向。其音乐教育的基本思想主要体现在以下五个方面。

1. 音乐应该属于每一个人。

柯达伊明确提出“要使音乐属于每个人”的普及音乐教育的思想。他认为，音乐是人的文化发展中不可缺少的一部分，应让更多的人懂得音乐的语言，让音乐属于每一个人。

2. 学校音乐教育的重要任务是培养儿童的艺术情趣与鉴赏能力。

在儿童早期发展中建立对艺术的鉴别力，以后就能对不好的东西具有抵御能力，就能培养好的艺术情趣、鉴赏能力，这是学校音乐教育的重要任务。学校的音乐教育一定要采用使儿童愉快而不痛苦的方法来进行。而提高全民族艺术文化修养是学校音乐教育和专业音乐教育的共同事业。

3. 音乐教育应从幼儿园开始。

柯达伊认为，必须重视早期音乐教育，在音乐教育方面幼儿园的作用不可替代。柯达伊以 1941 年发表的《音乐在幼儿园》一文为起点，对幼儿、婴儿音乐教育的关切直至终身。他认为，对于儿童来说，音乐是他们的交流方式与情感的表现手段。每个发育正常的儿童都具有自然的、健康的音乐感觉，但如果没有正确的早期训练，大多数儿童就会丧失获得实际体验的机会，久而久之，自然的音乐感觉就会停止发展，对音乐的感受就会麻木迟钝。

4. 民族民间音乐是学校音乐教育的基础。

在儿童的早期教育阶段，应通过多种方法使儿童熟悉、热爱民族音乐，积累民族音乐语言，培养、建立民族音乐思维，这不但对强化儿童的民族意识、增强儿童的民族情感有意义，而且对保证民族音乐传统在历史中的继承和发展也至关重要。柯达伊指出：“歌唱游戏、民间儿童歌曲是发展民族特点、民族潜意识的最好基础。”

5. 应为儿童提供最好的教材与优秀的师资。

柯达伊高度重视音乐教材本身，认为学校应为儿童提供好的音乐。他认为，经常聆听好的音乐，是建立儿童的音乐体验、培养高尚的艺术情趣、打开年轻的心灵通向音乐的重要途径。而好的教材和教学方法的实施，首先在于培训优秀的师资。柯达伊认为，做一个好的教师比做一个歌剧院的指挥还要重要得多。他希望教师们在教的过程中学，在学的过程中教，并积极鼓励教师们创造精神的发挥。

二、柯达伊音乐教育体系的主要特点

1. 突出了五声音阶在学校音乐教育中的作用。

从音乐理论方面看，柯达伊教育体系突出了五声音阶音乐在学校教育中的作用。五声音阶音乐既是匈牙利民族音乐的突出特点，又是儿童音乐教育最适当的起点。这两方面的结合，形成了学校教育中民族音乐的理论基础和体系。

柯达伊在音乐教育实践中，以五声音阶这一民族音乐的核心作为教学的切入点，把它贯穿在歌唱、听觉训练、多声训练、音乐读写、五线谱知识、民间音乐结构分析等各项教学内容中。

2. 以歌唱作为音乐教育的主要手段。

柯达伊认为，音乐之根在于歌唱，歌唱是培养音乐素质的最好途径，歌唱也是最容易表达思想情感的音乐形式。通过歌唱最容易接近音乐，有了歌唱的基础，更高层次的音乐教育就能够得以发展。乐器毕竟只是少数人接触的，只有人声——这个人们生而有之的、最优美的乐器，才是使音乐属于每个人的沃土。

柯达伊十分重视歌唱，尤其是合唱中的歌唱。柯达伊认为，合唱具有影响和促进群众音乐文化发展的功能。他积累了大量关于多声部的合唱训练、优秀的民族歌唱教材与教学方法等，为儿童音乐教育提供了相当完善而富有特色的模式。

3. 以“儿童自然发展法”作为课程安排的主要依据。

在柯达伊教育体系中，课程进度的编排是以“儿童自然发展法”为主要依据的，即根据正常儿童在其成长的各个时期中的能力来编排课程的顺序。

柯达伊认为，对于儿童而言，移动的节奏比起持续的节奏更容易接受，四分音符是儿童步行、自然走路的速度，八分音符是自然跑步的速度，它们都是儿童日常生活中的节奏。因此，应当把四分音符、八分音符作为节奏教学的起点。而儿童最早、最容易唱的音程是小三度（Sol-Mi），而接着能唱的就是上方的La，这三个音构成儿童唱游的基础，几乎成为全世界儿童通用的语汇。因此，合理的安排应是从小三度开始，先帮助儿童依次掌握五声音阶（Sol、Mi、La、Do、Re），然后再教Fa、Ti，以补足整个七声大小音阶。

在强调“儿童自然发展法”的同时，柯达伊还总结了儿童音乐发展的一般特点：儿童的音域是有限的，一般不超过六度，但唱准半音有难度；下行音阶比上行音阶容易唱；跳进比级进容易唱准；五声音阶比七声音阶容易掌握。教师在考虑教学顺序时应予以参照。

4. 以首调唱名、节奏唱名和柯尔文手势为基本教学工具。

首调唱名法最初是由英国人桂多·达赖佐首创，也称“流动 Do 唱名法”，即在视唱时，无论用什么调，一首歌的重音或中心音都是大调的 Do 和小调的 La，各级音节的唱名都不变化。

节奏唱名是指节奏教学采用音节系统，并用符干记谱，以特定的音节来代替特定的时值，如四分音符为“Ta”，八分音符为“Ti”。儿童用节奏唱名唱出选自歌曲的节奏、节奏型，从而体会节奏唱名的时值。

柯尔文手势法是由英国人约翰·柯尔文在 1870 年首创的，它包括七种不同的姿势，各代表音节中固定的某一唱名，通过在空间中所处的直观形象化的不同位置，帮助儿童理解音级之间的高低位置，使抽象的音高关系变得直观、形象。它是教师和儿童之间进行音高、音准交流的一个身体语言形式，甚至可以指挥儿童歌唱。具体手势如下图①。

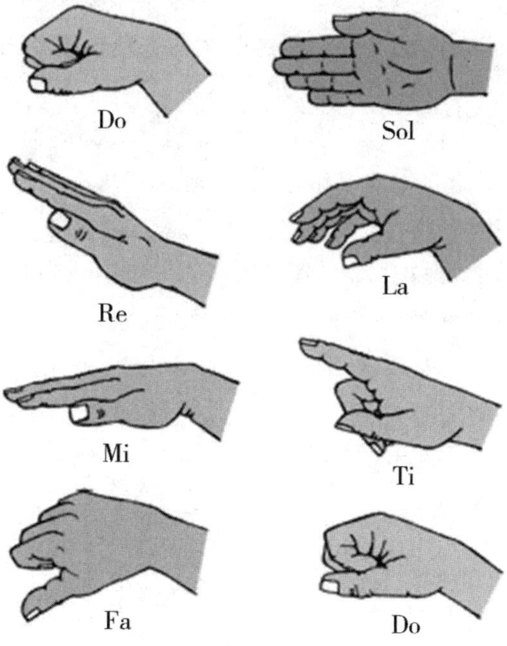

① 迈克尔·L. 马克. 当代音乐教育［M］. 北京：文化艺术出版社，1991.

三、适合幼儿园的音乐活动课例简析①

活动课例一：歌唱游戏“咕咕，你在哪？”

歌曲：

1=D $\frac{2}{4}$

	5	3	5 5	3
歌词大意是：（全体）	咕	咕，	你在	哪？
	5	3	5 5	3
（儿童甲）	咕	咕，	你在	哪？

游戏玩法：一个幼儿蒙上眼睛蹲在圈里，全体幼儿歌唱一句“咕咕，你在哪？”之后，教师指定某幼儿唱重复的“咕咕，你在哪？”，由圈中蹲着的幼儿猜出唱歌的幼儿。被猜中的幼儿蒙上眼睛蹲进圈里，那个猜对的幼儿在游戏再开始时替代教师选择新的“咕咕”。

这类游戏简单、时间短、重复多，但又有变化，幼儿乐于在愉快的气氛中多次重复歌唱，能较好地发展幼儿的听觉与音色辨别能力。

活动课例二：歌唱游戏“找朋友”

游戏玩法：幼儿集体边走圆形队列边歌唱（人数应为奇数），圈内有一名幼儿。歌曲结束后，幼儿需迅速找到伙伴，变成两人一对，找不到伙伴的幼儿进入圈内，原圈内的那一名幼儿进入队列，继续游戏。这个游戏帮助幼儿感知与判断歌曲中的“结束”，在紧张热烈的气氛中找到朋友，建立友谊。

活动课例三：稳定的节拍与节奏的对照、结合

1. 幼儿分成两组，先后歌唱同一首歌。A组伴随拍击稳定的节拍，B组伴随拍击节奏（可拍手或敲击打击乐器），显示稳定的节拍与节奏的区别。

2. 两组同时歌唱，A组拍击节拍，B组拍击节奏，成为稳定的节拍与节奏的二声部。

3. 两个幼儿歌唱，分别使用不同的打击乐器，一个人敲击节拍，另一个人敲击节奏。

---

① 杨立梅. 柯达伊音乐教育思想与匈牙利音乐教育［M］. 上海：上海教育出版社，2000.

以上练习在幼儿集体训练的条件下，在节拍与节奏的对比中，在多声部的结合中可发展幼儿的节奏能力。这也培养了幼儿互相配合、协调的能力，对幼儿集体观念的培养具有潜移默化的作用。

活动课例四：识别音的强弱

1. 通过歌唱、朗读歌谣、讲故事和配合玩具木偶进行练习。例如，选择两个布袋木偶，一个是有一张小嘴巴的小鸭子，另一个是有一张大嘴巴的大鳄鱼。教师把它们套在手上，朗读歌谣时用它们嘴巴的一张一合做稳定的节拍运动。朗读强的音调时，用鳄鱼张大嘴巴的动作配合；朗读弱的音调时，用鸭子张小嘴巴的动作配合，借助视觉形象加强幼儿的理解。

2. 借助动作获得音量对比的体验。可以让幼儿在音量大时两臂伸展向两侧，在音量小时两臂收拢抱肩。还可以使幼儿站成圆形队形，伴随歌唱或歌谣按照教师的要求做渐强、渐弱的练习。渐强时慢慢站起来，渐弱时慢慢蹲下去；或者是渐强时弯腰低头、队形向圆心收缩，渐弱时抬头、队形慢慢向圈外扩张。这也暗示了力度的伸张与松弛，表现了渐强、渐弱的过程。

活动课例五：藏起来的歌曲

选择一首幼儿已熟悉的歌曲，在幼儿歌唱过程中教师出示一种信号，如举起手或合拢手指等，此信号一出，幼儿就停止发声，在内心继续歌唱，直到教师给以恢复的信号，再出声歌唱。

该活动培养幼儿的默唱能力，培养幼儿均匀的节拍、稳定的速度和音高等多种内心感觉。教师最初开始这个活动时，信号可以表现得更有规律一些，如一般出现在乐句末尾，在幼儿熟悉后，逐步过渡到不规则的出现，但仍要在感觉到乐句呼吸的地方交换。

活动课例六：即兴的回声游戏

1. 节奏回声游戏。教师拍击节奏，幼儿准确地“回声”式模仿。不但可以使用单纯的节奏拍击，还可以结合语言词意，使活动更加容易与有趣。内容可以使用幼儿的名字，或结合特定的时间、环境（早上、中午、夏天、冬天等）的不同问候语，例如：

例 1：

X X | X X :‖

你 好，明 明。
（回声）你 好，老 师。

例 2：

```
X X  X | X X  X :||
早 上 好， 小 朋 友。
（回声）早 上 好， 王 老 师。
```

例 3：

```
X X  X X | X X  X :||
春 天 到 来  百 花  开。
（回声）夏 天 到 来  知 了  叫。
秋 天 到 来  树 叶  黄。
冬 天 到 来  雪 花  飘。
```

节奏回声游戏中的节奏通常是四拍子的长度，包括四分音符与八分音符时值，有时还可以包括四分休止符。

把这些活动设计为游戏可以极大地激发幼儿的热情与兴趣，如设计为“山中的回声”，教师是说话者，幼儿是回声；又如教师是电报发报员，幼儿是接收员；再如教师是卫星地面控制站，幼儿是通讯卫星；等等。回声的连接要紧凑，中间不能有停顿，要有稳定的节拍持续贯穿始终。

2. 旋律回声游戏。教师选择幼儿熟悉的歌曲曲调，用新的不同歌词内容配合着歌唱，使幼儿适应并感觉旋律与不同歌词的结合。即兴的词意要有趣味，而且要有新意。模仿、即兴应接的部分应在第一部分结束后，立即在下一拍进来，中间不要有停顿。

第三节　奥尔夫音乐教育的理论与实践

卡尔·奥尔夫（Carl Orff，1895～1982），当代世界著名的作曲家、音乐教育家。奥尔夫出生在德国慕尼黑一个有艺术素养的军人世家，受家庭环境的影响，奥尔夫从小就对音乐和戏剧产生了浓厚的兴趣，他脍炙人口的作品《卡尔米那·布拉那》《聪明的女人》等在东西方各国经常上演，他的音乐教育体系也广泛流传于五大洲，其基本教材《学校音乐教材》（五卷）已被译成约二十种不同的文字，尤其按他的构思创制或改制的“奥尔夫乐器”（有固定音高的旋律打击乐器和无固定音高的节奏打击乐器）也被世界各国中小学和幼儿园广泛采用。

奥尔夫音乐教育体系的形成和发展已有六十余年的历史。1962 年奥尔夫和凯特曼访问日本，在日本掀起研究和实践奥尔夫教法的热潮。奥尔夫教学法与东方文化的结合开始了奥尔夫教学法新的里程。1963 年奥地利萨尔茨堡建立了奥尔夫音乐学院，作为世界性的奥尔夫音乐教育国际中心，它每年为来自五大洲各国的几百名学员传授奥尔夫音乐教育体系，从而使其在世界范围内得到日益广泛的推广。

一、奥尔夫音乐教育的基本思想

奥尔夫认为，在音乐教育中，音乐只是手段，教育人才是目的。所以，音乐教育主要不是致力于教会儿童学什么，而是启迪、发掘儿童生而俱有的这种习性，通过游戏式、即兴性的奏乐本身，通过音乐自然地表露自己的感受，通过语言、动作、表演和音乐的全面有机结合，提高儿童的音乐素质，让儿童学会音乐、掌握音乐。

奥尔夫音乐教育的基本思想主要体现在以下方面。

1. 元素性的音乐教育。

奥尔夫一直强调，进行儿童音乐教育，应当从“元素性的”音乐教育入手。在奥尔夫之前的音乐理论家、教育家，已采用过“元素性”这个名词。奥尔夫对此重新采用，并赋予了新的含义。他说：“元素性的音乐绝不是单独的音乐，它是和动作、舞蹈、语言紧密结合在一起的；它是一种人们必须亲自参与的音乐，即人们不是作为听众，而是作为演奏者参与其间。它是先于智力的……接近土壤的、自然的、机体的、能为每个人学会和体验的、适应儿童的。”元素性也体现于各个具体的方面，它是由元素性的节奏、元素性的动作（舞蹈）、元素性的词曲关系等构成的，并且使用的也是元素性的乐器——奥尔夫乐器，一种以节奏为主、比较容易学会、和机体接近的乐器。但是，这种乐器不论是有或无固定音高，都有精确的发音、优美的音色和丰富的表现力，演奏起来不会因为技术负担而束缚儿童的想象力、表现力和创造力。

2. 节奏第一。

奥尔夫认为，音乐构成的第一要素是节奏而不是旋律。节奏是音乐的生命，是音乐生命力的源泉。奥尔夫强调从节奏入手进行音乐教育，通过节奏与语言、动作的结合对儿童进行节奏感的培养，是奥尔夫音乐教学实践的一大特色。节奏是一种富有艺术魅力的、活生生的音乐语言，而人类的语言本身已含有生动、丰富而微妙的节奏，它是音乐节奏的来源之一。从小让儿童从语言出发掌握节奏，不仅容易，而且富有生命力。节奏与身体动作的结合，能使儿童在最基本的、元素性的跺脚和拍手等动作组合过程中，培养对节奏的敏感性。

3. 倡导综合性。

奥尔夫教学法是以节奏为纽带，将音乐、舞蹈、话剧、美术等各领域联系起来形成的一种综合性的艺术教学方式，它使各方面内容相互关联、层层递进，让儿童在轻松、愉快的氛围中体验艺术教育的快乐，感受人类丰富的情感世界。

奥尔夫认为，音乐教学要为儿童创造全面、完整的综合性审美体验。因此，在奥尔夫音乐教学实践中，音乐教学活动都是创造、表演、欣赏及歌唱、诵读、舞蹈、奏乐的综合体，任何单一的唱歌、欣赏、奏乐及纯音乐理论学习是不存在的。在这种综合性音乐教学模式中，儿童学得主动、学得愉快、学得自然，能较好地促进儿童身心的全面发展。

4. 强调即兴性和创造性。

奥尔夫认为，即兴创造是每个儿童都具有的本性。在音乐教育的过程中，引导儿童积极想象、发挥创造，是极为重要的。例如当儿童看到一幅画，他们可以按自己的理解用语言表达出来，并可通过简单的打击乐器进行即兴演奏。如果没有乐器，教师则可以引导儿童发挥想象，主动创造，用手、脚等或用其他物品代替进行表演。

下面我们来来看看奥尔夫教学法是怎样启发儿童的即兴创造力的。

当儿童第一天来到中心，他们只有四岁，对一切都感到陌生、害怕，妈妈要经常陪伴左右。教师还不熟悉他们的名字和个性，于是教师、儿童、家长围个圆圈坐在地上，教师用即兴编唱的方式向大家做自我介绍。开始儿童还有点儿怕羞，教师耐心引导他们，告诉他们怎样编唱，哪怕用一两个音都可以，例如：1 3 | 5 5 | （我叫方方），或6 4 | 2 2 | （我叫圆圆）。儿童慢慢唱开了，开始觉得好玩，恐惧感就消失了，不再怕生了。教师从来不讥笑儿童的创作，而是保护他们的勇气，鼓励他们再创作。在以后的学习过程中，不论是哪个学科，任何时候教师都会抓紧时机给儿童做创造练

习，哪怕是短短的五分钟、十分钟，对他们将来一生都会有很大的影响。

5. 以儿童自然的本性为出发点，将音乐诉诸感性。

奥尔夫认为，音乐是人与生俱来的一种本能，音乐是人人需要的，音乐教育重在挖掘儿童的音乐潜能，培养和发展这个天性，使儿童健康成长。他认为，音乐对于儿童来说，首要的不是表演，不是艺术，而是自我的流露与相互的交流，这是生活的必需，是人生的有机组成部分。

奥尔夫音乐教育不是不要知识、技能和表演，但其主要的着眼点不在于理性地传授知识、技能，而在于自然地、直接地诉诸于感性，在感性的直接带动下，在具体的音乐活动过程中，学会知识、掌握技能。奥尔夫说："我们的经验告诉我们，完全没有音乐感的儿童是罕见的，几乎每一个儿童从某一点上都是可以去打动、可以去促进的。教育上的无能是出于无知，它经常在这方面堵塞源泉、压制才能并造成其他的恶果。"正是这些观念促使奥尔夫把儿童作为音乐教育改革的主要对象和起点，把学校当作音乐教育改革的主要场所和机构。

奥尔夫强调，音乐教育应是简单的、人人可以参与的。在音乐学习过程中，每个儿童都可以亲自参与、创造和表现真正属于自己的音乐。目前一些幼儿园教师以为奥尔夫教学就是节奏教学，且把节奏搞得非常难，说明这些教师并不理解奥尔夫的教学实质。

奥尔夫的贡献在于他创造了一种音乐的理论和实践体系，使儿童能够用最自然的方式进入音乐世界的领域并从中获得最完整、最全面的音乐体验。他创造的体系可使儿童有机会获得更多关于交流、分享和共同创造的愉快体验。同时，奥尔夫和他的继承者在音乐教育的领域内比较系统地探讨了近代教育所共同关心的有关儿童的个性、社会性、创造性发展的一些实际问题，为音乐教育的未来发展开创了具有重要意义的新思路。

二、奥尔夫音乐教育体系的内容

奥尔夫音乐教育体系的课程内容主要由嗓音造型、动作造型、乐器演奏三个方面构成。

1. 嗓音造型。

语言是交流和表露情感的一种载体，因此语言与音乐是密不可分的。嗓音造型是指歌唱活动与节奏朗诵活动，如运用声音的大小和快慢、朗朗上口的童谣和儿歌，让儿童或说或朗诵或歌唱，并加上身体的动作、稳定的节拍，以训练儿童的节奏感。

2. 动作造型。

音乐和动作是人类表达的基本因素，好的音乐和动作训练可以培养儿童的社会行为、独立性、交流和合作意识。动作造型指律动、舞蹈、戏剧表演、指挥及声势活动。声势活动是奥尔夫体系独创的一种以简单而原始的身体动作发出各种有节奏声音的活动。最基本的身体动作是拍手、拍腿、跺脚和捻指。这四种动作构成的声势活动也被称为古典声势，可以演变出许多种不同的身体节奏动作组合。

3. 乐器演奏。

让儿童使用适合儿童的打击乐器（包括奥尔夫乐器以及其他乐器）即兴演奏并设计自己的音乐，以发展儿童的主动性并对其进行能力训练。

三、适合幼儿园的音乐活动课例简析

活动课例一：翻卡片①

1. 教师向幼儿出示一组卡片（卡片分正反面，用不同颜色区分，如■代表红色，□代表黄色），幼儿根据卡片显示的信号拍出节奏（■——拍出节奏，□——休止）。

■ ■ □ □

2. 幼儿基本熟悉过程之后，教师可自由调整与交换卡片，继续让幼儿练习不同的节奏。

3. 幼儿两两结伴进行节奏卡片游戏，一幼儿摆卡片，另一幼儿打节奏，再轮换角色。

4. 二声部节奏练习。一部分幼儿看原来的卡片拍出节奏，另一部分幼儿看新的卡片拍出节奏，两部分幼儿组合，进行二声部节奏练习。

■ □ □ ■ ■ □ ■ □

☆ ★ ☆ ★ ★ ★ ☆ ★

---

① 黄瑾. 学前儿童音乐教育［M］. 上海：华东师范大学出版社，2006.

活动课例二：节奏朗诵《看花》①

X　X　X　－　| X　X　X　－　| X　X　X　X　| X　X　X　－　|
小　花　狗　　　去　看　花，　　红　花　白　花　　和　黄　花，

XX　XX　X　－　| XX　XX　X　－　| XX　XX　X　X　| X　－　X　－　|
红花　花花　花，　　白花　花花　花，　　黄花　花花　黄　花，　花　　花。

X　X　X　－　| X　X　X　－　| X　X　X　X　| X　X　X　－　|
看　红　花，　　看　白　花，　　看　得　花　狗　　眼　睛　花。

XX　XX　X　－　| XX　XX　X　－　| XX　XX　X　X　| X　－　X　－　|
红花　花花　花，　　白花　花花　花，　　黄花　花花　黄　花，　花　　花。

幼儿开始可以分别进行两个声部的朗诵，之后可以尝试将两个声部配合起来朗诵。

活动课例三：在游戏中感知与表现音的轻重②

1. 游戏“找玩具”。

幼儿围坐一圈，请一个幼儿先到一旁暂候，教师把玩具藏起来，然后请那个幼儿来寻找。当寻找的幼儿快接近玩具时，全体幼儿唱歌声音变大；当寻找的幼儿离玩具比较远时，全体幼儿唱歌声音变小。

这是一个十分简单与有趣的游戏，在玩游戏的过程中，幼儿可以很好地感受与表现声音的强弱。同时，幼儿还可以改编玩法，用这个游戏来感知“顿音”和“连音”等各种音的性质变化。

2. 游戏“热闹的灯会”。

幼儿人手一条纱巾，盖在脸上，随着音乐自由走动，当听到重音的时候，掀开纱巾互相做个鬼脸，在游戏中感知乐曲的轻重变化。

活动课例四：在游戏中感知与表现音的长短③

该游戏是专门为感受与分辨音的长短与顿跳而创编的，教师在运用时可

---

① 许卓娅. 学前儿童音乐教育［M］. 重庆：西南师范大学出版社，2000.

② 本活动取材于美国哈德福特大学音乐学院约翰·费尔拉班德教授于2007年在南京师范大学主讲的《奥尔夫音乐教育》讲座记录。

③ 本活动取材于美国哈德福特大学音乐学院约翰·费尔拉班德教授于2007年在南京师范大学主讲的《奥尔夫音乐教育》讲座记录。

以根据幼儿的兴趣设计不同的游戏。在具体运用中可以有以下多种玩法，教师还可自编其他的更多玩法。

长 短 音

♩=77
1=♭B $\frac{2}{4}$ $\frac{3}{4}$

本曲选自奥尔夫音乐磁带
包爱华 词曲

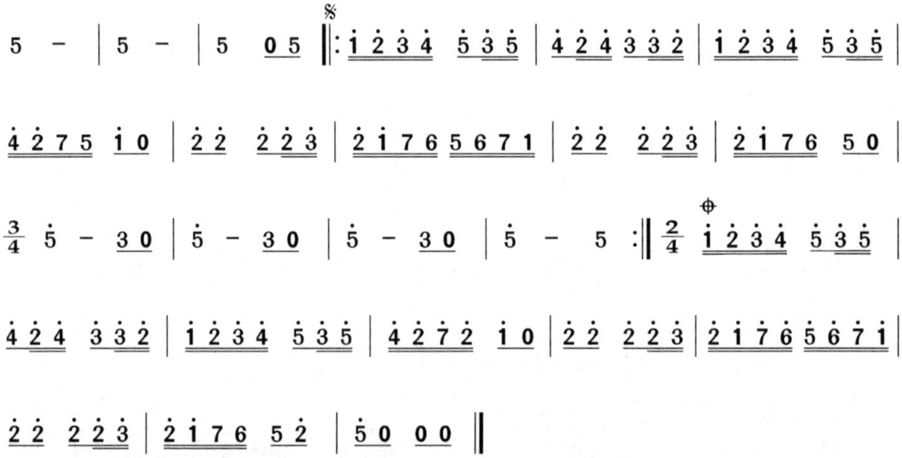

玩法建议：

玩法 1：幼儿每人拿一张废报纸，边听音乐边玩撕报纸的游戏。当听到长音响起时，幼儿往下撕报纸，一直到顿音时停止，如此持续游戏，一直到音乐结束。幼儿可以通过数撕下的报纸了解音乐中一共有多少长音。

玩法 2：幼儿把手中的旧报纸揉成一团，围成一圈站好。当音乐响起时，幼儿随音乐节奏左右摆动身体或将手中纸团逆时针传递；当听到长音响起时，幼儿按逆时针方向，左手准备接同伴的纸团，同时右手准备把自己原先的纸团传递出去；当听到顿音时，纸团接、传动作正式完成。如此循环，一直到音乐结束。

玩法 3：刚开始玩游戏时，幼儿一对一对地面对面相坐或者相立。音乐响起后，幼儿随音乐节奏拍手；当听到长音响起时，一幼儿张开手掌，掌心向下，另一幼儿伸长一食指顶在其掌心下；当听到顿音时，张开手掌的幼儿迅速握紧手掌，去抓伸上来的食指，同时伸食指的幼儿也马上把手指往下收，看谁的反应快。

上一游戏幼儿玩熟练后，可增大难度：幼儿围成一圈坐好或站好，左手掌张开，掌心向下，同时右手指顶在右边同伴的手掌心下。音乐开始时，幼儿边听音乐边拍手；当听到长音响起时，幼儿双手做好准备；当听到顿音时，幼儿左手去抓左边同伴的食指，同时右手躲避右边同伴的抓握。游戏中，幼儿既练习了听音乐反应的能力，又训练了左右手的协调反应能力。

玩法4：音乐响起后，幼儿伴随音乐节奏自主地用动作表现摇泡泡水的动作；当听到长音响起时，幼儿在音乐的长音处做吹泡泡动作；当听到顿音时，幼儿做刺泡泡动作。如此循环，一直到音乐结束。

第四节 综合音乐感教育的理论与实践

综合音乐感是20世纪60年代产生于美国的音乐教育流派。所谓音乐感，就是对音乐有正确的理解，并能把所理解、所感受的东西充分表达出来的能力。综合音乐感，也即综合音乐素质，是对儿童进行音高、力度、音色、节奏、曲式等方面素质的综合培养。

一、"综合音乐感"教育的基本思想

"综合音乐感"教育十分注重发掘儿童的创造力，该教学着眼于一个"感"字，即培养乐感，也就是全面提高儿童的各种音乐素质。该课程以开发儿童的智力，培养创造型、开拓型的人才为目的，一反过去以教师传授知识为中心的传统教学方法，而代之以生动活泼的课堂形式，每节课都要通过儿童自己的探索和思考去完成。所以它是一门综合训练音乐素质的课程，也是综合培养创造型人才各方面素质的课程。

"综合音乐感"教育认为，创造型人才必须有扎实的基础、技巧，否则只能是幻想，甚至是胡思乱想。但是技能、技巧不是目的，发展创造力和思维能力才是重点。所以"综合音乐感"课程所强调的"发掘创造力"教学法，就是适应这种要求而产生的。"发掘创造力"教学法的主导思想是以儿童为中心。教师是一个发掘者，教学的根本任务是发掘每一个儿童潜在的创造能力，

并促使这种能力发展。它注重儿童独立能力的提高，着眼于儿童的未来。这种教学法由儿童自己确立追求的目标，教师起帮助和引导的作用，通过儿童主动的探索、寻求，最后达到自己的目标。而在20世纪50年代以前，美国沿用“基础教学法”，它的主导思想是由教师把基础知识传授给儿童，好比田径场上的接力赛跑一样，代代相传。当然知识和技能不同于接力棒，每一代人都可能有一些补充和发挥，但是这种教学法的出发点终究还是传授知识。在教与学的两者之间，教师是绝对的权威，是教学的中心，教师怎么教你就怎么学，甚至盲目地依样画瓢，然后再慢慢消化吸收。因此儿童不必有超越教师的独立见解，更不应该标新立异。这种教学法中儿童的“学”是被动的。

以音乐教学中的唱歌为例，“基础教学法”最常用的办法是跟随教师唱，要求儿童把音准、节奏、歌词都学会，然后向儿童讲解歌曲的内容、结构及风格特点；介绍教师准备好的歌曲处理方案，要求儿童努力去做到。聪明而听话的儿童能够很快地通过这样一个教学过程学会一首歌，而且按照教师的处理要求，可以唱得很出色。但是，这样的学习成果只是教师总结了前人经验提出来的一种方案，并不是儿童自己创造的，儿童的能力并未得到提高，离开教师的指导儿童还是不能独立学好并且处理好一首新歌。即使是启发式教学也难以摆脱“基础教学法”的思想，仍然以教师为中心，让儿童的思维活动最终回到教师的答案上，目的还是追求最后的结果，所培养的还是求同思维型的儿童。而“发掘创造力”教学法鼓励儿童自己充分讨论和分析词曲的特点、风格的体裁、调式调性、旋律以及结构等有关问题，在取得比较统一的意见后，再让儿童各自提出对歌曲的处理方案，如歌曲的高潮处理，甲儿童可以主张用强力度的合唱来表现，乙儿童也可以主张用深呼吸后来表现。凡是能符合表达内容的要求，教师都应当支持，并且协助儿童解决有关表演技巧的问题，如声部的平衡、音色的对比、层次的安排等，然后选定几个比较典型的不同方案在班上排练，由儿童来指挥，最后再组织他们相互评比。这样的教学过程截然不同于“基础教学法”，儿童对歌曲的处理可能不成熟、不完美，甚至不符合教师心目中的要求，但是这样的学习成果是在儿童原有的基础上，充分发挥了他们的想象力和创造力，并在教师的帮助下达到了自己的目标，他们的能力从中得到了提高，这样的教学法着眼于儿童的未来，他们将有能力独立学好其他新的作品，这样的“学”才是主动的。

二、“综合音乐感”教育的五个环节

“综合音乐感”教育强调以儿童为主体，要求教师有目的、有计划地引导儿童主动地去探索、去发现、去创造，不断挖掘、发展儿童音乐素养与潜在的创造能力。为了培养儿童的自主音乐学习能力，达到锻炼儿童形象思维和逻辑思维的目的，“综合音乐感”教学以听觉为探索的工具，通过五个教学环节：自由探索—引导探索—即兴创作—有计划的即兴创作—巩固概念，以及听觉、演出、指挥、创作、分析和评论估计六个方面的教学活动训练，锻炼儿童多方面的能力。

以渐强、渐弱这个概念的教学为例，传统教学就是教师在黑板上画出“＜”与“＞”并告诉儿童他们的作用。但这种学习的过程中不需要思维，不需要创造，只需要条件反射。而“综合音乐感”是通过音乐素质的培养来达到儿童创造力思维发展的目的。下面介绍通过自由探索—引导探索—即兴创作—有计划的即兴创作—巩固概念五个环节感受与学习“＜”“＞”的过程。

1. 自由探索。首先，教师让儿童在课堂内自由探索，要求儿童在自己的世界中，自己找出和创造出声音，并把这些声音组合成为自己的音乐。自由探索的环境，可以按教师的设计要求安排，如果在教室里能听到马路上的声音，教师可能要求儿童闭上眼睛倾听汽车由远驶进，再由近远去的声音，或者教师事先录好音放给儿童听，他们可能从熟悉的生活环境中找到许多音响，教师也可请儿童在教室里再现这些音响，并请他们各自用自己的“图”、自己的“谱”来表示这些音响。此时有的儿童可能用颜色的深浅来表示，有的可能用密集的小圆点来表示，有的可能用振幅大小的线条来表示……

2. 引导探索。在儿童充分的自由探索中，教师找到合适的时机帮助儿童总结出“＜”“＞”这简洁的音乐符号。这个符号的概念此时正是儿童在教师的引导下通过自己的思索而获取的，纳入他们自己的知识结构中。于是教师就可以进一步引导他们把自己掌握的这个知识在音乐领域中自由施展。教师可以引导儿童欣赏一些乐曲，让他们把自己听到的“＜”或“＞”在乐谱上注明，也可引导儿童唱某些歌曲，把谱上注明的“＜”“＞”符号表现出来。

3. 即兴创作。对创造力教学法来说，能一般地运用知识还不是学习目的，应该升华到创造性地运用知识。所以“综合音乐感”教育还要求儿童以自己探索到的音乐知识，来进行即兴创作。在即兴创作时，由于儿童能敏锐地捕捉在探索过程中萌发的想象，通过思维的扩散，自由地抒发自己的感受，教师可以让儿童作许多即兴创造，例如要求儿童指挥多声部的节奏训练或多层次的节奏乐打击训练，自由地根据各自的想象处理各声部“＜”“＞”的力度表现。即兴创作最能显露儿童思维的灵活性和丰富的创造性想象。

4. 有计划的即兴创作。在自由即兴创作的基础上，教师有计划、有目的地引导儿童对已感受到的音乐要素进行逻辑归纳和艺术提高，即为有计划的即兴创作。在教师的引导下，儿童将获得的知识进行加工、取舍、归纳、提高，使原有的认知结构在新的同化、顺应过程中得以发展。如教师可以请儿童为指定的画面配音等，并且随时把儿童的“作品”录制下来，随即放给他们听，及时组织儿童分析评论，这样就可以培养他们敏捷地发挥应变能力和创造力以及分析评价的习惯和能力。

5. 巩固概念。在儿童能创造性地运用“＜”“＞”的表现手法后，教师还可以有计划地选择乐曲，通过欣赏合唱、合奏曲目，让儿童自己来处理，自己来排练演出。对于年纪小的儿童还可以用采用游戏、打击乐器、欣赏乐曲、舞蹈等形式，巩固儿童所学到的知识，让儿童在这些活动中反复探索，巩固已掌握的概念。

上述的教学方法可能进度较慢，要花几节课才能让儿童获得一个音乐素质的内容。但日积月累就可以潜移默化，培养儿童敏锐地发挥应变能力、创造力以及分析评价的习惯和能力。这不仅有利于儿童审美能力的提高，而且能发展儿童的思维能力，使已获得的知识得以延伸、归纳、综合、泛化。

三、适合幼儿园的音乐活动课例简析①

“综合音乐感”教育是上海音乐学院马淑慧博士20世纪80年代在美国留学期间学习、研究并引进国内的，上海蓬莱路幼儿园特级教师曹冰洁在深入学习有关理论和教法的基础上，结合我国国情对幼儿“综合音乐感”的培养进行大胆的实践与突破，取得较大的成功。曹冰洁老师主要从音高、力度、节奏、音色、曲式五个方面，对幼儿进行素质训练，运用游戏学习法和综合教育方法，把听觉、演出、创作、指挥、分析和评论估价作为探索手段，通过自由探索、引导探索、即兴创作、有计划的即兴创作、巩固概念五个环节，

① 曹冰洁. 走进幼儿音乐世界［M］. 上海：上海社会科学院出版社，2000.

让幼儿主动地去探索声音的奥秘和音乐的意境，去创造自己的音乐，使幼儿音乐素质得到提高，“自觉音乐感”得到培养，多方面的活动能力得到锻炼，从而达到个性的和谐发展。

曹冰洁围绕“综合音乐感”教育体系的内容与基本原则，总结出不少适合于幼儿音乐感与创造力培养的游戏活动案例，以下略作介绍。

走　　线（小班）

目标

- 能听着音乐作相应的反应。
- 培养注意力、听辨能力、动作协调能力。

准备

可直接在地上画线，也可用彩色纸在地上拉线。

玩法

1. 教师让幼儿分别在线上学走路，两脚一定要踩在线上。

2. 教师让幼儿做动作在线上走路。如两手侧平举，两手前平举，两手叉腰，两手拍脸……教师可引导幼儿自己想动作。

3. 教师给幼儿伴奏音乐（中速或慢四拍），让幼儿听音乐在线上做动作走路。

4. 教师引导幼儿听音乐在线上做动作走路。当音乐停止时，幼儿立即停止脚步；随着音乐开始，幼儿继续游戏。

5. 教师可以准备三种颜色的线，组成三个长方形圈，让更多的幼儿参与在线上走路的游戏。这三个由线组成的长方形，可用红色、黄色、蓝色来表示。

规则

能听着音乐在线上走，并作出相应的反应。

提示

1. 此游戏十分简单，教师重在鼓励幼儿参与活动，学习认真地在线上走路。游戏各环节有层层递进的要求。教师每完成一个环节，就应观察幼儿的反应，然后才能提出下一个环节的要求。

2. 此游戏还可发展下去。根据幼儿的发展水平，不断地提出游戏要求。例如，在各种红、黄、蓝颜色的线上走路的幼儿，还可手中拿不同的乐器，边走边敲击，进而再发展到听乐器声在线上边走边敲击。如教师让走在红线上的幼儿敲碰铃，走在蓝线上的幼儿敲木鱼，走在黄线上的幼儿拍响板。一开始让幼儿一起边听音乐走边敲乐器，当音乐停止后幼儿不走也不敲乐器。随后，教师敲碰铃，那么只有手拿碰铃者在红线上走，教师停止敲碰铃，那么幼儿也停下。然后，教师拍响板，走在黄线上的幼儿边走边拍响板……还可以让幼儿戴不同的动物头饰，如大象、小鸟、小鸭等，听各种不同音乐边走边模仿……

认 识 Do（中班）

目标

·感知 Do 的音高，并能分辨 Do 与 Mi、Sol、La 三个音高之间的关系。

·发展听辨力、注意力。

准备

·Do、Mi、Sol、La 的音块及代表各个音高颜色的房子。

玩法

1. 让幼儿自由敲唱 Mi、Sol、La 三个音块组成的乐句。

2. 加入 Do 的音高，教师敲击 Do、Mi、Sol、La 三个音高组成的乐句。

3. 介绍 Do 的发音，教师引导幼儿听音模唱。

教师敲音块或弹琴，幼儿模唱。如：“$\underline{1\ 1}\ \ \underline{1\ 1}\ |\ \underline{5\ 5}\ \ 5\ |$”或“$\underline{1\ 3}\ \ \underline{1\ 3}\ |\ \underline{\underline{5656}}\ \ 5\ |$”。

4. 引导幼儿听辨 Do 与 Mi、Sol、La 三个音高的关系（Do 比这三个音都低）。

5. 出示 Do 的代表色——褐色。

6. 启发幼儿给 Do 找个“家”，让幼儿知道在已知 Do 与 Mi、Sol、La 三个音高的关系基础上自己寻找。

7. 请幼儿设计代表 Do 的音高的手势动作，在幼儿动脑思考的基础上（一定要比 Mi、Sol、La 的手势动作低），最后再统一动作。

8. 组织幼儿尝试敲击音块。

9. 教师敲音块呈现歌曲《小鸡在哪里?》，引导幼儿听音模唱，并改变歌词（小鸭、小猫、小狗……）。

10. 引导幼儿听音做“小动物找家”的游戏。

规则

在听辨比较中能寻找到Do的音高。

提示

教师可引导幼儿在学唱歌曲的基础上敲奏歌曲《小鸡在哪里?》。

附:

小鸡在哪里?

1=C $\frac{2}{4}$

1 1 3 3 | 5 5 3 | 6 6 5 5 | 3 3 3 | 1 1 3 3 | 5 5 3 |
小 鸡 小 鸡 在 哪 里? 叽 叽 叽 叽 在 这 里, 小 鸡 小 鸡 在 哪 里?

6 6 5 5 | 3 3 1 ‖
叽 叽 叽 叽 在这 里。

会变的声音（大班）

目标

1. 感知音乐的渐强渐弱。

2. 发展听辨力、创造性思维能力以及自控力。

准备

若干小乐器。

玩法

1. 教师让幼儿自由敲击小乐器。

2. 分组轮流敲打乐器。进行分组，引导幼儿排队边走边敲奏小乐器，走向走廊，走下楼梯，走向幼儿园门口，然后回来。一开始，幼儿一定感到很有趣。教师可引导幼儿听这乐器声有何变化（渐强渐弱），并思考为什么会有这样的变化。

3. 教师启发幼儿思考回忆平时有否听到过渐强渐弱的声音（需要给幼儿一段时间），如：在车站上等车，听见汽车从远处开来，你没有能挤上，又看见车子渐渐开远了，这种声音是渐强渐弱的。还有天上的飞机、草原的马儿、街上的锣鼓队……

4. 教师让幼儿听着音乐走步，脚步声随着音乐渐强渐弱，逐步变化。

5. 教师引导幼儿想象自己变成气球，教师在钢琴上奏出渐强渐弱的力度变化，示意“气球”渐渐吹大，又渐渐缩小（也可用实物气球先做实验，帮助幼儿体会）。

6. 教师让幼儿开飞机，随着教师在钢琴上奏出的渐强渐弱的力度变化进行。

7. 教师引导幼儿在纸上用图画的方式来表示渐强渐弱。

规则

能用动作、声音、图画表示渐强渐弱。

提示

教师应引导幼儿在反复的操作游戏中体验渐强渐弱声音的变化，在充分感受的基础上，再启发幼儿寻找生活中渐强渐弱的声音。教师在观察、了解幼儿理解概念的情况下，再引导幼儿用图画表示。

曹冰洁老师对幼儿进行的“综合音乐感”的培养，使幼儿的音乐能力得到较好的发展。幼儿到大班后，能听辨出五声音阶和七声音阶的曲调，唱准半音和和声，自编儿歌并谱曲；节奏方面能打出四分、八分、十六分、切分音符的不同组合；能用图画、表演等形式表示一段体、二段体、三段体的曲式结构；能自编故事，根据故事内容，选用不同音色的打击乐器边讲述故事边即兴演奏。如春游活动后，幼儿们选用大鼓的“咚咚咚咚”声表现旅游车，用钢片琴慢慢地刮奏表现小河流水，用水叫子表现小鸟，用铃鼓的颤动声表现和暖的春风吹拂着柳枝，在小指挥的即兴指挥下，将春游活动用打击乐器和歌声再现出来。

主要参考文献

1. 中华人民共和国教育部. 幼儿园教育纲要（试行），2001.

2. 中华人民共和国教育部. 3～6岁儿童学习与发展指南，2012.

3. 许卓娅. 幼儿园音乐教育与活动设计［M］. 高等教育出版社，2009.

4. 许卓娅. 我和音乐做游戏［M］. 江苏教育出版社，2007.

5. 程英. 审美与快乐：学前儿童音乐教育的理论与实践［M］. 福建教育出版社，2008.

6. 林菁. 福建省幼儿园教师教育用书——领域活动指导（上册）［M］. 福建人民出版社，2012.

7. 林菁. 福建省幼儿园教师教育用书——领域活动指导（下册）［M］. 福建人民出版社，2013.

8. 滕守尧. 艺术与创生［M］. 陕西师范大学出版社，2002.

9. 杨立梅. 柯达伊音乐教育思想与匈牙利音乐教育［M］. 上海教育出版社，2000.

10. 蔡觉民，杨立梅. 达尔克罗兹音乐教育理论与实践［M］. 上海教育出版社，1999.

11. 李妲娜，修海林，尹爱青编著. 奥尔夫音乐教育思想与实践［M］. 上海：上海教育出版社，2002.

12. 品川三郎. 儿童歌唱发声——怎样训练美好的童声［M］. 上海音乐教育出版社，1990.

13. 曹理. 音乐学习与教学心理［M］. 上海音乐出版社，2000.

14. 楼必生，屠美如. 学前儿童艺术综合教育研究［M］. 北京师范大学出版社，1997.

15. 张奇. 儿童审美心理发展与教育［M］. 北京师范大学出版社，2000.

16. 黄瑾. 学前儿童音乐教育［M］. 华东师范大学出版社，2006.

17. 陈淑琴. 幼儿游戏化音乐教育［M］. 上海社会科学出版社，2002.

18. ［美］鲁·阿恩海姆. 艺术心理学新论［M］. 商务印书馆，1996.

19. 许卓娅. 创意戏剧教育理论与实践探索［J］. 幼儿教育，2011（8）.

20. 程英. “审美与快乐”幼儿音乐教育的实践探索［J］. 学前教育研究，2003（7—8）.

21. 程英. 儿童的生活·儿童的发展·生活的艺术［J］. 学前教育研究，2004（12）.

22. 程英. 男性幼儿舞蹈兴趣缺失的原因及其动作表现特征的探究［J］. 学前教育研究，2006（11）.

23. 程英. 多元化音乐教学模式的探讨［J］. 教育导刊，2003（10）.

24. 程英. 让音乐成为幼儿表达与交流的工具［J］. 教育导刊，2003（12）.

25. 程英. 与艺术大师对话的幼儿音乐教育探析［J］. 教育导刊，2005（10）.

26. 程英. 幼儿音乐审美情感培育的教育内涵与实践探索［J］. 海峡儿童·教师，2007（7—8）.

27. 程英. 幼儿园音乐教学策略适宜性与有效性的实践探讨［J］. 福建教育，2011（7—8）.

28. 程英. 幼儿园音乐教育游戏化与贴着游戏标签的音乐教育［J］. 福建教育，2012（1—2）.

29. 程英. 架起“音乐作品”与“幼儿理解”之间的桥梁［J］. 福建教育，2012（7—8）.

30. 林珍. 幼儿园打击乐活动中游戏化策略的有效运用［J］. 福建教育，2012（7—8）.

31. 程英. 对幼儿园音乐教育游戏化问题的检视与思考［J］. 内蒙古师范大学学报，2012（12）.

图书在版编目（CIP）数据

幼儿园音乐教育/程英编著．一福州：福建人民出版社，2013.9（2021.7 重印）

ISBN 978-7-211-06816-6

Ⅰ．①幼…　Ⅱ．①程…　Ⅲ．①音乐课一学前教育一教学参考资料　Ⅳ．①G613.5

中国版本图书馆 CIP 数据核字（2013）第 210957 号

幼儿园音乐教育

YOU'ERYUAN YINYUE JIAOYU

作　　者：程　英
责任编辑：吴梅香
出版发行：福建人民出版社　　**电　　话**：0591-87533169(发行部)
网　　址：http://www.fjpph.com　　**电子邮箱**：fjpph7211@126.com
地　　址：福州市东水路 76 号　　**邮政编码**：350001
经　　销：福建新华发行（集团）有限责任公司
印　　刷：福建新华联合印务集团有限公司
地　　址：福州市福兴投资区后屿路 6 号
开　　本：787 毫米×1092 毫米　1/16
印　　张：17.5
字　　数：282 千字
版　　次：2013 年 12 月第 1 版
印　　次：2021 年 7 月第 2 次印刷
书　　号：ISBN 978-7-211-06816-6
定　　价：30.00 元